生活必备法律丛书

李显冬◎主编　刘知函◎执行主编

SHIPIN ANQUAN

FALÜ WEIQUAN SUCHA SUYONG QUANJI

# 食品安全
# 法律维权速查速用全集

（案例应用版）

段建辉◎著

常见问题解答　经典案例分析

重点法条解读　最新法律法规

中国政法大学出版社

2015·北京

图书在版编目（CIP）数据

食品安全法律维权速查速用全集/段建辉著.—北京：中国政法大学出版社，2015.5

ISBN 978-7-5620-6078-9

Ⅰ.①食…　Ⅱ.①段…　Ⅲ.①食品卫生法－基本知识－中国　Ⅳ.①D922.16

中国版本图书馆CIP数据核字(2015)第105921号

---

出 版 者　中国政法大学出版社
地　　址　北京市海淀区西土城路25号
邮寄地址　北京100088信箱8034分箱　邮编100088
网　　址　http://www.cuplpress.com（网络实名：中国政法大学出版社）
电　　话　010-58908285(总编室)　58908334(邮购部)
承　　印　固安华明印业有限公司
开　　本　880mm×1230mm　1/32
印　　张　13.5
字　　数　350千字
版　　次　2015年5月第1版
印　　次　2015年5月第1次印刷
定　　价　39.00元

# 序　言

“国以民为本，民以食为天”，食品安全关系到国家和社会的稳定和发展，关系到公民的生命健康权利。如何解决食品安全问题，保护公众身体健康和生命安全，已经成为摆在世界各国政府面前的一项重大的战略任务。随着人们生活水平和富裕程度的提高，社会公众对食品安全的关注程度大大增加。然而近几年来，我国频繁发生的食品安全事件，例如，“红心鸭蛋事件”、“多宝鱼事件”以及多起严重的“问题奶粉事件”等，充分说明食品安全已经成为严重影响公众身体健康和生命安全的重要问题。食品安全事件屡屡发生，引起社会公众对食品安全的心理恐慌，对国家和社会的稳定以及经济的良性发展造成巨大冲击，也给我国相关行业的发展造成了不可估量的损失。由此可见，了解和掌握食品安全相关法律政策，其重要性不言而喻。

本书紧密结合《中华人民共和国食品安全法》、《中华人民共和国食品安全法实施条例》等食品安全领域相关法律及政策，通过对“食品安全案例分析”、“食品安全典型判例”、“相关法律法规及重点条文解读”等内容的阐释，致力于普及广大食品消费者的注意事项和维权之道，明晰生产、经营企业的社会责任，并对食品安全等众多领域的问题予以细致的解答。

本着解决问题的宗旨，同时为了让读者朋友看得轻松、读得愉快，全书语言力求简洁平实，案例典型真实、有代表性，以达到生动有趣、通俗易懂、简洁实用的编写目的。本书既有对有关理论深入浅出的介绍，又有对相关法律法规的引用和分析。通过对本书的阅读，读者朋友能够了解食品安全领域中可能遇到的各种常见问题，不仅知其然，而且知其所以然，切实提高读者朋友们自身法律维权的能力，从而为广大读者朋友寻求合法权益的保护提供有益的帮助。

段建辉

2015 年 1 月于北京

# 目 录

## 第二篇 食品安全典型判例

## 第三篇 相关法律法规及重点条文解读

# 第一篇 食品安全案例分析

## 1. 什么是食源性疾病？

### 典型事例

小琼和小雨是热恋中的男女朋友，情人节当天两人去吃海鲜大餐以示庆贺。小雨由于开心胃口大开吃了很多海鲜，不料饭后不久就出现头痛、恶心、呕吐、腹泻等症状，经医生诊断后被确诊为轻度食物中毒。事后，小琼和小雨就拿着医院的诊断凭证去食用海鲜的餐厅理论并要求赔偿，但是该餐厅辩称：在当下时节，食用海鲜后拉肚子是正常现象，餐厅不该承担任何责任。那么，该餐厅的主张成立吗？

### 法律分析

食源性疾病是国家进行食品安全风险监测的主要内容之一。食品安全风险监测是指为了掌握和了解食品安全状况，对食品安全水平进行检验、分析、评价和公告的活动。食品安全风险监测的主要目的不是针对某一个执法，而是为了掌握较为全面的食品安全状况，以便有针对性地对食品安全进行监管，并将监测与风险评估的结果作为制定食品安全标准、确定检查对象和检查频率的科学依据。食品安全风险监测是政府实施食品安全监督管理的重要手段，承担着为政府提供技术决策、技术服务和技术咨询的重要职能。

餐厅的主张不具有法律依据，不应得到支持。本案中小雨所患的食物中毒已经超出了饭后肠胃的一般不适，更不是餐厅所称的正常拉肚子，而是属于《中华人民共和国食品安全法》（以下简称《食品安全法》）中所规定的食源性疾病的范畴。所谓食源性疾病，是指食品中致病因素进入人体内引起的感染性、中毒性疾病及其他疾病。食源性疾病一般可以分为感染性和中毒性疾病，临床上主要有腹痛、腹泻、恶心、呕吐，部分病例可伴有发热乏力等症状，最常见的也最易发生的就包括细菌性疾病、伤寒副伤寒、食物中毒等。《食品安全法》颁布的目的就是为了预防和减少食源性疾病的发生，确保人民群众的生命安全和身体健康。

本案中，餐厅作为食物的提供者，应确保食物经过合格检验，符合卫生安全标准，小雨因食用该餐厅提供的不洁食物而引发食物中毒，无论从人身还是财产上都给小雨造成了损失，因此，小雨不仅可以依据《食品安全法》的有关规定请求赔偿，也可以根据《中华人民共和国消费者权益保护法》（以下简称《消费者权益保护法》）的有关规定请求赔偿。

### 法律依据

《食品安全法》第 11 条："国家建立食品安全风险监测制度，对食源性疾病、食品污染以及食品中的有害因素进行监测。

国务院卫生行政部门会同国务院有关部门制定、实施国家食品安全风险监测计划。省、自治区、直辖市人民政府卫生行政部门根据国家食品安全风险监测计划，结合本行政区域的具体情况，组织制定、实施本行政区域的食品安全风险监测方案。"

## 2. 能进行食品安全风险评估的主体有哪些？

### 典型事例

某提供美食资讯的网站在其网站上新增了关于食品风险监测

的页面，每日更新。其主要操作手段是对市场中存在的多种食品进行分类，如分为奶制品、肉制品、速冻食品、膨化食品等，然后在每个大的类别向下对该类别的食品进行安全风险评估，如某酸奶的安全指数为98%，某薯片的安全指数为90%；并且还公布每周、每月综合指数的排行榜。该网站声称这些数据是经过大量的市场调查，进行了详细的数据分析和经过权威专家论证后发布的，绝对值得信赖。但是，有消费者提出质疑，这个网站公布的信息可信吗?

## 法律分析

《食品安全法》出台后，我国首次对建立食品安全风险评估制度进行了明文规定。食品安全风险评估制度主要对食品、食品添加剂中的生物性、化学性和物理性危害进行风险评估，其过程通常包含危害识别、危害描述 、暴露评估、风险描述四个明显不同的阶段。由于食品风险评估需要大量基础数据做支撑，工作量大，历时较长，费用较高，而且运用农学、生物学、化学、病理学等多学科的技术和知识，所以其不仅仅是一门技术行为，更是一项复杂的系统工程，需要政府、公众和不同机构等共同运作。我国《食品安全法》第13条第2款规定：“国务院卫生行政部门负责组织食品安全风险评估工作，成立由医学、农业、食品、营养等方面的专家组成的食品安全风险评估专家委员会进行食品安全风险评估。”另外，食品安全风险评估后的信息发布也是需要特殊程序的。风险评估完成后，应由国务院授权负责食品安全风险评估的部门会同国务院其他有关部门，根据食品安全风险评估结果、食品安全风险监督管理信息，对食品安全状况进行综合分析，对可能发生较高程度安全风险的食品提出食品安全风险警示，并由国务院卫生行政部门予以公布。本案中，该网站既不具备风险评估的主体资格，也不具备发布风险评估信息的资格，因此其发布的信息是不可信的。

**法律依据**

《食品安全法》第13条："国家建立食品安全风险评估制度，对食品、食品添加剂中生物性、化学性和物理性危害进行风险评估。

国务院卫生行政部门负责组织食品安全风险评估工作，成立由医学、农业、食品、营养等方面的专家组成的食品安全风险评估专家委员会进行食品安全风险评估。

对农药、肥料、生长调节剂、兽药、饲料和饲料添加剂等的安全性评估，应当有食品安全风险评估专家委员会的专家参加。

食品安全风险评估应当运用科学方法，根据食品安全风险监测信息、科学数据以及其他有关信息进行。"

## 3. 食品风险评估后发现食品不安全应如何处理？

**典型事例**

某乳液公司是全国知名的大型企业，旗下生产液态奶、酸奶、冰激凌、奶酪等多种奶制品。但是2009年食品安全风险评估专家委员会出具的食品安全评估报告显示，该公司的多项产品因含有有害物质而被列为不安全食品。由于这些不安全奶制品极有可能对人体的健康造成损害，当地的工商管理部门勒令该乳业公司停止不安全食品的生产销售。但是该公司辩称：其当前的产品都符合旧的食品安全标准，现实中也没有出现消费者因食用其产品而身体不适的情况，有关部门无权停止其产品的生产销售。该乳业公司的主张是否具有法律依据呢？

## 法律分析

我国在《食品安全法》中建立食品安全风险评估体系的目的是为了防患于未然，因为产生严重后果后再采取挽救措施为时已晚。《食品安全法》第16条第2款规定："食品安全风险评估结果得出食品不安全结论的，国务院质量监督、工商行政管理和国家食品药品监督管理部门应当依据各自职责立即采取相应措施，确保该食品停止生产经营，并告知消费者停止食用；需要制定、修订相关食品安全国家标准的，国务院卫生行政部门应当立即制定、修订。"这具体体现在以下三个监管部门的工作中：食品安全风险评估结果得出食品不安全结论的，国务院质量监督部门应当依据职责立即采取相应措施，如要求食品生产者召回不安全食品；工商行政管理部门应当依据职责立即采取相应措施，如要求食品经营者停止经营不安全食品；国家食品药品监督管理部门应当依据职责立即采取相应措施，如告知消费者停止食用。而且这三个环节上的监管部门的工作都不是孤立的，食品安全风险评估结果得出食品不安全结论的，在实施不安全食品召回制度的过程中，各个监管部门既要各负其责又要相互协作。

因此，在本案中，在专家委员会出具的食品安全风险评估结果证明，在该乳业公司的多项产品不安全的情况下，即使其符合旧的食品安全标准，也应该立即停止对这些不安全食品的生产销售。同时，由于旧的食品安全标准已经出现漏洞，不足以切实有效地保障消费者的生命健康安全，因此，国务院卫生行政部门应当根据新发布的评估结果尽快修订食品安全标准。

## 法律依据

《食品安全法》第15条："国务院农业行政、质量监督、工商行政管理和国家食品药品监督管理等有关部门应当向国务院卫生行政部门提出食品安全风险评估的建议，并提供有关信息和资料。

国务院卫生行政部门应当及时向国务院有关部门通报食品安全风险评估的结果。”

第16条：“食品安全风险评估结果是制定、修订食品安全标准和对食品安全实施监督管理的科学依据。

食品安全风险评估结果得出食品不安全结论的，国务院质量监督、工商行政管理和国家食品药品监督管理部门应当依据各自职责立即采取相应措施，确保该食品停止生产经营，并告知消费者停止食用；需要制定、修订相关食品安全国家标准的，国务院卫生行政部门应当立即制定、修订。”

## 4. 什么是食品安全？

### 典型事例

2006年7月，中央电视台曾曝光了湖北武汉等地的“人造蜂蜜”事件。自此，所谓“甜蜜的事业”也变得苦涩。据报道，现在蜂蜜造假的手段五花八门，有的是用白糖加水加硫酸进行熬制；有的直接用饴糖、糖浆来冒充蜂蜜；有的利用粮食作物加工成糖浆充当蜂蜜。造假分子还在假蜂蜜中加入了增稠剂、甜味剂、防腐剂、香精和色素等化学物质，假蜂蜜几乎没有任何营养成分可言，“人造蜂蜜”事件引起了社会广泛的关注。

### 法律分析

食品，指各种供人食用或者饮用的成品和原料以及按照传统既是食品又是药品的物品，但是不包括以治疗为目的的物品。

“食品安全”一词是1974年由联合国粮农组织提出的，其主要内容包括三个方面：①从食品安全性角度看，要求食品应当

“无毒无害”。“无毒无害”是指正常人在正常食用情况下摄入可食状态的食品，不会对人体造成危害。但无毒无害也不是绝对的，允许少量含有，但不得超过国家规定的限量标准。②符合应当有的营养要求。营养要求不但应包括人体代谢所需要的蛋白质、脂肪、碳水化合物、维生素、矿物质等营养素的含量，还应包括该食品的消化吸收率和对人体维持正常的生理功能应发挥的作用。③对人体健康不造成任何危害，包括急性、亚急性或者慢性危害。

本案中的“人造蜂蜜”，是不法生产者利用一些廉价的食品原料仿冒食品制成的，尽管“人造蜂蜜”本身可能是无毒无害的，不会直接损害人的身体健康，但由于其并不具有蜂蜜应有的营养成分，因此不符合食品安全的要求。“人造蜂蜜”是一起典型的食品安全事件。

## 法律依据

《食品安全法》第99条：“本法下列用语的含义：

食品，指各种供人食用或者饮用的成品和原料以及按照传统既是食品又是药品的物品，但是不包括以治疗为目的的物品。

食品安全，指食品无毒、无害、符合应当有的营养要求，对人体健康不造成任何急性、亚急性或者慢性危害。

预包装食品，指预先定量包装或者制作在包装材料和容器中的食品。

食品添加剂，指为改善食品品质和色、香、味以及为防腐、保鲜和加工工艺的需要而加入食品中的人工合成或者天然物质。

用于食品的包装材料和容器，指包装、盛放食品或者食品添加剂用的纸、竹、木、金属、搪瓷、陶瓷、塑料、橡胶、天然纤维、化学纤维、玻璃等制品和直接接触食品或者食品添加剂的涂料。

用于食品生产经营的工具、设备，指在食品或者食品添加剂生产、流通、使用过程中直接接触食品或者食品添加剂的机械、管道、传送带、容器、用具、餐具等。

用于食品的洗涤剂、消毒剂，指直接用于洗涤或者消毒食品、餐饮具以及直接接触食品的工具、设备或者食品包装材料和容器的物质。

保质期，指预包装食品在标签指明的贮存条件下保持品质的期限。

食源性疾病，指食品中致病因素进入人体引起的感染性、中毒性等疾病。

食物中毒，指食用了被有毒有害物质污染的食品或者食用了含有毒有害物质的食品后出现的急性、亚急性疾病。

食品安全事故，指食物中毒、食源性疾病、食品污染等源于食品，对人体健康有危害或者可能有危害的事故。”

## 5. 什么是食品安全标准?

### 典型事例

小杨厨艺精湛，对美食有独特的喜好。某日，小杨辛苦劳作了一天，准备晚上回家做自己研发的腊肠煲仔饭好好犒劳自己。由于需要腊肠作为原料，小杨准备下班后就去超市买一直喜欢的某某牌腌制香肠。不料旁边的同事说，今天看报纸，某某牌腌制香肠刚刚被认定为不符合食品安全标准的食品，已经被勒令停止销售，超市里也已经下架了。小杨听后很是郁闷，因为觉得缺了某某牌腌制香肠，腊肠煲仔饭就做不出其独特的味道了，而且纳闷一直卖得好好的某某牌腌制香肠，怎么突然就不符合食品安全标准了呢？食品安全标准究竟是什么标准呢？

## 法律分析

食品安全标准，是判断某一食品被食用后对人类健康有没有直接或潜在的不良影响的标准。在我国，食品安全标准是强制执行的标准，而且分为国家标准和地方标准。通常，食品安全标准应当包括以下内容：

1. 食品、食品相关产品中危害人体健康物质的限量规定。食品、食品相关产品中危害人体健康的物质包括致病性微生物、农药残留、兽药残留、重金属、污染物质以及其他危害人体健康的物质。上述物质及其他危害人体健康的物质禁止人为地添加到食品中，但是由于生产过程、环境污染等原因会或多或少地进入食品中，最终进入人体。人体摄入的危害物质超过一定含量，就会危害人体健康。因此，必须测定一个保障人体健康允许的最大值，规定食品中各种危害物质的限量。

2. 食品添加剂的品种、使用范围、用量。食品添加剂是指为改善食品品质和色、香、味以及为防腐、保鲜和加工工艺的需要，而加入食品中的人工合成或者天然物质。我国目前允许使用的食品添加剂包括酸度调节剂、抗结剂、消泡剂、抗氧化剂、漂白剂、膨松剂、胶基糖果中基础剂物质、着色剂、护色剂、乳化剂、酶制剂、基因修饰的微生物、增味剂、面粉处理剂、被膜剂、水分保持剂、营养强化剂、防腐剂、稳定剂和凝固剂、甜味剂、增稠剂、食品用香料、食品工业用加工助剂等种类。滥用食品添加剂会严重危害人体健康，因此必须制定标准以严格限定其品种、使用范围和用量。

3. 特定人群的主辅食品的营养成分要求。婴幼儿是人一生中健康成长的重要时期，这个时期如果能够得到合理的膳食营养，必将为其以后一生的身体和智力发育打下良好的物质基础。婴幼儿主辅食品的营养成分不仅关系到食品的营养，而且关系到婴幼儿的身体健康和生命安全，必须在进行风险评估后规定营养成分的最高量、最低量等要求，使婴幼儿在满足营养需求的同时又保证食用安全。同样，其他一些特定人群对主辅食品的营养成分也有特殊要求，需要制定标准。

4. 对与食品安全、营养有关的标签、标识、说明书的要求。食品的标签、标识、说明书中的许多内容都直接或间接地关系到消费者食用时的安全，如名称、规格、净含量、生产日期；成分或者配料表；生产者的名称、地址、联系方式；保质期；产品标准代号；贮存条件；所使用的食品添加剂；生产许可证编号。这些内容的标示都应当真实准确、通俗易懂、科学合法，需要制定标准规定统一的要求。

5. 食品生产经营过程中的卫生要求。食品生产经营过程是保证食品安全的重要环节，其中的每个流程都有一定的卫生要求。例如，餐具、饮具和盛放直接入口食品的容器，使用前应当洗净、消毒；贮存、运输和装卸食品的容器、工具和设备应当安全、无害；直接入口的食品应当有小包装或者使用无毒、清洁的包装材料、餐具；用水应当符合国家规定的生活饮用水卫生标准；使用的洗涤剂、消毒剂应当对人体安全、无害。这些都需要制定标准统一要求。

6. 与食品安全有关的质量要求。质量要求涉及食品安全的，也属于制定食品安全标准的内容。

7. 食品检验方法与规程。食品检验方法与规程包括检测或试验的原理、类别、抽样、取样、操作、精度要求、仪器、设备、检测或试验条件、方法、步骤、数据计算、结果分析、合格标准及复验规则等方面的统一规定。

8. 其他需要制定食品安全标准的内容。包括其他没有明确列举，但是涉及食品安全，需要制定标准的内容。

以上事项都是需要制定食品安全标准的内容。负责食品安全标准制定的部门应当积极主动地研究制定相关食品安全标准；已经制定的，应当根据情况的变化，及时进行修订，以保障公众身体健康和生命安全。

**法律依据**

《食品安全法》第18条："制定食品安全标准，应当以保障公众身体健康为宗旨，做到科学合理、安全可靠。"

第19条："食品安全标准是强制执行的标准。除食品安全标准外，不得制定其他的食品强制性标准。"

第20条："食品安全标准应当包括下列内容：

（一）食品、食品相关产品中的致病性微生物、农药残留、兽药残留、重金属、污染物质以及其他危害人体健康物质的限量规定；

（二）食品添加剂的品种、使用范围、用量；

（三）专供婴幼儿和其他特定人群的主辅食品的营养成分要求；

（四）对与食品安全、营养有关的标签、标识、说明书的要求；

（五）食品生产经营过程的卫生要求；

（六）与食品安全有关的质量要求；

（七）食品检验方法与规程；

（八）其他需要制定为食品安全标准的内容。"

## 6. 食品安全国家标准由哪个部门制定？

**典型事例**

某日，小亮从集市买来两斤黄花菜，吃后出现严重不适，送到医院紧急救治后才得到缓解。后经市卫生局监督检验，小亮食用的黄花菜二氧化硫残留量严重超标。实际上，黄花菜在加工、烘干的过程中，用二氧化硫熏蒸可以起到漂白和防腐的作用，但是二氧化硫超标的黄花菜能导致食用者肺部水中、生门痉挛，甚至窒息死亡。根据卫生部制定的《食品添加剂使用卫生标准》，可以使用焦亚硫酸钠的食品范围不包括黄花菜，低亚硫酸钠和硫黄可用于干菜的制作，其残留量以二氧化硫计不得超过0.1g/kg。但是据国家质检总局牵头制定的《全国主要产品分类与代码》规定黄花菜属于干菜。到底应该依据哪个食品安全标准来判断黄花菜的加工过程中能否使用二氧化硫呢?

## 法律分析

《食品安全法》出台前，我国并没有关于食品安全方面的统一标准，如包括农业部制定的食用农产品质量安全标准、卫生部制定的食品卫生标准、国家质检总局制定的食品质量标准和有关食品行业标准等，政出多门造成实际操作中的矛盾和混乱，如出现本案中的情况。但是《食品安全法》出台后，类似本案的情况将得到有效的解决，因为据《食品安全法》第21条的规定可以得出以下结论：

1. 食品安全国家标准由国务院卫生行政部门负责制定、公布，国务院标准化行政部门提供国家标准编号。国务院卫生行政部门是《食品安全法》规定负责食品安全标准制定的部门，自然应当负责制定、公布食品安全国家标准。《食品安全法》改变了以往食品卫生国家标准由国务院标准化行政部门和国务院卫生行政部门联合发布的公布方式，更有利于食品安全国家标准的及时发布和责任主体的明确。但是，为了保证国家标准编号的统一和连续，食品安全国家标准的编号仍然由国务院标准化行政部门负责提供。

2. 食品中农药残留、兽药残留的限量规定及其检验方法与规程由国务院卫生行政部门、国务院农业行政部门制定。食品中的农药和兽药残留，涉及食用农产品生产环节对农药和兽药的控制。食品中农药残留、兽药残留的含量与食用农产品中农药残留、兽药残留的含量密切相关。国务院卫生行政部门、国务院农业行政部门应当按照各自职责，根据《食品安全法》和国务院的有关规定制定相关标准，对食品中农药残留、兽药残留的限量及其检验方法与规程作出规定。

3. 屠宰畜、禽的检验规程由国务院有关主管部门会同国务院卫生行政部门制定。除国务院卫生行政部门外，生猪、牛、羊等畜禽的屠宰管理还会涉及国务院商务主管部门、农业行政部门等多个部门的职责。国务院有关主管部门应当各司其职，并根据本法和国务院的有关规定，会同国务院卫生行政部门做好屠宰畜、禽检验规程的制定工作。

4. 有关产品国家标准涉及食品安全国家标准规定的内容，应当与食品安全国家标准相一致。为保证整个国家标准体系的统一协调，其他有关产品的国家标准，包括所有强制性和推荐性国家标准，凡是涉及食品安全国家标准规定内容的，都应当与食品安全国家标准保持一致。为此相关部门在制定有关产品的国家标准时，应当加强沟通和协调，避免不同国家标准之间的冲突。因此，以后我国的食品安全标准将逐步走向统一，标准混乱的局面也将得到改善。

## 法律依据

《食品安全法》第21条："食品安全国家标准由国务院卫生行政部门负责制定、公布，国务院标准化行政部门提供国家标准编号。

食品中农药残留、兽药残留的限量规定及其检验方法与规程由国务院卫生行政部门、国务院农业行政部门制定。

屠宰畜、禽的检验规程由国务院有关主管部门会同国务院卫生行政部门制定。

有关产品国家标准涉及食品安全国家标准规定内容的，应当与食品安全国家标准相一致。”

第22条：“国务院卫生行政部门应当对现行的食用农产品质量安全标准、食品卫生标准、食品质量标准和有关食品的行业标准中强制执行的标准予以整合，统一公布为食品安全国家标准。

本法规定的食品安全国家标准公布前，食品生产经营者应当按照现行食用农产品质量安全标准、食品卫生标准、食品质量标准和有关食品的行业标准生产经营食品。”

## 7. 食品生产者的生产场所应符合什么要求？

### 典型事例

小强的邻居大熊专门卖豆腐。有一天小强去大熊家玩，发现大熊家白色的墙壁几乎都成了土黄色，墙壁上挂满了日常生活用的杂物，并且整个房间布满了灰尘。加工豆腐用的原料、用具都安放在了一起。就在盛装豆腐的木板旁边，堆满了煤球。在同一个房间内，左边是加工豆腐的场所，右边就是大熊的生活区。门口杂乱的堆放着盛装豆腐的木架，上面爬满了苍蝇。面对如此脏乱差的环境，小强不禁担心这里加工出来的豆腐能吃吗？到底食品加工者的生产场所应当符合什么要求呢？

### 法律分析

根据《食品安全法》第27条的规定：“食品生产经营应当符合食品安全标准，并符合下列要求：（一）具有与生产经营的食品品种、数量相适应的食品原料处理和食品加工、包装、贮存等场所，保持该场所环境整洁，并与有毒、有害场所以及其他污染源保持规定的距离；（二）具有与生产经营的食品品种、数量相适应的生产经营设备或者设施，有相应的消毒、更衣、盥洗、采光、照明、通风、防腐、防尘、防蝇、防鼠、防虫、洗涤以及处理废水、存放垃圾和废弃物的设备或者设施……”即食品加工场所不仅应当保持环境的干净整洁，还必须有相应的照明、通风、防腐、防虫等配套措施，像大熊家这样脏乱差的加工场所完全不能保证加工出来的食品的卫生安全，存在极大的卫生隐患，是肯定不符合我国法律规定的。卫生行政部门应当及时对其进行查处，责令整改。

## 法律依据

《食品安全法》第27条：“食品生产经营应当符合食品安全标准，并符合下列要求：

（一）具有与生产经营的食品品种、数量相适应的食品原料处理和食品加工、包装、贮存等场所，保持该场所环境整洁，并与有毒、有害场所以及其他污染源保持规定的距离；

（二）具有与生产经营的食品品种、数量相适应的生产经营设备或者设施，有相应的消毒、更衣、盥洗、采光、照明、通风、防腐、防尘、防蝇、防鼠、防虫、洗涤以及处理废水、存放垃圾和废弃物的设备或者设施；

（三）有食品安全专业技术人员、管理人员和保证食品安全的规章制度；

（四）具有合理的设备布局和工艺流程，防止待加工食品与直接入口食品、原料与成品交叉污染，避免食品接触有毒物、不洁物；

（五）餐具、饮具和盛放直接入口食品的容器，使用前应当洗净、消毒，炊具、用具用后应当洗净，保持清洁；

（六）贮存、运输和装卸食品的容器、工具和设备应当安全、无害，保持清洁，防止食品污染，并符合保证食品安全所需的温度等特殊要求，不得将食品与有毒、有害物品一同运输；

（七）直接入口的食品应当有小包装或者使用无毒、清洁的包装材料、餐具；

（八）食品生产经营人员应当保持个人卫生，生产经营食品时，应当将手洗净，穿戴清洁的工作衣、帽；销售无包装的直接入口食品时，应当使用无毒、清洁的售货工具；

（九）用水应当符合国家规定的生活饮用水卫生标准；

（十）使用的洗涤剂、消毒剂应当对人体安全、无害；

（十一）法律、法规规定的其他要求。”

## 8. 餐厅的餐具可以套塑料袋吗？

### 典型事例

婷婷特别喜欢吃张记麻辣烫的麻辣烫，觉得又麻又辣，超过瘾，所以她每周都要拽着她的好友去光顾几次。某天，婷婷发现以前装麻辣烫的碟子现在套上了塑料袋，问老板是怎么回事，老板说这样方便，省得还要洗碗。店里的服务员将顾客吃完的碟子收回去后换上新的塑料袋就继续使用，碟子根本就没有清洗。虽然店里的其他顾客都没有什么异议，但是婷婷觉得这样挺不卫生的，也担心套着塑料袋吃东西对身体不好，于是婷婷向学法律的好朋友咨询：餐厅这样做合法吗？

### 法律分析

《食品安全法》第27条第5项规定：“餐具、饮具和盛放直接入口食品的容器，使用前应当洗净、消毒，炊具、用具用后应当洗净，保持清洁。”因此，餐厅在使用塑料袋时，应当对塑料袋进行认真审查，保证其质量合格后才能进行使用；而对于不合格的塑料袋，应该严令禁止使用。其实，在餐具外套塑料袋的做法对身体健康是存在很大的安全隐患的，因为如果塑料袋质量不合格，在经过高温后，有害物质便会散发出来，而实际中消费者又很难确认塑料袋质量是好还是不好。在本案中，婷婷的顾虑是完全正确的，消费者对自己食用食品所用的餐具是否卫生安全享有知情权，所以婷婷有权要求餐厅提供塑料袋的合格证明，如果餐厅拒绝提供或者不能提供，婷婷可以向有关部门进行投诉。

## 法律依据

《食品安全法》第27条：“食品生产经营应当符合食品安全标准，并符合下列要求：

（一）具有与生产经营的食品品种、数量相适应的食品原料处理和食品加工、包装、贮存等场所，保持该场所环境整洁，并与有毒、有害场所以及其他污染源保持规定的距离；

（二）具有与生产经营的食品品种、数量相适应的生产经营设备或者设施，有相应的消毒、更衣、盥洗、采光、照明、通风、防腐、防尘、防蝇、防鼠、防虫、洗涤以及处理废水、存放垃圾和废弃物的设备或者设施；

（三）有食品安全专业技术人员、管理人员和保证食品安全的规章制度；

（四）具有合理的设备布局和工艺流程，防止待加工食品与直接入口食品、原料与成品交叉污染，避免食品接触有毒物、不洁物；

（五）餐具、饮具和盛放直接入口食品的容器，使用前应当洗净、消毒，炊具、用具用后应当洗净，保持清洁；

（六）贮存、运输和装卸食品的容器、工具和设备应当安全、无害，保持清洁，防止食品污染，并符合保证食品安全所需的温度等特殊要求，不得将食品与有毒、有害物品一同运输；

（七）直接入口的食品应当有小包装或者使用无毒、清洁的包装材料、餐具；

（八）食品生产经营人员应当保持个人卫生，生产经营食品时，应当将手洗净，穿戴清洁的工作衣、帽；销售无包装的直接入口食品时，应当使用无毒、清洁的售货工具；

（九）用水应当符合国家规定的生活饮用水卫生标准；

（十）使用的洗涤剂、消毒剂应当对人体安全、无害；

（十一）法律、法规规定的其他要求。”

## 9. 用于食品生产经营的洗涤剂、消毒剂应符合什么标准呢？

### 典型事例

小李在十几家小饭店当过小工，他透露他打过工的所有小饭店洗碗都用洗衣粉，因为市场上一瓶洗洁精的价格一般是2元到3元钱，而一袋劣质洗衣粉的价格才几毛钱，所以大多数饭店的老板为了省钱都会选择使用洗衣粉。其实小李自己也不知道用洗衣粉洗碗洗菜有多大危害，有一次菜上的洗衣粉没有洗净，被顾客尝出洗衣粉味后投诉到卫生检查部门。卫生检查部门对其进行罚款并就洗衣粉的危害进行说明，小李才知道洗衣粉的危害有多大。那究竟用于食品生产经营的洗涤剂、消毒剂应当符合什么标准呢？

### 法律分析

《食品安全法》第27条第10项规定：“使用的洗涤剂、消毒剂应当对人体安全、无害。”对人体安全无害，是指对人体健康不造成任何急性、亚急性或者慢性危害。洗衣粉中含有阴离子表面活性剂、非离子表面活性剂、聚磷酸盐软水剂、漂白剂、增艳剂等成分，使用后会出现不同程度的中毒症状，严重者甚至会危及生命。另外，洗衣粉中含有氯及其他化学成分，对胃黏膜有刺激作用，长期接触后会对消化系统造成损害。因此，洗衣粉不能用于餐具的消毒洗涤，因为就算清洗后也会有化学物质的残留。无论如何小饭店用洗衣粉来洗碗洗菜都是违法的，对那些贪图小利而使用洗衣粉洗碗洗菜的店主们，有关部门可以根据法律责令其改正并处以罚款。

## 法律依据

《食品安全法》第27条："食品生产经营应当符合食品安全标准，并符合下列要求：

（一）具有与生产经营的食品品种、数量相适应的食品原料处理和食品加工、包装、贮存等场所，保持该场所环境整洁，并与有毒、有害场所以及其他污染源保持规定的距离；

（二）具有与生产经营的食品品种、数量相适应的生产经营设备或者设施，有相应的消毒、更衣、盥洗、采光、照明、通风、防腐、防尘、防蝇、防鼠、防虫、洗涤以及处理废水、存放垃圾和废弃物的设备或者设施；

（三）有食品安全专业技术人员、管理人员和保证食品安全的规章制度；

（四）具有合理的设备布局和工艺流程，防止待加工食品与直接入口食品、原料与成品交叉污染，避免食品接触有毒物、不洁物；

（五）餐具、饮具和盛放直接入口食品的容器，使用前应当洗净、消毒，炊具、用具用后应当洗净，保持清洁；

（六）贮存、运输和装卸食品的容器、工具和设备应当安全、无害，保持清洁，防止食品污染，并符合保证食品安全所需的温度等特殊要求，不得将食品与有毒、有害物品一同运输；

（七）直接入口的食品应当有小包装或者使用无毒、清洁的包装材料、餐具；

（八）食品生产经营人员应当保持个人卫生，生产经营食品时，应当将手洗净，穿戴清洁的工作衣、帽；销售无包装的直接入口食品时，应当使用无毒、清洁的售货工具；

（九）用水应当符合国家规定的生活饮用水卫生标准；

（十）使用的洗涤剂、消毒剂应当对人体安全、无害；

（十一）法律、法规规定的其他要求。”

## 10. 销售超过保质期的食品违法吗？

### 典型事例

2011 年 7 月 6 日，市药监局在对某酒家进行现场检查时发现，凉菜间冰柜中有“家佳鎣”绿茶芋卷 7 包和“源香”熏茶鹅 10 包。“家佳鎣”绿茶芋卷标示为龙海市榜山家佳食品厂生产，其中 3 包生产日期为 2010 年 6 月 22 日，4 包生产日期为 2010 年 7 月 13 日，保质期 9 个月；“源香”熏茶鹅标示为厦门市源香食品有限公司生产，生产日期为 2010 年 3 月 7 日，保质期 12 个月。以上食品案发时均已超过保质期。经立案调查，以上两种食品是当事人从合法渠道购入的，且均为合法食品生产企业生产，其中绿茶芋卷共 10 包，熏茶鹅共 12 包，口头协议价分别为 7 元/包和 5 元/包，货值金额为 130 元。酒店试菜用去绿茶芋 3 包，用去熏茶鹅 2 包，无违法所得。

市药监局认为，当事人经营超过保质期食品的行为违反了《食品安全法》第 28 条第 8 项。依据《餐饮服务食品安全监督管理办法》第 38 条第 1 款第 7 项，应按照《食品安全法》第 85 条的规定处罚。据此，市药监局决定给予如下处罚：没收上述剩存的、超过保质期的“家佳鋆”绿茶芋卷7包、“源香”熏茶鹅10包；罚款人民币3000元。

## 法律分析

食品通常只在一定时间内保持相应的营养水平和卫生标准，超过这一期限，就极容易发生变质，食用后往往导致程度不同的中毒或其他疾病。所以《食品安全法》规定禁止经营超过保质期限的食品。食品生产企业应当对必须标明保质期限的食品认真标示出保质期。保质期应从食品加工结束当日算起，并在生产厂内包装工序结束时加盖保质期限印记，不允许从发货之日和销售单位收货之日起计算。

《食品安全法》规定，食品生产经营者应当依照法律、法规和食品安全标准从事生产经营活动，对社会和公众负责，保证食品安全，接受社会监督，承担社会责任。《食品安全法》还明确规定，禁止生产经营超过保质期的食品。作为食品的经营者，餐饮企业应该依法从事经营活动。超过了保质期，就意味着该食品的品质可能有所改变，安全性难以保证。在现实生活中，食品超过了规定的保质期限，食品可能还没有腐败变质，消费者食用了该食品，可能也不会产生食源性疾病，但是餐饮经营者应当对所经营的食品承担社会责任，对消费者的身体健康负责，绝不能经营超过了保质期的食品。因此，应当对这样的食品立即作下柜处理，不得再加工出售给消费者。否则，即使没有给消费者造成危害，也要依法承担相应的法律责任。

根据《食品安全法》第85条的规定，此案的处罚范围是2000元以上50 000元以下。该当事人涉案货值金额不大，无主观故意，且没有给消费者带来任何损害，具有从轻处罚的情节，市药监局作出的行政处罚是适当的。

## 法律依据

《食品安全法》第28条："禁止生产经营下列食品：

（一）用非食品原料生产的食品或者添加食品添加剂以外的化学物质和其他可能危害人体健康物质的食品，或者用回收食品作为原料生产的食品；

（二）致病性微生物、农药残留、兽药残留、重金属、污染物质以及其他危害人体健康的物质含量超过食品安全标准限量的食品；

（三）营养成分不符合食品安全标准的专供婴幼儿和其他特定人群的主辅食品；

（四）腐败变质、油脂酸败、霉变生虫、污秽不洁、混有异物、掺假掺杂或者感官性状异常的食品；

（五）病死、毒死或者死因不明的禽、畜、兽、水产动物肉类及其制品；

（六）未经动物卫生监督机构检疫或者检疫不合格的肉类，或者未经检验或者检验不合格的肉类制品；

（七）被包装材料、容器、运输工具等污染的食品；

（八）超过保质期的食品；

（九）无标签的预包装食品；

（十）国家为防病等特殊需要明令禁止生产经营的食品；

（十一）其他不符合食品安全标准或者要求的食品。"

第85条："违反本法规定，有下列情形之一的，由有关主管部门按照各自职责分工，没收违法所得、违法生产经营的食品和用于违法生产经营的工具、设备、原料等物品；违法生产经营的食品货值金额不足一万元的，并处二千元以上五万元以下罚款；货值金额一万元以上的，并处货值金额五倍以上十倍以下罚款；情节严重的，吊销许可证：

（一）用非食品原料生产食品或者在食品中添加食品添加剂以外的化学物质和其他可能危害人体健康的物质，或者用回收食品作为原料生产食品；

（二）生产经营致病性微生物、农药残留、兽药残留、重金属、污染物质以及其他危害人体健康的物质含量超过食品安全标准限量的食品；

（三）生产经营营养成分不符合食品安全标准的专供婴幼儿和其他特定人群的主辅食品；

（四）经营腐败变质、油脂酸败、霉变生虫、污秽不洁、混有异物、掺假掺杂或者感官性状异常的食品；

（五）经营病死、毒死或者死因不明的禽、畜、兽、水产动物肉类，或者生产经营病死、毒死或者死因不明的禽、畜、兽、水产动物肉类的制品；

（六）经营未经动物卫生监督机构检疫或者检疫不合格的肉类，或者生产经营未经检验或者检验不合格的肉类制品；

（七）经营超过保质期的食品；

（八）生产经营国家为防病等特殊需要明令禁止生产经营的食品；

（九）利用新的食品原料从事食品生产或者从事食品添加剂新品种、食品相关产品新品种生产，未经过安全性评估；

（十）食品生产经营者在有关主管部门责令其召回或者停止经营不符合食品安全标准的食品后，仍拒不召回或者停止经营的。”

## 11. 肉类食品无产品检疫证明，能直接销售吗？

### 典型事例

某日，某市工商局在检查中发现王大帅在未取得经营许可的情况下向超市配送食品，且其配送的“红五花”冷冻猪肉、乌鸡、三黄鸡等食品无法提供产品检疫合格证明。于是市工商局没收了王大帅尚未出售的“红五花”冷冻猪肉150斤、冷冻乌鸡20斤、冷冻三黄鸡60斤，并处以罚款。那么，王大帅的行为违反了我国的哪些规定呢？

## 法律分析

为了使群众吃上放心肉及肉制品，有必要对肉类及肉类制品进行检疫，检疫合格的，允许进入市场销售；检验不合格的，说明某些指标不符合食品标准，应当坚决禁止其流入市场。如针对生猪屠宰，《生猪屠宰管理条例》规定，生猪定点屠宰厂（场）屠宰的生猪，应当依法经动物卫生监督机构检疫合格，并附有检疫证明。经肉品品质检验合格的生猪产品，生猪定点屠宰厂（场）应当加盖肉品品质检验合格验讫印章或者附具肉品品质检验合格标志。

《食品安全法》第28条明确规定我国禁止生产未经动物卫生监督机构检疫或者检疫不合格的肉类，或者未经动物卫生监督机构检疫或者检疫不合格的肉类制品。另外，《中华人民共和国动物防疫法》（以下简称《动物防疫法》）也规定，屠宰、出售或者运输动物以及出售或者运输动物产品前，货主应当按照国务院兽医主管部门的规定向当地动物卫生监督机构申办检疫。屠宰、经营、运输以及参加展览、演出和比赛的动物，应当附有检疫证明、检疫标志。因此，在本案中，王大帅经营未经检疫的肉类食品既违反了《食品安全法》的规定，也违反了《动物防疫法》的规定，工商局对其作出的处罚决定是正确的。

## 法律依据

《食品安全法》第28条：“禁止生产经营下列食品：

（一）用非食品原料生产的食品或者添加食品添加剂以外的化

学物质和其他可能危害人体健康物质的食品，或者用回收食品作为原料生产的食品；

（二）致病性微生物、农药残留、兽药残留、重金属、污染物质以及其他危害人体健康的物质含量超过食品安全标准限量的食品；

（三）营养成分不符合食品安全标准的专供婴幼儿和其他特定人群的主辅食品；

（四）腐败变质、油脂酸败、霉变生虫、污秽不洁、混有异物、掺假掺杂或者感官性状异常的食品；

（五）病死、毒死或者死因不明的禽、畜、兽、水产动物肉类及其制品；

（六）未经动物卫生监督机构检疫或者检疫不合格的肉类，或者未经检验或者检验不合格的肉类制品；

（七）被包装材料、容器、运输工具等污染的食品；

（八）超过保质期的食品；

（九）无标签的预包装食品；

（十）国家为防病等特殊需要明令禁止生产经营的食品；

（十一）其他不符合食品安全标准或者要求的食品。”

## 12. 食品中出现异物，消费者可要求何种赔偿?

### 典型事例

小张和朋友来到一家烤鱼店吃烤鱼，香辣烤鱼上桌之后，两人刚动了几筷子，突然发现盘子里面有一根头发，小张感觉非常恶心，立即叫来服务员，服务员赶紧道歉，表示给他们重新换一盘。小张和朋友非常生气，又和服务员交涉了半天，最终餐馆经理同意为两人免单。小张心情很不爽，本来周末兴冲冲地跟朋友相聚，一起吃顿饭，没想到发生了这样的事情，他认为只是免单并不是合理的解决方式，不能消除他心头的郁闷感，也不能体现出对餐馆不讲卫生的应有处罚。那么在饭店吃饭，食物中出现异物，消费者可以主张怎样的权益呢？

## 法律分析

不少市民都有在饭店食物中吃出异物的经历。根据《食品安全法》的要求，禁止经营混有异物的食品，因此经营者对于混有异物的食品肯定要承担相应的责任。但应当承担多大的责任？或者说经营者是否应当进行10倍的赔偿？这应当根据异物对食品安全的影响而定。有的情况下，食物中混有的是玻璃、金属等具有一定危险性的异物，已经属于不安全食品的范畴。在这种情况下，消费者可以要求损失10倍的赔偿。但如果混入头发丝等并无危险的异物，尚不足以影响食品安全但是能引起消费者心理上很大的不愉快的，消费者要求10倍的赔偿可能难以寻求到法律上的支持，但消费者仍然可以主张相应的赔偿以维护自己的合法权益。而且消费者就餐时发现食物中混有异物的，无论何种异物，消费者都可以向质检或卫生部门举报。

## 法律依据

《食品安全法》第28条："禁止生产经营下列食品：

（一）用非食品原料生产的食品或者添加食品添加剂以外的化学物质和其他可能危害人体健康物质的食品，或者用回收食品作为原料生产的食品；

（二）致病性微生物、农药残留、兽药残留、重金属、污染物质以及其他危害人体健康的物质含量超过食品安全标准限量的食品；

（三）营养成分不符合食品安全标准的专供婴幼儿和其他特定

人群的主辅食品；

（四）腐败变质、油脂酸败、霉变生虫、污秽不洁、混有异物、掺假掺杂或者感官性状异常的食品；

（五）病死、毒死或者死因不明的禽、畜、兽、水产动物肉类及其制品；

（六）未经动物卫生监督机构检疫或者检疫不合格的肉类，或者未经检验或者检验不合格的肉类制品；

（七）被包装材料、容器、运输工具等污染的食品；

（八）超过保质期的食品；

（九）无标签的预包装食品；

（十）国家为防病等特殊需要明令禁止生产经营的食品；

（十一）其他不符合食品安全标准或者要求的食品。”

《食品安全法》第96条：“违反本法规定，造成人身、财产或者其他损害的，依法承担赔偿责任。

生产不符合食品安全标准的食品或者销售明知是不符合食品安全标准的食品，消费者除要求赔偿损失外，还可以向生产者或者销售者要求支付价款十倍的赔偿金。”

## 13. 无证生产加工食品违法吗？

### 典型事例

张小默平日游手好闲，生计没有着落，某日发现附近有厂家寻人加工山楂，按加工好的袋数付钱。他觉得干这个挺好，至少有口饭吃，于是开始在家里自行对山楂进行加工。其主要工作就是把商贩提供的山楂条和山楂卷按量分配，并密封好。张小默家里没有任何的防尘、防蝇、防鼠设备，加工好的食品也被他随地堆放，食品包装上也没有任何的标签及说明。后经人举报，监督管理部门对张小默家进行了搜查，扣押了其加工使用的器具和正在加工的食品，并对处以罚款。张默默觉得冤枉，觉得自己就想赚点小钱，也不知道自己加工山楂是违法的，那到底张小默的什么行为是违法的呢？

## 法律分析

张小默的行为属于典型的无证生产行为。《食品安全法》第29条第1款规定："国家对食品生产经营实行许可制度。从事食品生产、食品流通、餐饮服务，应当依法取得食品生产许可、食品流通许可、餐饮服务许可。"根据法律的规定，任何单位或者个人如果想要从事食品生产，需要先从有关监督部门办理食品生产许可。在审查申请许可的单位和个人是否具有食品加工资格时，监督部门会对申请者的加工环境、加工工具以及人员的健康情况等众多情况进行评估，评估合格后才发给申请者食品生产卫生许可。在本案中，张小默从事食品加工没有通过有关监督部门的许可，其行为当然是违法的。

## 法律依据

《食品安全法》第29条："国家对食品生产经营实行许可制度。从事食品生产、食品流通、餐饮服务，应当依法取得食品生产许可、食品流通许可、餐饮服务许可。

取得食品生产许可的食品生产者在其生产场所销售其生产的食品，不需要取得食品流通的许可；取得餐饮服务许可的餐饮服务提供者在其餐饮服务场所出售其制作加工的食品，不需要取得食品生产和流通的许可；农民个人销售其自产的食用农产品，不需要取得食品流通的许可。

食品生产加工小作坊和食品摊贩从事食品生产经营活动，应当符合本法规定的与其生产经营规模、条件相适应的食品安全要求，保证所生产经营的食品卫生、无毒、无害，有关部门应当对其加强监督管理，具体管理办法由省、自治区、直辖市人民代表大会常务委员会依照本法制定。”

## 14. 食品生产企业销售自己生产的食品是否需要食品流通许可？

### 典型事例

哈哈农场原本规模甚小，但是经过几代人的辛苦经营和多年的发展，形成了农、林、牧、副、渔的生态系统以及种、养、加、产的生产体系。农场以生产最让人放心的绿色农产品为理念，市场信誉极好，其产出的产品大多运往各大超市销售。后来农场经理觉得可以在农场内开办一个直接对外销售的窗口，以方便来农场参观的人们以及附近的居民购买，同时也可以为农场创收，但是哈哈农场只有食品卫生部门颁发的食品生产许可，于是农场经理想要咨询：《食品安全法》出台后，哈哈农场如果想要直接销售其生产的农产品还需要办理其他许可吗？

### 法律分析

《食品安全法》出台后，国家对食品生产经营实行新的许可制度，未经许可，任何单位和个人不得从事食品生产经营活动。新的许可制度将许可分为三类，即食品生产企业需要申请《食品生产许可证》，涉及食品流通的企业需要申请《食品流通许可证》，而餐饮企业需要申请《餐饮服务许可证》。生产、流通、餐饮服务环节的许可证件由生产、流通、餐饮服务环节的监督部门各自审查发放。即以前的《食品卫生许可证》将被《食品生产许可证》、《食品流通许可证》和《餐饮服务许可证》取代，分别由三个部门颁发。但是出于精简行政考虑，《食品安全法》同时规定，获得食品生产许可的食品食品生产者在其生产场所销售其生产的食品，不需要获得食品流通的许可。所以哈哈农场在已经取得食品生产许可的情形下，在其农场内销售其生产的农产品，不再需要获得其他许可，直接销售即可。

**法律依据**

《食品安全法》第29条:“国家对食品生产经营实行许可制度。从事食品生产、食品流通、餐饮服务，应当依法取得食品生产许可、食品流通许可、餐饮服务许可。

取得食品生产许可的食品生产者在其生产场所销售其生产的食品，不需要取得食品流通的许可；取得餐饮服务许可的餐饮服务提供者在其餐饮服务场所出售其制作加工的食品，不需要取得食品生产和流通的许可；农民个人销售其自产的食用农产品，不需要取得食品流通的许可。

食品生产加工小作坊和食品摊贩从事食品生产经营活动，应当符合本法规定的与其生产经营规模、条件相适应的食品安全要求，保证所生产经营的食品卫生、无毒、无害，有关部门应当对其加强监督管理，具体管理办法由省、自治区、直辖市人民代表大会常务委员会依照本法制定。”

## 15. 农民销售自产的食用农产品需要经过流通许可吗?

**典型事例**

许大伯是某某镇的一名普通农民，每天日出而耕，日落而息。除了种粮食，许大伯平日还种有小范围的白菜、空心菜、青椒、大蒜等农作物，家里还养了5只鸡，8只鸭。每到周三、周五，许大伯就担着自己种的蔬菜和鸡蛋、鸭蛋到镇上的集市去卖，赚的钱勉强维持生计。某日，许大伯听邻居王大娘说国家出了新政策，以后蔬菜、鸡蛋、鸭蛋等都不能随便卖了，得去工商部门申请食品流通许可证才能卖。许大伯一听就犯了愁，自己首先不知道怎么办许可证，而且万一办不了以后不让自己卖了可怎么办啊！那到底许大伯的情况需要办所谓的许可证吗？

## 法律分析

在一家一户分散经营占多数的农村，农民个人销售其自产的食用农产品很常见。这种现象地域分布广、季节性强，如果都要求办理食品流通的许可，难度很大。考虑到农村地区的实际情况，为了减轻广大农民的负担，立法者在《食品安全法》第 29 条特别规定了农民个人销售其自产的食用农产品，不需要取得食品流通的许可。所以，许大伯还是可以像往常一样去镇上的集市卖东西，而不需要去工商部门办理食品流通许可证。

## 法律依据

《食品安全法》第 29 条："国家对食品生产经营实行许可制度。从事食品生产、食品流通、餐饮服务，应当依法取得食品生产许可、食品流通许可、餐饮服务许可。

取得食品生产许可的食品生产者在其生产场所销售其生产的食品，不需要取得食品流通的许可；取得餐饮服务许可的餐饮服务提供者在其餐饮服务场所出售其制作加工的食品，不需要取得食品生产和流通的许可；农民个人销售其自产的食用农产品，不需要取得食品流通的许可。

食品生产加工小作坊和食品摊贩从事食品生产经营活动，应当符合本法规定的与其生产经营规模、条件相适应的食品安全要求，保证所生产经营的食品卫生、无毒、无害，有关部门应当对其加强监督管理，具体管理办法由省、自治区、直辖市人民代表大会常务委员会依照本法制定。”

## 16. 在网上销售食品，可以不办证照吗？

### 典型事例

小王是四川人，在上海工作，由于平时上班比较清闲，小王得知在网上开店比较方便，而且不需要工商登记，就想在网上开家店，把老家的一些特产食品卖到外地，一能贴补家用，二还能为家乡做点贡献。于是小王就在某知名网站上注册，按照网站的规程将自己网站的资料都登记上去，好不容易快注册完成了，网站却提示销售食品需要卫生许可证。小王一下就傻了：不是说网上开店不需要办理证照吗？

### 法律分析

随着互联网的普及，网络购物越来越受到消费者的欢迎。而在网上开店，既不需要租店面，也不需要办理营业执照，所以很多人都通过网店来销售产品。一般而言，在网上销售服装、文具等产品都不需要在政府有关部门办理任何手续，但是销售一些特殊产品则必须先取得相应的经营许可。

比如食品，按照《食品安全法》第29条第1款的规定：“国家对食品生产经营实行许可制度。从事食品生产、食品流通、餐饮服务，应当依法取得食品生产许可、食品流通许可、餐饮服务许可。”案例中的小王，尽管只是想通过网络来销售食品，但无论通过什么形式来销售食品，都属于食品流通活动，要从事这种活动就必须先获得相应的食品流通许可。

### 法律依据

《食品安全法》第 29 条："国家对食品生产经营实行许可制度。从事食品生产、食品流通、餐饮服务，应当依法取得食品生产许可、食品流通许可、餐饮服务许可。

取得食品生产许可的食品生产者在其生产场所销售其生产的食品，不需要取得食品流通的许可；取得餐饮服务许可的餐饮服务提供者在其餐饮服务场所出售其制作加工的食品，不需要取得食品生产和流通的许可；农民个人销售其自产的食用农产品，不需要取得食品流通的许可。

食品生产加工小作坊和食品摊贩从事食品生产经营活动，应当符合本法规定的与其生产经营规模、条件相适应的食品安全要求，保证所生产经营的食品卫生、无毒、无害，有关部门应当对其加强监督管理，具体管理办法由省、自治区、直辖市人民代表大会常务委员会依照本法制定。"

## 17. 认证机构实施跟踪调查需要收费吗？

### 典型事例

甲食品加工企业为了提高食品的安全卫生质量，增强市场竞争力，准备通过良好生产规范及危害分析和关键控制点体系的认证，但是企业领导又听说通过认证后，认证机构会进行跟踪调查，对企业进行监控。考虑到成本问题，企业领导们想咨询：除了进行认证的时候需要缴纳一定的费用外，事后的跟踪调查也需要企业缴费吗？

### 法律分析

良好生产规范，是一种特别注重在生产过程中对产品质量与卫生安全进行规范的自主性管理制度。它是一套适用于制药、食品等行业的强制性标准，要求企业从原料、人员、设施设备 、生产过程、包装运输、质量监控等方面按照国家有关法规达到卫生质量要求，形成一套可操作的作业规范，帮助企业改善企业卫生环境，及时发现生产过程中存在的问题，加以改善。危害分析和关键控制点体系是生产安全食品的一种控制手段，是对原料、关键生产工序及影响食品安全的人为因素进行分析，确定加工过程中的关键环节，建立、完善监控程序和监控标准，采取规范的纠正措施。由于良好生产规范以及危害分析与关键控制点体系与传统的认证方式相比，更加的科学、经济、有效，因此在《食品安全法》中，国家明文规定了鼓励食品生产经营企业通过上述两项体系认证。但并不是经过认证，企业就一劳永逸，《食品安全法》第 33 条第 2 款明文规定：“通过良好生产规范、危害分析与关键控制点体系认证的食品生产经营企业，认证机构应当依法实施跟踪调查；对不再符合认证要求的企业，应当依法撤销认证，及时向有关质量监督、工商行政管理、食品药品监督管理部门通报，并向社会公布。认证机构实施跟踪调查不收取任何费用。”为了减少企业的负担，法律已经明确规定了认证机构实施跟踪调查不得收取任何费用，因此本案中甲食品加工企业的领导们不用再担心后续的认证费用问题。

**法律依据**

《食品安全法》第 33 条：“国家鼓励食品生产经营企业符合良好生产规范要求，实施危害分析与关键控制点体系，提高食品安全管理水平。

对通过良好生产规范、危害分析与关键控制点体系认证的食品生产经营企业，认证机构应当依法实施跟踪调查；对不再符合认证要求的企业，应当依法撤销认证，及时向有关质量监督、工商行政管理、食品药品监督管理部门通报，并向社会公布。认证机构实施跟踪调查不收取任何费用。”

## 18. 餐饮人员没有健康证明能从事餐饮服务吗?

### 典型事例

刘大叔开了一家“香喷喷”烤翅店，主要经营烤鸡翅等各种食品，他家的鸡翅按辣的程度分为原味、微辣、单面辣、双面辣和变态辣。原味的清香四溢，皮脆肉嫩，微辣的带着一丝甜味、一丝辣味，口感非常奇妙，因此顾客源源不断，生意异常红火。五一期间是营业的高峰期，刘大叔觉得店里人手不够就招了几个伙计来帮忙，但时间急促就没有做身体检查。后来碰巧碰到质检部门临检，需要出示员工的健康证明，刘大叔向质检部门的执法人员请求宽恕几天，说忙完了这几天立即不上，但质检部门的执法人员勒令几名没有健康证明的员工不得再继续工作并对刘大叔处以罚款。那么，没有健康证明能直接从事餐饮服务吗?

### 法律分析

刘大叔的行为明显是不合法的。《食品安全法》第34条第2款明确规定：“食品生产经营人员每年应当进行健康检查，取得健康证明后方可参加工作。”

食品生产经营中的从业人员直接从事食品生产经营，从业人员健康与否直接决定了所生产的食品是否安全。因此，需要对食品生产经营人员的身体状况进行健康检查。食品生产经营人员，生活在复杂的自然环境中，身体状况在不断变化，有可能感染患有某些不适宜从事食品生产经营的疾病，因此在通过健康体检后不能一劳永逸，应当每年进行健康检查，及时了解自己的身体健康情况。发现有法律禁止从事接触直接入口食品疾病的，应当及时向所在企业、单位申报。食品生产经营者发现患有有碍食品卫生安全的从业者，应当及时采取调整工作岗位、治疗等措施。健康证明是食品生产经营者经过卫生监督部门的健康体检后取得的书面证明文件。食品生产经营者必须在取得健康证明后才能上岗。健康证明过期的，应当立即停止食品生产经营活动，待重新进行健康体检后，才能继续上岗。

因此，对食品生产经营人员的身体状况进行检查并取得健康证明是国家的强制性规定，目的是为了保障食品消费者的人身健康安全，其本身就不得违反，更没有延期再补齐的说法。因此本案中，执法人员的做法有法律上的依据，是完全合理的。

**法律依据**

《食品安全法》第 34 条：“食品生产经营者应当建立并执行从业人员健康管理制度。患有痢疾、伤寒、病毒性肝炎等消化道传染病的人员，以及患有活动性肺结核、化脓性或者渗出性皮肤病等有碍食品安全的疾病的人员，不得从事接触直接入口食品的工作。

食品生产经营人员每年应当进行健康检查，取得健康证明后方可参加工作。”

## 19. 患有乙型病毒性肝炎的人员可以当餐厅服务员吗？

**典型事例**

小南今年高中毕业了，不想继续读书打算去城市打工，正好有老乡介绍她去城里的一家餐厅当服务员。小南打听了一下详细情况，觉得工资待遇挺好，又包吃包住，就决定去试试。去了之后，餐厅老板对小南挺满意，但说要想上班还得去做一个身体检查。检查后，小南发现自己是乙肝病毒携带者，老板一看检查结果就不要她了，小南特别伤心，那到底乙肝病毒携带者可以当餐厅服务员吗?

## 法律分析

《食品安全法》第34条第1款规定："食品生产经营者应当建立并执行从业人员健康管理制度。患有痢疾、伤寒、病毒性肝炎等消化道传染病的人员，以及患有活动性肺结核、化脓性或者渗出性皮肤病等有碍食品安全的疾病的人员，不得从事接触直接入口食品的工作。"所谓的病毒性肝炎是指由多种不同肝炎病毒引起的一组以肝脏危害为主的传染病，根据病原学诊断，肝炎病毒至少有五种，即甲、乙、丙、丁、戊型肝炎病毒，分别引起甲、乙、丙、丁、戊型病毒性肝炎。我们日常听的较多就是甲肝和乙肝。其实，通过研究发现，甲肝是通过消化道急性传播的疾病，吃饭会传染；而乙肝通过血液传播，性行为、母婴传播、吃饭与呼吸均不会传染乙肝，所以人们传统印象中对乙肝会通过食物传染是存在误解的。但在《食品安全法》中，立法者还是采取了较为保守的态度，根据《食品安全法》的规定，小南确实不能从事餐饮服务工作。

## 法律依据

《食品安全法》第34条："食品生产经营者应当建立并执行从业人员健康管理制度。患有痢疾、伤寒、病毒性肝炎等消化道传染病的人员，以及患有活动性肺结核、化脓性或者渗出性皮肤病等有碍食品安全的疾病的人员，不得从事接触直接入口食品的工作。

食品生产经营人员每年应当进行健康检查，取得健康证明后方可参加工作。”

## 20. 食品生产者在采购食品原料时应尽到什么义务?

### 典型事例

甲公司是一家专门进行肉食加工的企业，旗下生产各种猪肉、牛肉、鸡肉火腿肠等熟食。其加工的原料主要由专门的供货商提供，由于是长期的伙伴关系，甲公司很多时候就没有对供货商送来的各种肉类进行检查，而是直接送到自己的工厂进行加工，包装后送到各大超市进行销售。后来有人举报甲公司的供货商收购了一大批病死鸡的鸡肉对外销售，由于甲公司是该供货商的最大客户，所以很有可能一大部分的病死鸡鸡肉被甲公司接收，加工成了鸡肉火腿肠。对此有关监督机关介入并进行了调查，调查中甲公司的供货商承认自己确实将一大批病死鸡的鸡肉卖给了甲公司，于是很多食用过甲公司火腿肠的消费者向甲公司提出赔偿要求。但甲公司辩称，自己对鸡肉属于病死鸡的鸡肉毫不知情，应当由供货商承担责任。对此，甲公司到底该不该承担责任呢?

### 法律分析

甲公司的说法没有法律依据。《食品安全法》第36条第1款明确规定:“食品生产者采购食品原料、食品添加剂、食品相关产品，应当查验供货者的许可证和产品合格证明文件；对无法提供合格证明文件的食品原料，应当依照食品安全标准进行检验；不得采购或者使用不符合食品安全标准的食品原料、食品添加剂、食品相关产品。”根据该条法律规定，食品生产者在购买食品原材料时，有检查食品原材料是否合格的义务。如果食品经营者不认真执行进货查验制度，对不符合食品安全标准的食品予以验收进货，责任随即转移到食品经营者一方。因此，食品经营者必须认真执行进货查验制度，避免因盲目采购不安全食品造成的经济损失及造成食物中毒和人身伤亡事故后所要承担的法律责任。在本案中，甲公司没有对所购进的鸡肉进行检查就直接送往加工厂加工，导致以病死鸡鸡肉为原料的火腿肠流入市场，极大的危害了消费者的生命健康安全，因此，甲公司应当对消费者承担赔偿责任，还应当受到相应的行政处罚。

**法律依据**

《食品安全法》第36条："食品生产者采购食品原料、食品添加剂、食品相关产品，应当查验供货者的许可证和产品合格证明文件；对无法提供合格证明文件的食品原料，应当依照食品安全标准进行检验；不得采购或者使用不符合食品安全标准的食品原料、食品添加剂、食品相关产品。

食品生产企业应当建立食品原料、食品添加剂、食品相关产品进货查验记录制度，如实记录食品原料、食品添加剂、食品相关产品的名称、规格、数量、供货者名称及联系方式、进货日期等内容。

食品原料、食品添加剂、食品相关产品进货查验记录应当真实，保存期限不得少于二年。"

## 21.《食品安全法》对于食品经营者储存食品有什么要求？

**典型事例**

某超市上架了一批"徐大妈"牌咸菜、豆腐乳和豆豉。某日，有消费者向超市经理孙晓峰投诉，称其销售的"徐大妈"牌咸菜都变质了，味道都是苦的。孙晓峰听后说绝对不可能，我们的咸菜才刚刚入货，质量好着呢，怎么可能变质？后来又有消费者将超市投诉到了工商局，于是工商局派人检查了超市的库存仓库，发现一大批“徐大妈”咸菜都被直接放置在了阳光底下，而“徐大妈”咸菜的外包装上明确标注了应放于阴凉处储存。另外，仓库内还堆有一大批过期的食品。对于超市储存食品不符合标准、仓库卫生不合格的情况，卫生局的人员对某超市的主管人员提出了批评教育，责令其限期改正。那么，《食品安全法》对于食品经营者储存食品有什么要求呢？

## 法律分析

食品由于其质量特性，经过一段时间，质量会发生变化。食品经营者应当根据食品的不同特点，采取不同的措施，如有的食品必须在特定温度下冷藏，有的食品要求在通风环境中贮藏等；再如购置并使用必要的设备和设施，采取必要的防雨、通风、防晒、防霉变、合理分类等方式。对某些特殊食品的保管，还应当采取控制温度等措施，尽量保持进货时的状况。食品如果贮存在恶劣条件下，将加速食品的腐败变质。

食品经营者应当定期检查库存食品，通过检查及时发现变质或者超过保质期的食品。有时由于一些原因，即使食品没有超过保质期，食品也会变质。食品变质就是食品内在质量发生了本质性的物理、化学变化，失去了食品应当具备的食用价值。这时食品经营者就应当及时清理这些变质食品。另外，已经超过保质期的食品，也并不一定都是变质的食品。尽管如此，食品经营者在清理时，只要食品已经变质或者已经超过保质期，都应当坚决清理，不能存在侥幸心理，更不能将已经变质或者超过保质期的食品正常销售。

食品的储存是关系到食品卫生安全的一个重要环节，因此，《食品安全法》第40条明确规定：“食品经营者应当按照保证食品安全的要求贮存食品，定期检查库存食品，及时清理变质或者超过保质期的食品。”即食品经营者在储存食品的时候，需要严格遵守其包装标签上注明的储存条件和要求，并且必须定期清理仓库，不得将已经变质和超过保质期的食品与正常的在保质期内的食品混在一起。另外，《食品安全法》第41条还对散装食品的储存做了特殊规定，即储存散装食品时还应当在储存位置标明食品的名称、生产日期、保质期、生产者名称和联系方式等内容。在本案中，某超市未按照要求将“徐大妈”牌咸菜放在阴凉处储存，且仓库内的过期食品也没有及时进行清理，这是不符合《食品安全法》规定的。

**法律依据**

《食品安全法》第40条：“食品经营者应当按照保证食品安全的要求贮存食品，定期检查库存食品，及时清理变质或者超过保质期的食品。”

《食品安全法》第41条：“食品经营者贮存散装食品，应当在贮存位置标明食品的名称、生产日期、保质期、生产者名称及联系方式等内容。

食品经营者销售散装食品，应当在散装食品的容器、外包装上标明食品的名称、生产日期、保质期、生产经营者名称及联系方式等内容。”

## 22. 散装食品没有生产日期能直接销售吗?

**典型事例**

某日，杨小雨去超市购物，在超市的冷冻食品区看到，超市目前仍在销售散装速冻食品，品种涵盖了汤圆、水饺、烧卖等七个大类。所有速冻食品都被分类散装在大食品袋中，顾客打开柜台的玻璃顶盖，用手直接就可以触及。这些散装的速冻食品的标价单上都没有生产日期，于是杨小雨问售货员："这水饺还在保质期内吗？"售货员盯着标价单看了半天，耸耸肩告诉他："这些都是蛮早的了，具体日期我也不知道。"杨小雨听到回答后很生气，觉得超市连生产日期都不知道就敢拿出来卖，也太不负责了。那到底散装食品是否需要标明生产日期呢？

### 法律分析

散装食品是指无包装的食品、食品原料及加工半成品，但是不包括新鲜果蔬以及需清洗后加工的原粮、鲜冻畜禽产品和水产品等。《食品安全法》出台前，我国对于散装食品的规范存在很多漏洞，也导致很多如本案中出现的情况。但在《食品安全法》中，国家加强了对散装食品的监管，该法第 41 条第 2 款规定："食品经营者销售散装食品，应当在散装食品的容器、外包装上标明食品的名称、生产日期、保质期、生产经营者名称及联系方式等内容。"即从《食品安全法》实施之日起，所有的散装食品不但必须标明生产日期和保质期，还必须标明食品名称、生产经营者名称及联系方式等内容，散装食品随意销售的情况将不再被允许。

### 法律依据

《食品安全法》第 41 条："食品经营者贮存散装食品，应当在贮存位置标明食品的名称、生产日期、保质期、生产者名称及联系方式等内容。

食品经营者销售散装食品，应当在散装食品的容器、外包装上标明食品的名称、生产日期、保质期、生产经营者名称及联系方式等内容。"

《流通领域食品安全管理办法》第 9 条："市场现场制作食品、

散装食品及生鲜食品销售应当具备保障食品安全的设施设备和条件，远离污染源，并符合国家有关食品安全标准。

鼓励市场现场制作食品在消费者可视范围内操作。

市场生、熟食品应分区销售，防止交叉污染。”

## 23. 什么是预包装食品?

### 典型事例

贾某在超市中选购食品，准备买一些小袋装的散装饼干。贾某拿起饼干的包装，发现上面除了饼干的名称和口味，既没有标注生产厂家，也没有标注保质期、生产日期。贾某咨询超市导购员，导购员说：“这是散装食品，都没有标签的，你放心，我们是正规大超市，你在我们这买的食品质量肯定都没问题。”

### 法律分析

预包装食品，指预先定量包装或者制作在包装材料和容器中的食品；包括预先定量包装以及预先定量制作在包装材质和容器中并且在一定量限范围内具有统一的质量或体积标识的食品。食品标签是指预包装食品容器上的文字、图形、符号以及一切说明物。食品标签的所有内容，必须通俗易懂、准确、科学。食品标签是依法保护消费者合法权益的重要途径。

案例中，导购员认为散装食品不需要食品标签，而根据《食品安全法》的规定，凡是预包装食品的包装上都应当有食品标签。超市中很多散装食品，如小包装的饼干、果脯等食品，虽然已经在生产加工时就预先定量包装了，但是这些食品的生产经营仍必须符合预包装食品的相关法律规定。

《食品安全法》等法律法规对预包装食品的标识作出了规定，

比如：食品标识上必须有食品名称、配料、净含量和沥干物含量、制造者的名称地址、生产日期和保质期、产品批准号。预包装食品的属性标示应在食品标签醒目位置，清晰标示、反映食品真实属性的专用名称。

**法律依据**

《食品安全法》第99条："本法下列用语的含义：

食品，指各种供人食用或者饮用的成品和原料以及按照传统既是食品又是药品的物品，但是不包括以治疗为目的的物品。

食品安全，指食品无毒、无害，符合应当有的营养要求，对人体健康不造成任何急性、亚急性或者慢性危害。

预包装食品，指预先定量包装或者制作在包装材料和容器中的食品。

食品添加剂，指为改善食品品质和色、香、味以及为防腐、保鲜和加工工艺的需要而加入食品中的人工合成或者天然物质。

用于食品的包装材料和容器，指包装、盛放食品或者食品添加剂用的纸、竹、木、金属、搪瓷、陶瓷、塑料、橡胶、天然纤维、化学纤维、玻璃等制品和直接接触食品或者食品添加剂的涂料。

用于食品生产经营的工具、设备，指在食品或者食品添加剂生产、流通、使用过程中直接接触食品或者食品添加剂的机械、管道、传送带、容器、用具、餐具等。

用于食品的洗涤剂、消毒剂，指直接用于洗涤或者消毒食品、餐饮具以及直接接触食品的工具、设备或者食品包装材料和容器的物质。

保质期，指预包装食品在标签指明的贮存条件下保持品质的期限。

食源性疾病，指食品中致病因素进入人体引起的感染性、中毒性等疾病。

食物中毒，指食用了被有毒有害物质污染的食品或者食用了含有毒有害物质的食品后出现的急性、亚急性疾病。

食品安全事故，指食物中毒、食源性疾病、食品污染等源于食品，对人体健康有危害或者可能有危害的事故。”

## 24. 预包装食品上没有标签能销售吗？

### 典型事例

爱吃山楂的陈小姐在一家超市散称了一些小包装的山楂片，回家吃时才发现有点受潮了。陈小姐在小包装上找了半天终于在生产日期一栏里看见“见外包装”的字样，后陈小姐又去该超市向售货员咨询为何没有生产日期。售货员表示，产品是以大包装进货然后拆开散卖的，生产日期印在大包装的标签里。随后陈小姐向其索要大包装的标签，售货员找了一通没有找到，解释说，可能是上货的时候不小心弄掉了。陈小姐提出疑惑：“会不会该标签是不同批次产品的，超市只是用近期商品的标签替换了快过期商品的标签呢？”那么，预包装食品是否需要贴标签呢？

### 法律分析

预包装食品，指预先定量包装或者制作在包装材料和容器中的食品，包括预先定量包装以及预先定量制作在包装材质和容器中并且在一定量限范围内具有统一的质量或体积标识的食品，如本案中出现的大包装里面所含的小包装山楂片。食品标签，是指预包装食品容器上的文字、图形、符号以及一切说明物。食品标签的所有内容，不得以错误的、易引起误解的或欺骗性的方式描述或介绍食品，也不得以直接或间接、暗示性的语言、图形、符号使消费者将食品或食品的某一性质与另一产品混淆。此外，食品标签的所有内容，必须通俗易懂、准确、科学。食品标签是依法保护消费者合法权益的重要途径。《食品安全法》第42条明确规定："预包装食品的包装上应当有标签。标签应当标明下列事项：（一）名称、规格、净含量、生产日期；（二）成分或者配料表；（三）生产者的名称、地址、联系方式；（四）保质期；（五）产品标准代号；（六）贮存条件；（七）所使用的食品添加剂在国家标准中的通用名称；（八）生产许可证编号；（九）法律、法规或者食品安全标准规定必须标明的其他事项。专供婴幼儿和其他特定人群的主辅食品，其标签还应当标明主要营养成分及其含量。"因此，《食品安全法》正式实施后，如果消费者发现预包装上没有标签时，可以向有关部门进行投诉。

## 法律依据

《食品安全法》第42条："预包装食品的包装上应当有标签。标签应当标明下列事项：

（一）名称、规格、净含量、生产日期；

（二）成分或者配料表；

（三）生产者的名称、地址、联系方式；

（四）保质期；

（五）产品标准代号；

（六）贮存条件；

（七）所使用的食品添加剂在国家标准中的通用名称；

（八）生产许可证编号；

（九）法律、法规或者食品安全标准规定必须标明的其他事项。

专供婴幼儿和其他特定人群的主辅食品，其标签还应当标明主要营养成分及其含量。"

## 25. 生产食品添加剂是否需要许可？

### 典型事例

大熊有限责任公司是从事专业的食品添加剂生产及销售的公司，主要供应食品添加剂、药用添加剂、饮料用食品添加剂等。大熊公司的总经理杨大熊听说国家关于生产食品添加剂有新的规定，于是咨询：大熊公司需要办理什么手续才能继续生产食品添加剂？

### 法律分析

食品添加剂，指为了改善食品品质和色、香、味以及为防腐、保鲜和加工工艺的需要而加入食品中的人工合成或者天然物质。食品添加剂是现代科技发展的产物，也是食品发展的必需品。食品添加剂的使用，不仅使食品的品种和花样大大增多，繁荣了食品市场，满足了人们对食品的追求，而且正是由于食品添加剂的使用，使近年来食品中微生物的感染大大降低，食品性传染病和细菌性食物中毒的发生才大大减少，并显著延长了人类的寿命，也减少了因腐败变质而造成的食品浪费，使我们的食品资源不再像过去那样短缺。但是，食品添加剂多属于化学合成物质，具有一定的毒性；某些天然物质，也具有一定的毒性，如果使用不当或者过量使用，将会给人体健康带来危害，因此，加强对食品添加剂的管理至关重要。

《食品安全法》第43条规定："国家对食品添加剂的生产实行许可制度。申请食品添加剂生产许可的条件、程序，按照国家有关工业产品生产许可证管理的规定执行。"这预示着《食品安全法》生效后，我国开始正式确立食品添加剂生产许可制度，对食品添加剂的生产进行严格掌控。法律规定申请食品添加剂生产许可的条件、程序，按照国家有关工业产品生产许可证管理的规定执行。而根据我国《工业产品生产许可证管理条例》第9条的规定，申请食品添加剂生产许可证需要具备的条件是："（一）有营业执照；（二）有与所生产产品相适应的专业技术人员；（三）有与所生产产品相适应的生产条件和检验检疫手段；（四）有与所生产产品相适应的技术文件和工艺文件；（五）有健全有效的质量管理制度和责任制度"等。

**法律依据**

《食品安全法》第43条："国家对食品添加剂的生产实行许可制度。申请食品添加剂生产许可的条件、程序，按照国家有关工业产品生产许可证管理的规定执行。"

《工业产品生产许可证管理条例》第2条："国家对生产下列重要工业产品的企业实行生产许可证制度：

（一）乳制品、肉制品、饮料、米、面、食用油、酒类等直接关系人体健康的加工食品；

（二）电热毯、压力锅、燃气热水器等可能危及人身、财产安全的产品；

（三）税控收款机、防伪验钞仪、卫星电视广播地面接收设备、无线广播电视发射设备等关系金融安全和通信质量安全的产品；

（四）安全网、安全帽、建筑扣件等保障劳动安全的产品；

（五）电力铁塔、桥梁支座、铁路工业产品、水工金属结构、危险化学品及其包装物、容器等影响生产安全、公共安全的产品；

（六）法律、行政法规要求依照本条例的规定实行生产许可证管理的其他产品。"

《工业产品生产许可证管理条例》第9条："企业取得生产许

可证，应当符合下列条件：

（一）有营业执照；

（二）有与所生产产品相适应的专业技术人员；

（三）有与所生产产品相适应的生产条件和检验检疫手段；

（四）有与所生产产品相适应的技术文件和工艺文件；

（五）有健全有效的质量管理制度和责任制度；

（六）产品符合有关国家标准、行业标准以及保障人体健康和人身、财产安全的要求；

（七）符合国家产业政策的规定，不存在国家明令淘汰和禁止投资建设的落后工艺、高耗能、污染环境、浪费资源的情况。

法律、行政法规有其他规定的，还应当符合其规定。”

## 26. 食品中不使用添加剂会如何?

### 典型事例

王大妈平时喜欢看报纸，关心关心国家大事。在最新出的报纸中，王大妈看到新出台的关于方便面国家标准的信息，该国标首次对方便面中的蛋白质含量做出限量，即不低于8%，以保证方便面的营养，同时规定在产品包装上需明示添加剂。王大妈对关于蛋白质含量的规定倒是没什么疑义，但就是不明白为什么去年添加剂引出那么多的麻烦，还敢往食物里加添加剂呢？对此，王大妈有点义愤填膺。那到底食品中不使用添加剂会如何呢？

### 法律分析

食品添加剂是为改善食品色、香、味等品质，以及为防腐和加工工艺的需要而加入食品中的化合物质或者天然物质。目前我国食品添加剂有23个类别，2000多个品种，包括酸度调节剂、抗结剂、消泡剂、抗氧化剂、漂白剂、膨松剂、着色剂、护色剂、酶制剂、增味剂、营养强化剂、防腐剂、甜味剂、增稠剂、香料等。食品添加剂具有以下三个特征：一是作为加入到食品中的物质，一般不单独作为食品来食用；二是既包括人工合成的物质，也包括天然物质；三是加入到食品中的目的是为改善食品品质和色、香、味以及为防腐、保鲜和加工工艺的需要。

在食品生产中使用食品添加剂，主要有以下作用：①防止食物的生物污染、预防食品腐败变质的发生，例如，防腐剂地使用，可抑制食品中微生物的生长与繁殖，增强食品的保藏性，延长食品的保存期；②改善食品的外观性状，如使食品呈现诱人的颜色、使食品质地更均匀等；③改善食品的风味，如适当地使用甜味剂、香精等，可显著改善食品的适口性；④满足食品加工工艺的需要，适应生产的机械化和连续化；⑤增加食品的营养价值，如营养强化剂的使用，可增加食品的营养价值，增进消费者的身体健康；⑥满足其他特殊要求，如无糖的甜味剂可满足糖尿病患者的特殊要求。

当今的食品市场，绝大多数食品都加入了添加剂。食品添加剂的使用，满足了人们对食品的追求。而且，正是由于食品添加剂的使用，使得近年来食品中微生物的感染大大降低，食品性传染病和细菌性食物中毒的发生才大大减少，并显著延长了人类的生命，也减少了因腐败而造成的食品浪费。但食品添加剂多属于化学合成物质，具有一定的毒性，如果使用不当或者过量使用，将会给人体健康带来损害。所以，我们应当对食品添加剂有一个客观中立的评价。王大妈没有弄明白添加剂的具体作用，认为所有的添加剂都是有害的，这种观点是不对的，也是需要纠正的。

## 法律依据

《食品安全法》第45条：“食品添加剂应当在技术上确有必要

且经过风险评估证明安全可靠，方可列入允许使用的范围。国务院卫生行政部门应当根据技术必要性和食品安全风险评估结果，及时对食品添加剂的品种、使用范围、用量的标准进行修订。”

## 27. 婴幼儿配方食品中能添加食用香料吗？

### 典型事例

李霞是新时代的模范妈妈，李霞的宝宝小新现在已经九个月大了，为了更好地给宝宝补充营养，让小新健康茁壮地成长，李霞决定给小新换一种听同事说营养更丰富的奶粉。李霞去超市购买奶粉时发现，奶粉的成分里有一种名为香兰素的香料，使用量为1mg/100ml。李霞以前购买的奶粉中都没有这种香料，于是李霞担心这种东西对宝宝的身体有害处，那到底香兰素对婴儿的身体有没有害呢？

### 法律分析

香兰素，又名香草醛，为一种广泛使用的可食用香料，可在香荚兰的种子中找到，也可以人工合成，有浓烈的奶香气息，广泛运用在各种需要增加奶香气息的调香食品中，如蛋糕、冷饮、巧克力、糖果；还可用于香皂、牙膏、香水、橡胶、塑料、医药品。根据我国《食品安全法》的规定，食品添加剂的使用必须符合食品安全标准中有关食品添加剂的品种、使用范围和用量的规定。而根据2008年实施的《婴幼儿配方食品和谷类食品中香料使用规定》，对于婴幼儿食品中香料的使用存在以下限制：①较大婴儿和幼儿配方食品中可以使用香兰素、乙基香兰素和香荚兰豆浸膏，最大使用量分别为5mg/100ml、5mg/100ml和按照生产需要适量使用，其中100ml以即食食品计，生产企业应按照冲调比例折算成配方食品中的使用量；②婴幼儿谷类食品（婴幼儿配方谷粉除外）中可以使用香兰素，最大使用量为每7mg/100g，其中100g以即食食品计，生产企业应按照冲调比例折算成谷类食品中的使用量；③凡适用范围涵盖0至6个月婴幼儿配方食品不得添加任何食用香料。因此，较大婴幼儿配方奶粉中含有一定量的香兰素，且计量为1mg/100ml是合法的，李霞可以放心地购买。

### 法律依据

《食品安全法》第46条："食品生产者应当依照食品安全标准关于食品添加剂的品种、使用范围、用量的规定使用食品添加剂。"

《婴幼儿配方食品和谷类食品中香料使用规定》："为保护婴幼儿身体健康，进一步规范婴幼儿配方食品和谷类食品中香料使用，现规定如下：

一、较大婴儿和幼儿配方食品中可以使用香兰素、乙基香兰素和香荚兰豆浸膏，最大使用量分别为5mg/100ml、5mg/100ml和按照生产需要适量使用，其中100ml以即食食品计，生产企业应按照冲调比例折算成配方食品中的使用量。

二、婴幼儿谷类食品（婴幼儿配方谷粉除外）中可以使用香兰素，最大使用量为每7mg/100g，其中100g以即食食品计，生产企业应按照冲调比例折算成谷类食品中的使用量。

三、凡适用范围涵盖0至6个月婴幼儿配方食品不得添加任何食用香料。

四、本规定自发布之日起实施。2009年9月1日之前，按照以往《食品添加剂使用卫生标准》（GB2760－2007）使用上述香料的婴幼儿配方食品和谷类食品可在保质期内继续销售。"

## 28. 食品添加剂需要有标签吗?

### 典型事例

大卫一直喜欢吃某品牌的方便面，坚持多年，始终不渝，他觉得某品牌方便面加鸡蛋再加西红柿是人生的一大乐趣。某日，大卫看电视上某个关于食品安全卫生的节目正在介绍最近热点话题——食品添加剂，于是立即拿起某品牌的方便面的外包装想分析一下方便面食品添加剂的成分，但是发现外包装上没有关于食品添加剂的说明。那么，某品牌方便面外包装上没有食品添加剂标签的做法合法吗?

### 法律分析

食品添加剂的标签、说明书和包装是食品添加剂作为商品必不可少的组成部分。食品添加剂的标签、说明书和包装符合要求，对保持食品添加剂的品质，保证食品添加剂使用安全具有重要意义。

1. 食品添加剂应当有标签、说明书和包装。食品添加剂的标签是指粘贴、印刷、标记在食品添加剂或者其包装上，用以表示食品添加剂的名称、成分、使用方法、生产者或者销售者等相关信息的文字、符号、数字、图案以及其他说明的总称。食品添加剂的标签应当直接标注在最小销售单元的食品添加剂或者其包装上。食品添加剂的说明书，置于食品添加剂的外包装以内，用以说明食品添加剂的名称、成分、使用方法、生产者或者销售者等相关信息，通常含有比标签更多的信息。食品添加剂的包装是指用于包裹食品添加剂以便于储存、销售和使用的塑料袋、纸盒、玻璃瓶等物品。

2. 食品添加剂标签、说明书应当载明规定事项。为明确产品责任主体，保证食品添加剂正确贮存和安全使用，保障食品安全，根据法律的规定，食品添加剂标签、说明书应当载明下列事项：①名称、规格、净含量、生产日期；②成分或者配料表；③生产者的名称、地址、联系方式；④保质期；⑤产品标准代号；⑥贮存条件；⑦使用范围、用量、使用方法；⑧生产许可证编号；⑨法律、法规或者食品安全标准规定必须标明的其他事项。

其中，食品添加剂的名称应在标签、说明书的醒目位置，清晰地标示其在国家标准中的名称。日期标示不得另外加贴、补印或篡改。净含量的标示应由数字和法定计量单位组成。由两种以上单一品种的食品添加剂经物理混匀而成的复合食品添加剂，除应当按本法规定标示外，还应当同时标示出各单一品种的名称，并按含量由大到小排列。生产者的名称、地址应标示经依法登记注册的名称和地址。产品标准代号应标示企业执行的国家标准、地方标准或经备案的企业标准的代号。

食品添加剂的标签应当载明“食品添加剂”字样。字样应当清楚、明显，符合有关标准规定的要求，以便于食品生产者和消费者识别，避免误用。

《食品安全法》出台后，所有食品的食品添加剂必须有标签，载明食品添加剂的使用范围、用量和使用方法。而且国家目前已经通过新的《方便面国家标准》。新的国家标准首次对方便面中的蛋白质含量作出限制——不低于8%，以保证方便面的营养。方便面中的主要添加剂包括：碳酸钠和碳酸钾、栀子黄和三聚磷酸钠。对于食品添加剂，新《方便面国家标准》明确强调方便面中的食品添加剂和营养强化剂的使用，应符合相关专项国家强制性标准的要求，包括需明示添加剂，凡未在该标准注明属于允许添加的添加剂，一律不得在产品中检出。因此，某品牌方便外包装上没有明示添加剂的做法是不合法的。

**法律依据**

《食品安全法》第47条："食品添加剂应当有标签、说明书和包装。标签、说明书应当载明本法第四十二条第一款第一项至第六项、第八项、第九项规定的事项，以及食品添加剂的使用范围、用量、使用方法，并在标签上载明'食品添加剂'字样。"

《食品安全法》第48条："食品和食品添加剂的标签、说明书，不得含有虚假、夸大的内容，不得涉及疾病预防、治疗功能。生产者对标签、说明书上所载明的内容负责。

食品和食品添加剂的标签、说明书应当清楚、明显，容易辨识。

食品和食品添加剂与其标签、说明书所载明的内容不符的，不得上市销售。"

## 29. 食品标签上能称食品拥有预防癌症功能吗?

**典型事例**

有一阵子红薯被某杂志评为最有效预防癌症的食品，虽然其权威性有待质疑，但某红薯条生产厂商觉得这是一个很好的宣传题材，于是将出厂的红薯条改名为"xx特效防癌红薯"，而且还在外包装上称该红薯条具有预防癌症、增强人体抵抗力的特殊效果。该红薯条进入市场销售后，许多消费者特别是老年人争相购买，但有消费者对该厂家在外包装上宣称其产品具有防癌功效的做法提出了质疑。到底该红薯条生产厂家的做法是否合法呢?

**法律分析**

对于食品的标签，《食品安全法》第48条规定不得含有虚假、夸大的内容，不得涉及疾病预防、治疗功能。疾病预防、治疗功能是药品才具备的功能，食品、食品添加剂的标签、说明书的内容涉及疾病预防、治疗功能的，如果本身并无疾病预防、治疗功能，则构成欺诈；如果本身虽有疾病预防、治疗功能，但未取得药品生产许可，则违反了药品管理的相关规定。另外，对于食品的名称，我国《关于健康相关产品命名规定》第8条也作出了特殊规定：食品的名称禁止使用虚假、夸大和绝对化的词语，如“特效”、“高效”、“奇效”等。因此，在本案中，厂家首先将其生产的红薯条命名为“xx特效防癌红薯”，又在标签中称自己生产的红薯条具有防癌功效，厂家的行为是违法的。

### 法律依据

《食品安全法》第47条：“食品添加剂应当有标签、说明书和包装。标签、说明书应当载明本法第四十二条第一款第一项至第六项、第八项、第九项规定的事项，以及食品添加剂的使用范围、用量、使用方法，并在标签上载明‘食品添加剂’字样。”

第48条：“食品和食品添加剂的标签、说明书，不得含有虚假、夸大的内容，不得涉及疾病预防、治疗功能。生产者对标签、说明书上所载明的内容负责。

食品和食品添加剂的标签、说明书应当清楚、明显，容易辨识。

食品和食品添加剂与其标签、说明书所载明的内容不符的，不得上市销售。”

## 30. 食物中能加药品吗?

### 典型事例

随着生活质量的提高，人体肥胖问题越来越突出。许多减肥食品生产厂家为提高减肥效果，在其生产的减肥食品中添加某些合成药物，对消费者健康造成损害，某食品有限公司就是其中的一例。他们生产了一种薯粉，在宣传中，声称该薯粉采用云南本土的植物魔芋和红薯为主要原料，属于天然绿色植物减肥产品，但实际上却故意隐瞒了其添加了药物西布曲明促进减肥效果的事实。该食品有限公司的做法是否违法呢？

## 法律分析

某食品有限公司的做法是违法的。食品是指各种供人食用或者饮用的成品和原料以及按照传统既是食品又是药品的物品，但是不包括以治疗为目的的物品。药品是指用于预防、治疗、诊断人的疾病，有目的地调节人的生理机能并规定有适应证或者功能主治、用法和用量的物质，包括中药材、中药饮片、中成药、化学原料药及其制剂、抗生素、生化药品、放射性药品、血清、疫苗、血液制品和诊断药品等。药品都有毒副作用，用药不当会危害人的健康。为了保障用药人的用药安全，维护人民身体健康，药品的生产、经营、使用必须严格按照《中华人民共和国药品管理法》（以下简称《药品管理法》）的规定，通过专门的渠道进行。不得为了达到某种功能，获取经济利益在食品中加入药品。因此《食品安全法》第50条规定：“生产经营的食品中不得添加药品，但是可以添加按照传统既是食品又是中药材的物质。按照传统既是食品又是中药材的物质的目录由国务院卫生行政部门制定、公布。”

《既是食品又是药品的品种名单》对既是食品又是中药材的物质做出了详细的规定，总共有77种：八角茴香、刀豆、姜（生姜、干姜）、枣（大枣、酸枣、黑枣）、山药、山楂、小茴香、木瓜、龙眼肉（桂圆）、白扁豆、百合、花椒、芡实、赤小豆、佛手、青果、杏仁（甜、苦）、昆布、桃仁、莲子、桑葚、菊苣、淡豆豉、黑芝麻、胡椒、蜂蜜、榧子、薏苡仁、枸杞子、乌梢蛇、蝮蛇、酸枣仁、牡蛎、栀子、甘草、代代花、罗汉果、肉桂、决明子、莱菔子、陈皮、砂仁、乌梅、肉豆蔻、白芷、菊花、藿香、沙棘、郁李仁、青果、薤白、薄荷、丁香、高良姜、白果、香橼、炎麻仁、树红、茯苓、香薷、红花、紫苏、麦芽、黄芥子、鲜白茅根、荷叶、桑叶、鸡内金、马齿苋、鲜芦根、蒲公英、益智、淡竹叶、胖大海、金银花、余甘子、葛根、鱼腥草。本案中的西布曲明是一种减肥药物，它的原理就是依靠代谢加快，产生热量、释放热量的加快，抑制人的食欲，让人厌食以达到减肥的目的，但同时西布曲明对人体有副作用，有可能引起血压升高、心率加快、厌食、失眠、肝功能异常等。正是考虑到这种危险性，有关部门明确规定，西布曲明是处方药，必须在医生的指导下使用。显然西布曲明不属于既是食品又是中药材的物质的范围，不应被加入食品中。

**法律依据**

《食品安全法》第50条："生产经营的食品中不得添加药品，但是可以添加按照传统既是食品又是中药材的物质。按照传统既是食品又是中药材的物质的目录由国务院卫生行政部门制定、公布。"

## 31. 保健品是药品还是食品?

**典型事例**

保健品具有保护人体健康的作用，当下很多人都会服用保健品。一些保健品确实也具有特殊功效：如解酒药可以饮酒前或者饮酒后十分钟内服用，可速护肝；安神补脑液可以改善睡眠。而很多标明"食"字号或"健"字号的保健品还标注了"适宜人群”、“用法用量”等。比如某款“食”字号的西瓜霜喉宝上标明，适宜人群：有咽喉干燥、充血、肿胀、灼热、喉痒等表现者。用法用量：含服，每次1片，每日6次。这些标识和普通的药品非常相像，所以很多人都认为保健品是药品。

## 法律分析

声称具有特定保健功能的食品，即保健品，是指适宜于特定人群食用，具有调节机体功能，不以治疗疾病为目的，并且对人体不产生任何急性、亚急性或者慢性危害的食品。目前，已核准的保健食品的保健功能有增强免疫力、抗氧化、辅助改善记忆、缓解体力疲劳、减肥、改善生长发育、提高缺氧耐受力、辅助降血脂、辅助降血糖、改善睡眠、改善营养性贫血、促进泌乳、缓解视疲劳、辅助降血压、促进消化、通便、补充营养素等28种。与一般食品不具有特定功能、无特定适用人群不同，保健食品具有调节人体机能等特定功能，适用于特定人群。

很多人都认为保健品是一种特殊的药品，但是保健品全称应该是保健食品。根据《保健食品管理办法》的规定，保健食品是指具有特定保健功能的食品，即适宜于特定人群食用，具有调节机体功能，不以治疗疾病为日的的食品，其生产由国家卫生行政部门审批；而药品则要求有明确的主治、功能和疗效，根据《药品生产监督管理办法》的规定，其文号由国家食品药品监督管理部门审批。比起保健品，药品的生产及其配方的组成、生产能力和技术条件都要经过国家有关部门对药理、病理和病毒的严格审查和多年的临床观察。而保健品与药品最根本的区别就在于保健食品没有明确治疗作用，不能用作治疗疾病，只具有保健功能。保健食品在本质上仍是食品。保健食品的生产经营除应当遵守保健品规定的要求以外，还应当遵守本法对食品规定的一般性要求。

**法律依据**

《食品安全法》第51条："国家对声称具有特定保健功能的食品实行严格监管。有关监督管理部门应当依法履职，承担责任。具体管理办法由国务院规定。

声称具有特定保健功能的食品不得对人体产生急性、亚急性或者慢性危害，其标签、说明书不得涉及疾病预防、治疗功能，内容必须真实，应当载明适宜人群、不适宜人群、功效成分或者标志性成分及其含量等；产品的功能和成分必须与标签、说明书相一致。"

## 32. 保健品可以宣传其治病疗效吗？

**典型事例**

一位消费者向消委会投诉，称其为治疗皮肤病于不久前在某药店购买了一种保健食品食用。该产品在广告中宣称其可以使患者在使用2～3个疗程后，让皮肤银屑、红斑等症状完全消失。但该消费者在服用4个疗程后，不仅没有治好病，症状反而加重，经送医院诊治才逐渐好转。目前很多保健品都在其功能说明中标明产品具有治疗疾病的功效，如"有效抑制糖尿病"、"治疗支气管炎"等。

**法律分析**

很多保健品的生产和销售都着意宣传其保健品的功效，使得很多消费者误认为保健品具有治疗疾病的作用，但保健品仅仅是具有保健功能的食品，不具有医学上的治疗功能。根据《保健品管理法》的规定，保健品在其产品标签、说明和广告中不得暗示其具有治愈疾病的功效。根据《保健食品广告审查暂行规定》的规定，保健品广告必须说明或者标明“本品不得代替药物”的表述且必须标明保健食品名称、批准文号、广告批准文号、标识以及不适宜人群。

案例中的保健品，在广告及说明书中却宣称其具有医学疗效，违反了《中华人民共和国广告法》（以下简称《广告法》）关于“食品的广告的内容不得使用医疗用语或者易与药品混淆的用语”的规定，属于虚假宣传，经营者应对其欺诈行为承担赔偿责任；同时，对于保健品虚假宣传其具有药品功效的行为，监督部门可以责令改正，情节严重的可以直接收回该保健品广告批准文号。

### 法律依据

《食品安全法》第51条：“国家对声称具有特定保健功能的食品实行严格监管。有关监督管理部门应当依法履职，承担责任。具体管理办法由国务院规定。

声称具有特定保健功能的食品不得对人体产生急性、亚急性或者慢性危害，其标签、说明书不得涉及疾病预防、治疗功能，内容必须真实，应当载明适宜人群、不适宜人群、功效成分或者标志性成分及其含量等；产品的功能和成分必须与标签、说明书相一致。”

## 33. 集中交易市场的开办者应当对入场食品经营者的经营条件进行检查吗？

### 典型事例

张金顺平时喜欢吃一些腊制品，特别是腊制香肠，于是他投资开了一个腊制品的集中交易市场。但张金顺并不懂管理，除了定时向入场的业主们收取摊位费以外，就放任该市场自生自灭了。

某日，有人找到他投诉说有一卖咸鸭蛋的商家卫生条件极差，根本不能看。不料张金顺说："这是他们自己的事，不归我管，我只是为他们提供了一个地方而已。"那张金顺的说法到底对不对呢？

## 法律分析

集中交易市场是食品经营者开展食品流通、餐饮服务等食品经营活动的一个重要场所，也是极易出现食品安全事故的重点监管区域。集中交易市场里的食品经营者具有经营规模小、流动性强的特点，这给食品安全监管工作带来很大难度，一旦发生食品安全事故后，食品经营者往往一跑了之，或者由于规模小，难以承担巨大的赔偿责任，使消费者的损失难以获得补偿。而集中交易市场的开办者、柜台出租者和展销会举办者是集中交易市场的管理者，对集中交易市场的食品安全负有管理责任，是距离入场食品经营者最近、最直接的监督者，能够发挥食品安全监管部门难以发挥的监管作用。

为了加强对集中交易市场的食品安全监管，保障消费者的权益，《食品安全法》规定了集中交易市场的开办者、柜台出租者和展销会举办者审查许可证、定期检查、连带责任等三方面的责任。

1. 审查入场食品经营者的许可证，明确入场食品经营者的食品安全管理责任。集中交易市场的开办者、柜台出租者和展销会举办者应当对入场食品经营者的食品流通许可证或者餐饮服务许可证等许可证进行审查，确定相关许可证是否真实有效。对未取得相关许可证的，不得允许其入场经营。对取得相关许可证的入场食品经营者，集中交易市场的开办者、柜台出租者和展销会举办者应当与其签订食品安全责任书，明确其食品安全管理责任。

2. 定期进行检查，发现食品经营者有违法行为的，应当及时制止并立即报告监督管理部门。集中交易市场应当定期对入场食品经营者的经营环境和条件进行检查，并将检查情况进行记录。

检查和记录的内容包括：食品经营者是否取得食品流通许可证或者餐饮服务许可证等许可证，经营内容是否与许可范围一致；相关人员是否取得健康证明，是否受过食品安全知识培训；是否建立和执行食品进货查验记录制度；食品经营条件和过程是否符合《食品安全法》第27条规定的要求；经营的食品是否属于《食品安全法》第28条规定禁止生产经营的食品；是否有其他违反食品安全管理规定的行为。食品集中交易市场的开办者、食品经营柜台的出租者和食品展销会的举办者发现食品经营者不具备经营资格的，应当禁止其入场销售；发现食品经营者不具备与所经营食品相适应的经营环境和条件的，可以暂停或者取消其入场经营资格；发现经营不符合食品安全标准的食品或者有其他违法行为的，应当及时制止，并立即将有关情况报告辖区工商行政管理机关。

此外，集中交易市场应负责处理涉及食品安全问题的群众投诉，并主动向有关监管部门举报入场经营者的食品安全违法行为，积极配合有关部门调查处理入场食品经营者的食品安全违法案件。

3. 未履行规定义务，本市场发生食品安全事故的，应当承担连带责任。未履行规定义务，导致本市场发生食品安全事故，给消费者造成人身和财产损失的，集中交易市场的开办者、柜台出租者和展销会举办者应当与食品经营者承担连带责任。消费者可以要求集中交易市场的开办者、柜台出租者和展销会举办者承担全部或者部分民事责任，也可要求食品经营者承担全部或者部分民事责任。集中交易市场的开办者、柜台出租者和展销会举办者与食品经营者之间的责任分配，依照法律或者约定确定。

张金顺的说法显然是不对的。在本案中，张金顺作为该集中交易市场的开办者，就应当组织人手对其场内的商家的卫生状况进行定期检查，保障前来购买食品的消费者的健康安全。而且对于卫生条件不符合有关规定的经营者，张金顺所代表的集中交易市场管理方应该及时对其进行制止并报告所在地县级工商行政管理部门或者食品药品监督管理部门。

**法律依据**

《食品安全法》第52条:“集中交易市场的开办者、柜台出租者和展销会举办者,应当审查入场食品经营者的许可证,明确入场食品经营者的食品安全管理责任,定期对入场食品经营者的经营环境和条件进行检查,发现食品经营者有违反本法规定的行为的,应当及时制止并立即报告所在地县级工商行政管理部门或者食品药品监督管理部门。

集中交易市场的开办者、柜台出租者和展销会举办者未履行前款规定义务,本市场发生食品安全事故的,应当承担连带责任。”

## 34. 集中交易市场经营的食品造成食品安全事故,应该由谁承担责任?

**典型事例**

孙熙快过生日了,他的一群好友约好为他庆祝生日。孙熙平时自诩厨艺不凡,于是准备生日当天亲自下厨,震撼一下平日那些质疑他厨艺的损友们。生日前一天,孙熙特意去他家附近的杨大妈食品集中交易市场买了一堆菜,为第二天大显身手提前做好准备。第二天孙熙的厨艺着实惊艳了一把,朋友们吃饱喝足后各自回家。不料,没过多久,朋友们纷纷打来电话称肚子不舒服,孙熙自己也觉得肚子疼,到医院一检查发现是食物中毒,后来经检验,食物里居然有农药残留。事后,孙熙去找杨大妈食品集中交易市场的经理要求赔偿,该经理却说:“这个事情我们不应该承担赔偿责任,你直接去找卖给你菜的人赔。”那么孙熙到底该找谁赔偿呢?

## 法律分析

根据《食品安全法》的规定，因集中交易市场经营的食品造成食品安全事故的，集中交易市场和食品经营者应当承担连带赔偿责任。这里的食品安全事故，是指由食品引发的对人体健康有危害的事故，包括食物中毒、食源性疾病、食品污染等。连带责任是指根据法律规定或者当事人的约定，债权人有权请求数个债务人中的任何一人履行全部债务的一种民事责任承担方式。《中华人民共和国民法通则》（以下简称《民法通则》）规定，债务人一方人数为两个以上的，依照法律规定或当事人约定，负有连带义务的每个债务人，都负有清偿全部债务的义务，履行了义务的人，有权要求其他负有连带义务的人偿付他应当承担的份额。连带责任更能保护权利主体的合法权益。

未履行规定义务，本市场发生食品安全事故，给消费者造成人身和财产损失的，集中交易市场的开办者、柜台出租者和展销会举办者应当与食品经营者承担连带责任。消费者可以要求集中交易市场的开办者、柜台出租者和展销会举办者承担全部或者部分民事责任，也可要求食品经营者承担全部或者部分民事责任。集中交易市场的开办者、柜台出租者和展销会举办者与食品经营者之间的责任分配，依照法律或者约定确定。集中交易市场的开办者、柜台出租者和展销会举办者不得以承担的责任超出与食品经营者约定的份额而拒绝消费者要求其承担全部责任的主张。集中交易市场的开办者、柜台出租者和展销会举办者承担的责任超过其应当承担的份额的，可以就超额的部分向食品经营者追偿。

在本案中，孙熙对其遭受的全部损失，可以找向其出售含有农药残留食品的商家请求赔偿，也可以找杨大妈集中交易市场请求赔偿，甚至也可以找商家赔偿其损失的一部分，找集中交易市场赔偿剩余的部分，而商家与杨大妈集中交易市场之间的金钱纠纷就由他们自己内部协商解决。

**法律依据**

《食品安全法》第52条："集中交易市场的开办者、柜台出租者和展销会举办者，应当审查入场食品经营者的许可证，明确入场食品经营者的食品安全管理责任，定期对入场食品经营者的经营环境和条件进行检查，发现食品经营者有违反本法规定的行为的，应当及时制止并立即报告所在地县级工商行政管理部门或者食品药品监督管理部门。

集中交易市场的开办者、柜台出租者和展销会举办者未履行前款规定义务，本市场发生食品安全事故的，应当承担连带责任。"

## 35. 食品召回制度具体怎么实施？

**典型事例**

某市质量技术监督局接到市民举报，称某食品企业利用过期霉变原材料生产食品。接到举报后，该局立即组织稽查人员到企业现场检查，发现情况属实，且大部分产品已经流入市场。通过该局下属的食品安全风险评价管理中心评估证实，使用了过期霉变原料的食品会对消费者身体健康造成损害，必须进行召回。经过食品突发事件应急处理中心和企业的协商，企业表示愿意主动召回。于是，企业一方面马上在当地的报纸上刊登召回公告，通知凡是购买了该食品的消费者可以到超市进行退款。另一方面，通过其主要的销售渠道收回产品。随后，食品安全风险评价管理中心对召回的食品进行了检测，确定召回效果，并对其进行无害化处理。市质量技术监督局还根据法律的规定，对企业处以罚款。

## 法律分析

所谓食品召回，是指食品生产者按照规定程序，对由其生产原因造成的某一批次或类别的不安全食品，通过换货、退货、补充或修正消费说明等方式，及时消除或减少食品安全危害的活动。召回不同于企业根据“三包”规定进行的换货、退货活动。前者针对的是某一批次或类别的产品，只要该批次或类别可能存在安全隐患，该批次或类别的所有产品都要召回。这里，不排除其中某些产品是安全的。而后者针对的是个别产品，如果消费者购买的个别产品存在质量问题，可按规定要求换货或者退货。通常，同一批次或者类别的其他产品不存在质量问题。食品召回制度有三方面的意义：一是防患于未然，充分保障消费者的身体健康和生命安全；二是体现食品生产经营者是保障食品安全的第一责任人；三是提高政府监管效能，变被动为主动。

为保证食品召回制度的实施，食品生产者应当建立完善的产品安全档案制度和相关管理制度，准确记录并保存生产环节中的原辅料采购、生产加工、储运、销售等信息，保存消费者投诉、食源性疾病事故、食品污染事故记录，以及食品危害纠纷信息等档案，及时向监管部门报告所有相关的食品安全危害信息，不得隐瞒或虚报其生产的食品危害人体健康的事实。监管部门应当加强食品召回信息管理，收集、分析、处理有关食品安全危害和食品召回信息，进行食品安全危害调查和食品安全危害评估，监督食品生产者及时召回不安全食品。

《食品召回管理规定》根据食品安全危害的严重程度，将食品召回分为三级：一级召回指已经或可能诱发食品污染、食源性疾病等对人体健康造成严重危害甚至死亡的，或者流通范围广、社会影响大的不安全食品的召回；二级召回指已经或可能引发食品污染、食源性疾病等对人体健康造成危害，危害程度一般或流通范围较小、社会影响较小的不安全食品的召回；三级召回指已经或可能引发食品污染、食源性疾病等对人体健康造成危害，危害程度轻微的，或者含有对特定人群可能引发健康危害的成分，而在食品标签和说明书上未予以标示，或标示不全、不明确的不安全食品的召回。

根据食品召回程序的启动方式，食品召回可分为食品生产者主动召回和监管部门强制召回两种。

1. 主动召回的程序。

（1）食品生产者发现其生产的食品不符合食品安全标准，应当立即停止生产，召回已经上市销售的食品。

（2）食品生产者应当及时通知相关生产经营者停止生产经营，通知消费者停止消费。

（3）食品生产者应当记录召回和通知的情况，如食品召回的批次、数量，通知的方式、范围等。

（4）食品生产者应当及时对召回的不安全食品根据具体情况采取补救、无害化处理、销毁等措施。根据有关规定应当销毁的食品，应当及时予以销毁，防止不安全食品再次流入市场。

（5）食品生产者应当及时向监管部门报告食品召回和处理情况。主要包括：停止生产不安全食品的情况；通知销售者停止销售不安全食品的情况；通知消费者停止消费不安全食品的情况；食品安全危害的种类、产生的原因、可能受影响的人群、严重和紧急程度；召回措施的内容，包括实施组织、联系方式以及召回的具体措施、范围和时限等；召回的效果；召回食品后的处理措施等。

（6）食品经营者发现其经营的食品不符合食品安全标准，应当立即停止经营，通知相关生产经营者和消费者，并记录停止经营和通知情况。

（7）县级以上质量监督、工商行政管理部门应当依法对食品生产经营者食品召回和处理或者停止经营的情况进行监督。

2. 责令召回的程序。

(1) 县级以上质量监督、工商行政管理部门发现食品生产经营者未依照规定召回或者停止经营不符合食品安全标准的食品的，可以责令其召回或者停止经营。

(2) 食品生产者在接到责令召回的通知后，应当立即停止生产，并按照规定的程序召回不符合食品安全标准的食品。

(3) 食品经营者在接到责令停止经营的通知后，应当立即停止经营。

### 法律依据

《食品安全法》第53条："国家建立食品召回制度。通知相关生产经营者和消费者，并记录召回和通知情况。

食品经营者发现其经营的食品不符合食品安全标准，应当立即停止经营，通知相关生产经营者和消费者，并记录停止经营和通知情况。食品生产者认为应当召回的，应当立即召回。

食品生产者应当对召回的食品采取补救、无害化处理、销毁等措施，并将食品召回和处理情况向县级以上质量监督部门报告。

食品生产经营者未依照本条规定召回或者停止经营不符合食品安全标准的食品的，县级以上质量监督、工商行政管理、食品药品监督管理部门可以责令其召回或者停止经营。"

## 36. 食品广告中能有虚假内容吗?

### 典型事例

甲生物健康制品有限公司在其印制的《肿瘤康复蓝皮书》中宣传：其生产的"奇力生免疫调节口服液"对多种癌症患者的免

疫基因具有良好的调节、控制和矫正作用，能够通过对免疫基因的调控达到康复的功效。该公司还在其网站上宣传：该公司是隶属于某科技集团的全资子公司。目前该集团生产的世界唯一的专门用于艾滋病治疗的生物药品“康康康”，正造福着亿万大众。经调查发现，“奇力生免疫调节口服液”为保健品，经批准的保健功能为“免疫调节”；艾滋病治疗的生物药品“康康康”还正在向国家有关部门申报中，尚未通过管理部门审批。那甲生物健康制品有限公司的做法是否合法呢？

## 法律分析

广告，是指商品经营者或者服务提供者承担费用，通过一定媒介和形式直接或者间接地介绍自己所推销的商品或者所提供的服务的商业广告。

近年来，食品广告违法问题较为严重。例如，一些企业在食品广告中提供虚假的实验数据、检验报告和鉴定结论，夸大食品的功能，通过渲染、夸大某种健康状况或者疾病，或者通过描述某种疾病容易导致的身体危害，使公众对自身健康产生担忧、恐惧，欺骗和误导消费者。在保健食品广告中使用消费者、患者、专家的名义和形象作证明，尤其是社会公众人物在保健食品广告中以消费者、患者、专家的身份，向受众推荐产品或者介绍产品的优点、特点、性能、效果。在食品广告中宣传治疗作用或者夸大功能，把保健食品混同为药品，宣传治疗作用或者使用易与药品相混淆的用语，超出核准的保健功能范围，宣传未经核准的功能。

食品广告有什么要求呢？

1. 食品广告的内容应当真实合法，不得含有虚假、夸大的内容。

食品广告的内容应当真实合法，不得含有虚假、夸大的内容，不得欺骗和误导消费者。广告主、广告经营者、广告发布者从事食品广告活动，应当遵守法律、行政法规，遵循公平、诚实信用的原则。

食品广告中对产品的性能、产地、用途、质量、价格、生产者、有效期限、允诺或者对服务的内容、形式、质量、价格、允诺有表示的，应当清楚、明白。食品广告应当具有可识别性，能够使消费者辨明其为广告。

2. 食品广告的内容不得涉及疾病预防、治疗功能。

疾病预防、治疗功能是药品才具备的功能，食品广告的内容不得涉及疾病预防、治疗功能。对此，《药品管理法》及其实施条例规定，非药品广告不得涉及药品的宣传；非药品不得在其包装、标签、说明书及有关宣传资料上，进行含有预防、治疗、诊断人体疾病等有关内容的宣传。《广告法》也规定，食品广告的内容必须符合卫生许可的事项，并不得使用医疗用语或者易与药品混淆的用语。

根据《食品安全法》及《药品管理法》和《广告法》的规定，违反法律规定，食品广告的内容涉及疾病预防、治疗功能的，由广告监督管理机关责令负有责任的广告主、广告经营者、广告发布者改正或者停止发布，没收广告费用，可以并处广告费用1倍以上5倍以下的罚款；情节严重的，依法停止其广告业务。

该有限责任公司的做法显然是违法的。首先，食品广告的内容应当真实合法，不得含有虚假、夸大的内容，不得涉及疾病预防、治疗功能。保健品作为食品的一种，在广告中是不能涉及疾病的治理、预防的。其次，甲公司生产的“奇力生免疫调节口服液”根本就不具备治疗癌症的功效，其所做的广告是典型的虚假夸大广告，是欺骗消费者的行为。另外，甲公司的行为同时还违反了《广告法》和《反不正当竞争法》的有关规定，有关机关可以对其进行行政处罚。

**法律依据**

《食品安全法》第54条："食品广告的内容应当真实合法，不得含有虚假、夸大的内容，不得涉及疾病预防、治疗功能。

食品安全监督管理部门或者承担食品检验职责的机构、食品行业协会、消费者协会不得以广告或者其他形式向消费者推荐食品。"

## 37. 消费者协会能推荐食品吗？

**典型事例**

某市消费者协会举办了一次"放心食品进万家"活动，向广大市民推荐据称已经经消费者协会检验过的放心食品，食品的种类包括老百姓日常生活离不开的油盐酱醋、猪肉、糕点、速冻食品等品种。另外，该消费者协会还推荐了几家本地的放心企业，称其产品质量绝对过硬，消费者可以放心购买。小王也去参加了这次推荐会，但对消费者协会的推荐还是存有怀疑，他想消费者协会不是一个中立机构吗，怎么能参加推荐？

**法律分析**

消费者协会是依法成立的对商品和服务进行社会监督的保护消费者合法权益的社会团体。消费者协会以广告或者其他形式，向消费者推荐某个企业生产经营的食品与其职责不相符的，会损害其作为公益机构的中立性，不利于创造公平、公正的市场竞争环境。因此，《食品安全法》规定，消费者协会等不得以广告或者其他形式向消费者推荐食品。违反本法规定，消费者协会以广告或者其他形式向消费者推荐食品的，由有关主管部门没收违法所得，依法对直接负责的主管人员和其他直接责任人员给予记大过、降级或者撤职的处分。

《食品安全法》出台前，许多地方的食品行业协会、消费者协会等经常搞所谓的品牌推荐活动，而实际上很多情况下是只要企业给钱就发奖牌，严重影响了行业协会和消费者协会的权威性和公信力，造成了不良社会影响。《食品安全法》明文规定，消费者协会不得以广告或者其他形式向消费者推荐产品。因此，在《食品安全法》中，国家明确禁止此类推荐行为，以后老百姓们发现这种情况，可以向有关部门投诉。

### 法律依据

《食品安全法》第54条："食品广告的内容应当真实合法，不得含有虚假、夸大的内容，不得涉及疾病预防、治疗功能。

食品安全监督管理部门或者承担食品检验职责的机构、食品行业协会、消费者协会不得以广告或者其他形式向消费者推荐食品。"

## 38. 明星代言问题食品需要承担连带责任吗？

### 典型事例

某明星代言某品牌奶粉，正是由于该明星的明星效应，许多消费者购买该品牌奶粉。后来，全国陆续出现婴幼儿因食用该奶粉而导致结石的情况，国家有关部门开始介入调查。后经调查发现，该品牌的幼儿配方奶粉中添加了三聚氰胺，而三聚氰胺是一种化工原料，可导致人体泌尿系统产生结石。调查结果一出，公众群情激愤，除了要求对奶粉生产者的有关负责人员进行严惩外，许多婴儿家长也试图起诉担任该品牌奶粉广告代言的明星。那么明星到底需不需要为不实广告承担责任呢？

**法律分析**

《食品安全法》明确规定，社会团体或者其他组织、个人在虚假广告中向消费者推荐食品，使消费者的合法权益受到损害的，与食品生产经营者承担连带责任。

连带责任是指根据法律规定或者当事人的约定，债权人有权请求数个债务人中的任何一人履行全部债务的一种民事责任承担方式。《民法通则》规定，债务人一方人数为两个以上的，依照法律规定或当事人约定，负有连带义务的每个债务人，都负有清偿全部债务的义务，履行了义务的人，有权要求其他负有连带义务的人偿付他应当承担的份额。连带责任更能保护权利主体的合法权益。

社会团体或者其他组织、个人在虚假广告中向消费者推荐食品，使消费者的合法权益受到损害的，应当与食品生产经营者承担连带责任。据此，消费者可以要求推荐食品的社会团体或者其他组织、个人承担全部或者部分民事责任，也可要求食品生产经营者承担全部或者部分民事责任。推荐食品的社会团体或者其他组织、个人与食品生产经营者之间的责任分配，依照法律或者约定确定。推荐食品的社会团体或者其他组织、个人不得以承担的责任超出与食品生产经营者约定的份额，而拒绝消费者要求其承担全部责任的主张。推荐食品的社会团体或者其他组织、个人承担的责任超过应当承担的份额的，可以就超额的部分向食品生产经营者追偿。

名人因代言获得了高额经济利益，如果不承担相应的责任，将违反权责统一的法律原则。为此，《食品安全法》第 55 条扩大了《广告法》规定的责任主体范围，规定：“社会团体或者其他组织、个人在虚假广告中向消费者推荐食品，使消费者的合法权益受到损害的，都要与食品生产经营者承担连带责任。”所以在消费者选择诉讼主体的时候，可以把广告主和个人（就是明星）作为共同被告，要求他们共同承担责任。如本案的情况，受害的消费者不仅可以起诉该品牌的生产厂家，还可以起诉为奶粉代言的明星，要求他们赔偿损失。

**法律依据**

《食品安全法》第55条："社会团体或者其他组织、个人在虚假广告中向消费者推荐食品，使消费者的合法权益受到损害的，与食品生产经营者承担连带责任。"

## 39. 食品检验机构出具虚假报告由谁负责？

**典型事例**

甲企业专门生产冰激凌，经营状态良好。乙企业是甲企业的老竞争对手，为了损坏甲企业的声誉，挤占甲的市场份额，乙企业的经理决定从甲企业今年的检验报告上下手。乙企业经理事先打听好了今年对甲企业产品进行检验的黄检验员，然后塞了一个大红包给黄检验员，让他帮忙在甲企业的检验报告上动动手脚。黄检验员想到，收人钱财，替人消灾，就将甲企业送来质检的样品数据改了改，于是检验结果显示甲企业产品多项指标不合格。受此报告的影响，甲企业的市场销售额大幅度下滑。后事情败露，除了向乙企业要求赔偿外，甲企业还想向检验机构要求赔偿，但是检验机构称出具虚假报告是黄检验员的私人行为，检验机构概不负责。针对本案的情况，虚假的检验报告到底应由谁承担责任呢？

**法律分析**

在食品检验环节，食品检验机构与检验人员都有相应的权利和义务，一旦违反了法定义务，就要承担法律责任。按照有关法律法规的规定，食品检验机构需要履行以下义务：一是必须具备相应的检测条件和能力，包括建立健全的内部组织机构；有开展质量检验工作的基本规则、工作程序、管理制度等；有熟悉有关检验业务及其相关知识的检验人员；有与所从事的检验业务相适应的仪器、设备等技术装备；有保证检验工作质量的检验环境等。一旦违背此项义务，食品检验机构的检验资质就会被撤销。二是必须保证做到科学、公正、廉洁、高效，出具客观、公正的检验结果，不得伪造检验结果或者出具虚假证明。《中华人民共和国产品质量法》（以下简称《产品质量法》）第21条规定，产品质量检验机构必须依法按照有关标准，客观、公正地出具检验结果。检验人也有应当具备相应检验能力、履行相应职业道德的义务，否则检验资质将会被撤销。

在以往的法律法规中，有关确保食品检验报告客观、公正的责任主要给了食品检验机构，对检验人是否有责任确保食品检验报告客观、公正往往没有明确规定，只是规定伪造检验结果或者出具虚假证明的，检验人作为其他直接责任人也要承担相应法律责任。《产品质量法》第57条规定："对直接负责的主管人员和其他直接责任人员处一万元以上五万元以下的罚款；有违法所得的，并处没收违法所得；情节严重的，取消其检验资格；构成犯罪的，依法追究刑事责任。"在《食品安全法》中，为了强化检验人的责任意识，平衡检验机构与检验人之间的权利义务，理顺责任分担机制，明确规定了食品检验实行食品检验机构与检验人员负责制，食品检验机构与检验人员对出具的食品检验报告负责，食品检验机构在食品检验报告上加盖公章，检验人签名或者盖章。将食品检验机构与检验人相并列，是法律赋予检验人独立检验权的延续，一改过去检验人完全隶属于食品检验机构的做法，在加重了检验人责任的同时有利于提升检验人员的职业地位，有利于发挥检验人的主观能动性，有利于在食品检验机构与检验人员之间形成制约机制，必将会促进我国食品检验水平的提高，保证我国的食品安全。

检验机构作为食品安全卫生的保障机构，应该维持其中立性和权威性。而根据《食品安全法》的规定，食品检验实行食品检验机构与检验人负责制。食品检验报告应当加盖食品检验机构公章，并有检验人的签名或者盖章。食品检验机构和检验人对出具的食品检验报告负责。在本案中，食品检验报告上除了有检验人的签名，还有食品检验机构的公章，因此食品检验机构和检验人对出具的食品检验报告共同负责。如本案的情况，甲企业可以请求乙企业赔偿损失，也可以请求食品检验机构和黄检验员共同赔偿损失。

## 法律依据

《食品安全法》第57条："食品检验机构按照国家有关认证认可的规定取得资质认定后，方可从事食品检验活动。但是，法律另有规定的除外。

食品检验机构的资质认定条件和检验规范，由国务院卫生行政部门规定。

本法施行前经国务院有关主管部门批准设立或者经依法认定的食品检验机构，可以依照本法继续从事食品检验活动。"

《食品安全法》第58条："食品检验由食品检验机构指定的检验人独立进行。

检验人应当依照有关法律、法规的规定，并依照食品安全标准和检验规范对食品进行检验，尊重科学，恪守职业道德，保证出具的检验数据和结论客观、公正，不得出具虚假的检验报告。"

《食品安全法》第59条："食品检验实行食品检验机构与检验人负责制。食品检验报告应当加盖食品检验机构公章，并有检验人的签名或者盖章。食品检验机构和检验人对出具的食品检验报告负责。"

## 40. 食品中到底有没有免检产品？

### 典型事例

小王家的宝宝八个月大了，小名叫明明，已经开始学说话了，特别机灵可爱。由于去年轰轰烈烈的奶粉事件，小王在挑选婴幼儿奶粉的时候格外小心，慎之又慎，生怕奶粉中含有三聚氰胺。某天，小王在超市购买奶粉的时候，发现有的奶粉包装上写有免检产品字样，突然就想到好像哪天在报纸上看到国家已经取缔了食品行业的免检制度，但他也拿不准。那食品行业到底还有没有免检制度呢？

### 法律分析

免检制度，是指依据《产品免于质量监督检查管理办法》，对符合规定的产品，在三年内免于各级政府部门的质量监督抽查的制度。免检制度始于20世纪90年代，一些地方的技术监督部门对本地连续数年检查合格的产品，在一定时间内免于监督检查。1999年《国务院关于进一步加强产品质量工作若干问题的决定》规定，"实行免检制度。对产品质量长期稳定、市场占有率高、企业标准达到或严于国家有关标准的，以及国家或省、自治区、直辖市质量技术监督部门连续三次以上抽查合格的产品，可确定为免检产品"，"在一定时间内免于各地区、各部门各种形式的检查"。2000年3月，原国家质量技术监督局发布《产品免于质量监督检查管理办法》，规定在免检有效期内，各级政府部门以及流通领域均不得对其进行质量监督检查。2001 年 12 月，国家质检总局颁发新的《产品免于质量监督检查管理办法》，规定免检产品三年内免于各级政府部门的质量监督抽查。

2008 年 9 月 18 日，在多个属于“国家免检产品”的奶制品被检出含有三聚氰胺，导致许多婴幼儿患肾结石后，国务院办公厅发布《关于废止食品质量免检制度的通知》，决定废止 1999 年 12 月 5 日发布的《国务院关于进一步加强产品质量工作若干问题的决定》（国发［1999］24 号）中有关食品质量免检制度的内容。同一天，国家质量监督检验检疫总局发布第 109 号令，废止《产品免于质量监督检查管理办法》（国家质量监督检验检疫总局令第 9 号）。至此，实行多年的食品免检制度宣告结束。

设立免检制度初衷是为了避免重复检查，防止地方利益保护和行业垄断，减轻企业负担，鼓励企业自律保证产品质量。但从实施效果来看，免检食品的安全情况却不能让人满意。由于食品直接关系人民群众的身体健康和生命安全以及食品安全问题的重要性、复杂性，不应当实行免检。政府应当对食品安全进行严格监管，不能让企业在政府免予检验的担保下，生产经营不安全食品，危害人民群众的身体健康生命安全，损害政府的威信。因此，《食品安全法》明确规定，食品安全监督管理部门对食品不得实施免检。

## 法律依据

《食品安全法》第 60 条：“食品安全监督管理部门对食品不得实施免检。

县级以上质量监督、工商行政管理、食品药品监督管理部门应当对食品进行定期或者不定期的抽样检验。进行抽样检验，应当购买抽取的样品，不收取检验费和其他任何费用。

县级以上质量监督、工商行政管理、食品药品监督管理部门在执法工作中需要对食品进行检验的，应当委托符合本法规定的食品检验机构进行，并支付相关费用。对检验结论有异议的，可以依法进行复检。”

## 41. 抽样检验需要经营者付检验费吗？

### 典型事例

徐可可一向喜欢吃甜食，大学毕业后没有找到合适的工作，于是就在市中心的闹市区开了一家可可巧克力工房，提供各种类型的特制巧克力和手工巧克力。开业以来，生意红火，特别是受到许多年轻人的喜爱。生意好，可可作为老板当然乐开了花，但唯一让可可烦恼的是每次工商局的人来抽样检验，都白白拿走一堆巧克力不说，还要让可可缴纳好几百的检验费。可可想着白花花的银子就这么流走了，气就不打一处来，于是咨询：到底抽样检验需不需要自己掏钱？

### 法律分析

对食品实施抽样检验，是食品安全监督管理部门代表国家对食品安全进行监督检查的执法行为，其执法过程所需要的有关费用应当由国家财政拨付，如果收取被检查的食品生产经营者费用，或者不支付食品监督管理部门检验费用，不仅会增加被检查单位、人员的负担，不利于保证检验机构的中立和检验结果的真实公正，甚至可能造成乱执法的现象发生。因此，为减轻企业负担，规范食品安全监督管理部门的抽样检验行为，法律明确规定进行抽样检验，应当购买抽取的样品，并且不得收取检验费和其他任何费用；委托食品检验机构进行检验的，应当支付相关费用。在《食品安全法》向社会公开征求意见时，大家普遍对这一规定表示赞成。也有一些意见建议，尽快完善配套规定，明确抽检样品购买费用、检验费由政府财政予以保障，确保抽样检验工作的顺利开展。

执法机关和执法人员违反法律规定收取被检查单位费用，或者不支付检验机构费用的，有关单位和个人有权拒绝，并向有关部门进行检举、举报；对直接负责的主管人员和其他责任人员依据《食品安全法》第95条的规定，给予记大过或者降级的处分，造成严重后果的，给予撤职或者开除的处分，其主要负责人应当引咎辞职。

在本案中，工商局执法人员的做法显然是违法的。徐可可不仅不需要缴纳检验费，也没有免费提供巧克力的义务。工商局应当购买进行抽样检验的样品，这部分费用应由国家承担，而非食品经营者承担。

## 法律依据

《食品安全法》第60条："食品安全监督管理部门对食品不得实施免检。

县级以上质量监督、工商行政管理、食品药品监督管理部门应当对食品进行定期或者不定期的抽样检验。进行抽样检验，应当购买抽取的样品，不收取检验费和其他任何费用。

县级以上质量监督、工商行政管理、食品药品监督管理部门在执法工作中需要对食品进行检验的，应当委托符合本法规定的食品检验机构进行，并支付相关费用。对检验结论有异议的，可以依法进行复检。"

## 42. 食品生产企业对自己生产的食品能自行检验吗?

### 典型事例

甲厂是一家私人的专门从事食品生产的企业，为了严格控制生产食品的质量，甲厂设立了检验中心。甲厂的经理最近向律师咨询：在我们的产品出售时，部分顾客要求我们厂出具检验报告，我们为了降低成本，不想委托专业的检验机构检验，我们自己检验中心出具的报告有效吗?

### 法律分析

我国法律规定，食品出厂必须经过检验，未经检验或者检验不合格的，食品不得出厂销售。具备出厂检验能力的企业，可以按要求自行进行出厂检验。不具备产品出厂检验能力的企业，必须委托有资质的检验机构进行出厂检验。

考虑到在当前形势下，强制出厂检验有利于提高食品生产企业的安全意识，有利于缓减我国食品安全面临的压力，有利于保障人民群众身体健康和生命安全。从做好食品安全工作出发，《食品安全法》将实践中实行的食品生产企业强制出厂检验的措施写入了法律中，食品生产企业应当自觉履行相应法定义务。强制出厂检验分为两种形式，一是食品生产企业自行检验；二是委托食品检验机构进行检验。其中自行检验需要食品生产经营企业具备相应检验能力，应该满足以下要求：①有独立行使食品检验并具有质量否决权的内部检验机构；②检验机构有健全的产品质量管理制度，包括岗位质量规范、质量责任以及相应的考核办法；③检验机构具有相关产品技术标准要求的检验仪器和设备，能满足规定的精度、检测范围要求，且经过计量检定合格并在有效期内；

④检验机构有满足检验工作需要的员工数量，检验人员熟悉标准，经培训考核合格；⑤能科学、公正、准确及时提供检验报告，出具产品质量检验合格证明。符合上述要求并可以完成全部出厂检验项目的企业，可以确定为具备企业出厂检验能力。如果有一项或一项以上的检验项目不能检验，则该厂不具备自行检验能力。企业内负责自行检验的检验机构需要基本的检验条件，但毕竟不是食品检验机构，与对食品检验机构的要求应有所区别，对其要求不能任意提高。

本案中甲厂的问题关键在于它的检验中心是否满足了以上要求，如果满足，甲厂的检验中心即具备了国家认可的检验能力，可以自行进行检验并出具检验报告。

### 法律依据

《食品安全法》第61条："食品生产经营企业可以自行对所生产的食品进行检验，也可以委托符合本法规定的食品检验机构进行检验。

食品行业协会等组织、消费者需要委托食品检验机构对食品进行检验的，应当委托符合本法规定的食品检验机构进行。"

## 43. 进口新品种食品，应注意什么？

### 典型事例

甲公司是国内一家知名的食品生产企业，甲公司的人员在国外考察时发现，现在欧洲国家在生产膨化食品时使用了一种新品种的添加剂，这种添加剂不仅能使食品的口感更好，而且无毒无害。甲公司人员经仔细研究，发现该添加剂检验报告的相关参数完全符合我国关于食品添加剂的标准要求，遂联系国外的添加剂生产厂家准备进口。那么，进口新品种食品，应注意些什么呢？

**法律分析**

我国法律规定，进口尚无食品安全国家标准的食品，或者首次进口食品添加剂新品种、食品相关产品新品种，进口商应当向国务院卫生行政部门提出申请并提交相关的安全性评估材料。

负责进行安全性评估的主管机关是国务院卫生行政部门。食品安全风险评估是对食品中存在的化学性、生物性、物理性等物质可能对人体健康产生的不良作用的科学评估。国务院卫生行政部门负责日常的食品安全风险评估和《食品安全法》规定的依申请进行的安全性评估。进口商应当向国务院卫生行政部门提出对拟首次进口的食品添加剂新品种、食品相关产品新品种，或者尚无食品安全国家标准的食品进行安全性评估的申请，并提交相关的安全性评估材料。国务院卫生行政部门依照本法第 44 条的规定作出是否准予许可的决定。根据《食品安全法》第 44 条的规定，国务院卫生行政部门应当自收到申请之日起 60 日内组织由医学、农业、食品、营养等方面的技术专家组成的食品安全风险评估专家委员会，对相关产品的安全性评估材料进行审查。对符合食品安全要求的，依照行政许可法的相关规定决定准予许可并予以公布；对不符合食品安全要求的，决定不予许可并书面说明理由。此外，国务院卫生行政部门应当及时依据风险评估结果，制定相应的食品安全国家标准，为食品安全管理和今后的食品进出口管理提供依据。

在本案中，尽管甲公司准备进口的添加剂符合我国相关食品安全标准，但由于该添加剂属于新品种食品添加剂，甲公司只有在向食品安全风险评估部门提出申请并得到准许进口的许可后，才能进口该食品添加剂。

**法律依据**

《食品安全法》第62条：“进口的食品、食品添加剂以及食品相关产品应当符合我国食品安全国家标准。

进口的食品应当经出入境检验检疫机构检验合格后，海关凭出入境检验检疫机构签发的通关证明放行。”

《食品安全法》第63条：“进口尚无食品安全国家标准的食品，或者首次进口食品添加剂新品种、食品相关产品新品种，进口商应当向国务院卫生行政部门提出申请并提交相关的安全性评估材料。国务院卫生行政部门依照本法第四十四条的规定作出是否准予许可的决定，并及时制定相应的食品安全国家标准。”

## 44. 只有外文标识的进口食品，符合法律要求吗?

**典型事例**

贾某和朋友来到酒吧聚会，在服务员的推荐下点了一瓶洋酒，贾某知道酒吧里的假酒很多，于是问服务员：“你们的酒是不是真的?”服务员说：“当然是真的，您看酒瓶上全是法文，标签还写着‘法国制造，产自普罗旺斯’的外文。”贾某看了看酒瓶，果然上面全是一些看不懂的法文。

**法律分析**

我国加入WTO后，大量的进口食品涌入国内市场。消费者如何选择这些食品，如何了解这些食品的名称、品质、营养成分、如何食用、食品的产地是哪里等，只能通过食品包装上所标注的内容来辨识。因此，标签的内容非常重要。规范进口食品的标签是保证进口食品的安全、卫生的重要手段，可以防止由境外进口的食品中含有污染或有害因素对人身体造成危害，维护我国食品卫生管理和社会公共利益。

《食品安全法》第 66 条对进口食品的标签进行了规范，可从三个方面进行理解：

1. 进口的预包装食品应当有中文标签、中文说明书。食品标签是反映商品内在品质及相关信息的载体，它对于指导消费者、保护消费者利益、防止欺诈、规范市场有着关键的作用。标签的主要功能是对食品名称、配料表、净含量及固形物含量、厂名、批号、日期标志等食品质量特性、安全特性、食用、饮用说明的描述。消费者购买预包装食品只能通过标签上的文字、图形、符号，了解食品的本质，如所购食品由什么原料和辅料制成，有哪些营养成分，哪天生产，能保存多久等。通过标签和说明的描述，一方面便于消费者选购食品；另一方面如果食品食用后出现问题，消费者也可据此投诉，便于追查责任。因此，法律上规定了食品包装必须按照规定印有或者贴有标签并附有说明书。对于进口的食品还必须标注中文标签或中文说明书，目的是方便国内公民在购买进口食品时了解其主要成分、保质期限、食用方法等。

2. 标签、说明书应当符合《食品安全法》以及我国其他有关法律、行政法规的规定和食品安全国家标准的要求，标明食品的原产地以及境内代理商的名称、地址、联系方式。按照国际惯例，各国对进口食品等涉及人民生命健康的特殊产品，都要求遵守本国的有关法律规范及强制性标准。

《食品安全法》第 42 条规定：“预包装食品的包装上应当有标签。标签应当标明下列事项：（一）名称、规格、净含量、生产日期；（二）成分或者配料表；（三）生产者的名称、地址、联系方式；（四）保质期；（五）产品标准代号；（六）贮存条件；（七）所使用的食品添加剂在国家标准中的通用名称；（八）生产许可证编号；（九）法律、法规或者食品安全标准规定必须标明的其他事项。专供婴幼儿和其他特定人群的主辅食品，其标签还应当标明主要营养成分及其含量。”第47条规定：“食品添加剂应当有标签、说明书和包装。标签、说明书应当载明本法第四十二条第一款第一项至第六项、第八项、第九项规定的事项，以及食品添加剂的使用范围、用量、使用方法，并在标签上载明‘食品添加剂’字样。”第48条规定：“食品和食品添加剂的标签、说明书，不得含有虚假、夸大的内容，不得涉及疾病预防、治疗功能。生产者对标签、说明书上所载明的内容负责。食品和食品添加剂的标签、说明书应当清楚、明显，容易辨识。食品和食品添加剂与其标签、说明书所载明的内容不符的，不得上市销售。”

《食品安全法》还要求载明食品的原产地以及境内代理商的名称、地址、联系方式。这些事项之所以由法律规定一一列出，是因为它们是与食品质量、安全、明确责任、监督管理等紧密联系的，应当准确注明，不能有遗漏，缺一不可，否则就要影响到该标签或者说明书在法律上的合法性、有效性，进而直接影响到食品的食用。

3. 标签、说明书不合格的不得进口。预包装食品没有中文标签、说明书或者标签、说明书不符合本法第66条规定的，不得进口。根据国家质监总局2000年19号令规定，进出口预包装食品必须事先经过标签审核，并取得中文标签审核证书后，方可进出口。出入境检验检疫机构依据本法和《进出口食品标签管理办法》规定对进出口预包装食品进行标签审核和标签检验。对不符合要求的，不得进口。

在我国国内销售的进口预包装食品上，都应当有相应的中文标签和中文说明书，即便是所谓的原装进口食品，也必须在原包装上贴上中文标签和说明。案例中酒吧出售的洋酒，酒瓶上全是外文标识，这种酒是不可能通过正常渠道进口到我国的。

**法律依据**

《食品安全法》第66条：“进口的预包装食品应当有中文标签、中文说明书。标签、说明书应当符合本法以及我国其他有关法律、行政法规的规定和食品安全国家标准的要求，载明食品的原产地以及境内代理商的名称、地址、联系方式。预包装食品没有中文标签、中文说明书或者标签、说明书不符合本条规定的，不得进口。”

## 45. 食品进口商需要记录销售情况吗？

**典型事例**

甲公司是一家食品进口商，由于业务量大，甲公司保存了大量的食品进口和销售档案。近期由于甲公司要更换办公地点，而销售档案实在太多影响了公司的搬迁进度，甲公司负责人于是就指挥工作人员将去年的销售档案全部销毁，只保留了当年的销售档案。

**法律分析**

《食品安全法》第67条规定：“进口商应当建立食品进口和销售记录制度，如实记录食品的名称、规格、数量、生产日期、生产或者进口批号、保质期、出口商和购货者名称及联系方式、交货日期等内容。食品进口和销售记录应当真实，保存期限不得少于2年。”实行这一措施，有利于加强食品购销人员的责任心；有利于加强对进口食品经营活动的监督管理；为处理进口食品质量查询、投诉提供依据；一旦发生进口食品事故时及时采取处理措施；有利于分清和妥善处理进口食品购销中的事故责任。进口商未建立并遵守食品进口和销售记录制度的，由有关主管部门依据各自职责分工，责令立即改正，给予警告；拒不改正的，处2000元以上2万元以下罚款；情节严重的，责令停产停业，直至吊销许可证。

本案中，甲公司为了公司搬迁的需要，的确可以销毁部分销售记录，但是不得销毁保存期限不足2年的记录。

**法律依据**

《食品安全法》第67条："进口商应当建立食品进口和销售记录制度，如实记录食品的名称、规格、数量、生产日期、生产或者进口批号、保质期、出口商和购货者名称及联系方式、交货日期等内容。

食品进口和销售记录应当真实，保存期限不得少于2年。"

## 46. 发生食品安全事故，事故单位应如何处理？

**典型事例**

王某开了一家海鲜餐厅，一日，几名前来就餐的客人在吃完餐厅制作的桂花鱼后，突然出现呕吐、晕厥等食物中毒的症状。而邻桌的客人在吃了一口同样的菜后也表示桂花鱼的味道有问题。王某感觉事态严重，赶紧将呕吐的客人送到医院治疗，并和中毒者同桌的客人协商，希望同顾客私了，而不要向有关部门报告。

**法律分析**

实践经验证明，食品安全事故发生后，要最大限度地减少事故损失，在最短时间内消除食品安全隐患和恢复正常秩序，两个措施最重要：一是事故发生单位在第一时间内采取应急措施，防止危害扩散；二是及时报告，以便及时启动相应级别的食品安全事故应急预案。

一旦发生或者可能发生食品安全事故，事故发生单位处在第一线，掌握第一手资料，其反应是否快速，采取的措施是否得当，直接影响食品安全事故的涉及面和危害程度，因此，事故发生单位有义务及时、主动、有效地采取应急处置措施，控制事态。一般来讲，事故发生单位采取的应急处置措施包括：①采取措施立即停止可能导致食品安全事故食品及原料的食用和使用；②密切注意已食用可能导致事故的食品的人员，一旦出现不适症状的，立即送至医院救治；③保护食品安全事故发生的现场，控制和保存可能导致食品安全事故的食品及其原料流失，以便有关部门采集、分析等。

国家建立统一的重大食品安全事故监测、报告网络体系，加强食品安全信息管理和综合利用。通过建立畅通的信息监测和报告网络体系，形成统一、科学的食品安全信息评估和预警指标体系，及时研究分析食品安全形势，有利于对食品安全事故做到早发现、早整治、早解决。报告责任主体应当及时向县级卫生行政部门报告。报告责任主体分报告责任单位和报告责任人。报告责任单位包括：①食品种植、养殖、生产、加工、流通企业及餐饮单位；②食品检验机构、科研院所以及与食品安全有关的单位；③重大食品安全事故发生（发现）单位；④地方各级卫生行政部门和有关部门。报告责任人包括：①行使职责的地方各级卫生行政部门和相关部门的工作人员；②从事食品行业的工作人员；③消费者。另外，根据《食品安全法》第71条接收病人进行治疗的单位也是报告责任人。

根据《食品安全法》的规定，当食品安全事故发生后，事故单位应当立即采取相应措施：一项措施是处置事故，防止事故扩大；另一项措施是向卫生行政部门报告，由食品监管机构介入事故处理。案例中当餐厅发生食品安全事故时，王某采取将客人送医院的措施是正确的；但王某怕事情闹大，要和顾客私了而不向卫生行政部门报告的行为，则违反了《食品安全法》的规定。

**法律依据**

《食品安全法》第71条：“发生食品安全事故的单位应当立即予以处置，防止事故扩大。事故发生单位和接收病人进行治疗的单位应当及时向事故发生地县级卫生行政部门报告。

农业行政、质量监督、工商行政管理、食品药品监督管理部门在日常监督管理中发现食品安全事故，或者接到有关食品安全事故的举报，应当立即向卫生行政部门通报。

发生重大食品安全事故的，接到报告的县级卫生行政部门应当按照规定向本级人民政府和上级人民政府卫生行政部门报告。县级人民政府和上级人民政府卫生行政部门应当按照规定上报。

任何单位或者个人不得对食品安全事故隐瞒、谎报、缓报，不得毁灭有关证据。”

## 47. 食品安全事故处置方案只是政府的事吗?

**典型事例**

甲公司是一家大型的食品生产商，有着良好的食品生产管理规范，其生产的食品也从来没有出现任何安全问题。但在一次执法检查时，执法人员发现甲公司的生产规范里并没有食品安全事故处置方案，当执法人员询问甲公司负责人时，负责人回答：“我们公司从来没有出现任何商品安全事故，而且事故处置不是你们政府的事吗，跟我们有什么关系?”

**法律分析**

我国《食品安全法》第70条规定：“国务院组织制定国家食

品安全事故应急预案。县级以上地方人民政府应当根据有关法律、法规的规定和上级人民政府的食品安全事故应急预案以及本地区的实际情况，制定本行政区域的食品安全事故应急预案，并报上一级人民政府备案。食品生产经营企业应当制定食品安全事故处置方案，定期检查本企业各项食品安全防范措施的落实情况，及时消除食品安全事故隐患。”

食品生产经营企业，作为食品安全的第一责任人，应当依法防范食品安全事故的发生，做好食品安全事故处理方案。因此，食品生产经营企业也是食品安全事故应急预案体系的一分子，从源头上处理好食品安全事故。将制定食品安全事故处置方案作为食品生产经营企业的一项法定义务，有利于在源头上防范食品安全事故的发生，杜绝食品安全事故的蔓延。需要注意的是，食品生产经营企业制定食品安全事故处置方案，并不允许食品生产经营企业隐瞒事故，而是要求企业采取必要措施防止事故危害后果的扩散。

由于食品安全事故很多都是发生在生产、运输、销售等环节，因此处于这些环节的食品经营者更应该按照《食品安全法》的要求，制定食品安全处置方案，防范食品安全事故的发生。案件中甲公司的负责人称“处置食品安全事故只是政府的事”，这一说法是错误的。

### 法律依据

《食品安全法》第70条：“国务院组织制定国家食品安全事故应急预案。

县级以上地方人民政府应当根据有关法律、法规的规定和上级人民政府的食品安全事故应急预案以及本地区的实际情况，制定本行政区域的食品安全事故应急预案，并报上一级人民政府备案。

食品生产经营企业应当制定食品安全事故处置方案，定期检查本企业各项食品安全防范措施的落实情况，及时消除食品安全事故隐患。”

## 48. 发生食品安全事故，政府部门应该采取什么措施？

### 典型事例

某地居民有吃河豚的习惯，一些居民甚至从一些私人小贩处购买河豚食用。一日，盖世东城区卫生局接到报告，东城有一家四口人因食用河豚中毒，已经被送往医院救治。东城区卫生局立即派人进行调查，并会同该市农业行政、工商行政部门采取了相关措施。那么，发生食品安全事故，政府部门应该采取什么措施呢？

### 法律分析

在应对和处理食品安全事故中，卫生行政部门或者食品安全事故处置指挥机构，可以根据实际情况和需要，采取下列四项行政措施：

第一，开展应急救援工作，对因食品安全事故导致人身伤害的人员，卫生行政部门应当立即组织救治。生命无价，在处理食品安全事故中应当把救治放在首位，尽量减少人员伤亡。对在食品安全事故中受伤的人员，卫生行政部门有义务立即组织救治，不得以任何理由加以拒绝。这既是卫生行政部门的一种法定义务，更体现了人民政府为人民，以人为本的执政理念。

第二，封存可能导致食品安全事故的食品及其原料，并立即进行检验；对确认属于被污染的食品及其原料，责令食品生产经营者依法予以召回、停止经营并销毁。通过对嫌疑食品及原料的封存和检验，找到食品安全事故的元凶。一旦食品及原料被确认为被污染，食品生产企业就有义务召回，同时停止经营并销毁。

第三，封存被污染的食品用工具及用具，并责令进行清洗消毒。通过对被污染的食品用工具及用具加以封存，可以有效防止企业继续生产被污染的食品，企业必须对食品用工具和用具进行彻底清洗消毒，在消除污染后，才可继续使用。值得一提的是，封存措施是卫生行政部门采取的一项比较严厉的行政措施，是一种临时控制措施，属于行政强制措施。一旦被封存，企业就无法使用被封存的物品，影响正常的生产经营。因此，卫生行政部门采取封存措施时，必须遵循必要性和合法性原则，应当谨慎行使封存权。

第四，做好信息发布工作。食品安全事故危及公众的健康和生命安全，影响到不特定多数人，社会关注度比较大。一旦发生食品安全事故，如果信息不实、不畅，容易引起社会恐慌。因此卫生行政部门要做好信息发布工作，一方面要统一、全面公布食品安全事故的情况、调查处理工作的进展以平息社会的猜疑和误解；另一方面要普及食品安全知识，对可能产生的危害加以解释、说明，以消除公众的不安。

## 法律依据

《食品安全法》第72条："县级以上卫生行政部门接到食品安全事故的报告后，应当立即会同有关农业行政、质量监督、工商行政管理、食品药品监督管理部门进行调查处理，并采取下列措施，防止或者减轻社会危害：

（一）开展应急救援工作，对因食品安全事故导致人身伤害的人员，卫生行政部门应当立即组织救治；

（二）封存可能导致食品安全事故的食品及其原料，并立即进行检验；对确认属于被污染的食品及其原料，责令食品生产经营者依照本法第五十三条的规定予以召回、停止经营并销毁；

（三）封存被污染的食品用工具及用具，并责令进行清洗消毒；

（四）做好信息发布工作，依法对食品安全事故及其处理情况进行发布，并对可能产生的危害加以解释、说明。

发生重大食品安全事故的，县级以上人民政府应当立即成立食品安全事故处置指挥机构，启动应急预案，依照前款规定进行处置。”

## 49. 食品监督管理部门履行监管职责时，有权采取哪些措施？

### 典型事例

某市食品安全监督管理部门近期正在进行一次食品安全检查，执法人员来到一家食品销售公司，要求查阅该公司的账簿，但公司工作人员称：“公司的账簿是公司的商业秘密，不经过总经理同意不能查看，而现在总经理在外地联系不上。”公司工作人员可以拒绝执法人员查阅账簿的要求吗？

### 法律分析

根据《食品安全法》第77条的规定，县级以上质量监督、工商行政管理、食品药品监督管理部门进行食品安全监督管理，有权查阅、复制与食品安全有关的合同、票据、账簿以及其他有关资料。查阅、复制有关合同、票据、账簿以及其他有关资料，主要是指依照《食品安全法》对食品生产经营者的有关规定，查阅、复制与食品安全有关的资料，如食品生产经营者的生产、流通或者餐饮服务许可，食品生产经营人员的健康证明，食品生产企业的进货查验记录、出厂检验记录等。查阅、复制有关资料，是保证县级以上质量监督、工商行政管理、食品药品监督管理部门依法履行食品安全监督检查职责、查清违法事实、获取书证的重要手段，被检查的单位或者个人必须如实提供，不得拒绝、转移、销毁有关文件和资料，不得提供虚假的文件和资料。同时，执行该项措施的食品安全监督管理部门，不得滥用该项权力，不得查阅、复制与食品安全监督检查无关的信息，并且应当依法对因此获知的信息进行保密，非因法定原因，不得泄露。因此，案例中对于执法人员查阅账簿的要求，公司工作人员不得拒绝。

**法律依据**

《食品安全法》第76条：“县级以上地方人民政府组织本级卫生行政、农业行政、质量监督、工商行政管理、食品药品监督管理部门制定本行政区域的食品安全年度监督管理计划，并按照年度计划组织开展工作。”

《食品安全法》第77条：“县级以上质量监督、工商行政管理、食品药品监督管理部门履行各自食品安全监督管理职责，有权采取下列措施：

（一）进入生产经营场所实施现场检查；

（二）对生产经营的食品进行抽样检验；

（三）查阅、复制有关合同、票据、账簿以及其他有关资料；

（四）查封、扣押有证据证明不符合食品安全标准的食品，违法使用的食品原料、食品添加剂、食品相关产品，以及用于违法生产经营或者被污染的工具、设备；

（五）查封违法从事食品生产经营活动的场所。

县级以上农业行政部门应当依照《中华人民共和国农产品质量安全法》规定的职责，对食用农产品进行监督管理。”

## 50. 监管机构可以增加对食品生产经营者监督检查的频次吗？

### 典型事例

某市食品监管机构在对该市的餐饮企业进行定期抽检的时候，发现一家餐厅的食品容器卫生未达标，遂责令其改正。但是过了一段时间，监管机构在进行定期抽检时，又发现该餐厅存在食品容器卫生不达标的情况，再次提出整改通知后，执法人员于三天后又对该餐厅进行了检查。餐厅的负责人尽管也配合检查，但嘴上很是不满：你们不是只搞定期检查吗？这次过了三天，怎么又来了？

### 法律分析

食品生产经营者制假售假，生产经营不符合食品安全标准的食品，致使食品安全事故频发，扰乱了正常的市场经济秩序，严重损害了人民群众的身体健康和社会稳定。建立食品生产经营者食品安全信用档案制度，对于打击食品生产经营者的失信行为，防范和化解食品不安全因素，强化食品生产经营者的责任意识，引导企业诚信守法，促进食品行业的稳定和发展，维护正常的社会经济秩序，保护群众权益，推进政府更好地履行经济调节、市场监管、社会管理和公共服务的职能，具有重要的现实意义。

根据《食品安全法》的规定，县级以上质量监督、工商行政管理、食品药品监督管理部门应当建立食品生产经营者食品安全信用档案，记录许可颁发、日常监督检查结果、违法行为查处等情况；根据食品安全信用档案的记录，对有不良信用记录的食品生产经营者增加监督检查频次。食品安全信用档案的内容，还可以包括行业协会的评价、新闻媒体舆论监督信息、认证机构的认证情况、消费者的投诉情况等有关食品生产经营者食品安全情况的信息。

根据上述规定，监管机构根据食品安全信用档案的记录，对有不良信用记录的食品生产经营者可以增加监督检查频次。因此案例中监管机构对两次被查出卫生不达标的餐厅增加检查次数的行为，是合法有据的，而餐厅负责人的抱怨则是没有法律依据的。

**法律依据**

《食品安全法》第 79 条："县级以上质量监督、工商行政管理、食品药品监督管理部门应当建立食品生产经营者食品安全信用档案，记录许可颁发、日常监督检查结果、违法行为查处等情况；根据食品安全信用档案的记录，对有不良信用记录的食品生产经营者增加监督检查频次。"

## 51. 对食品生产经营者的一次违法行为，可以进行多次罚款吗?

**典型事例**

王某在街口开了一家小卖部，过年生意好，很多食品都卖断货了。由于过年期间不好进货，王某就从一些非正常渠道进了一批三无食品准备销售，正好遇上工商、卫生、质检等部门的联合检查。检查组发现王某出售的部分食品是三无产品，监管部门立即扣押了这批食品，并在第二天向王某开具了行政处罚通知书；而质检部门在对这批食品进行检测后，发现食品不符合国家标准，就又向王某开具了行政处罚通知书。面对两份罚款，王某叫苦不迭。

## 法律分析

行政处罚是指行政机关对公民、法人或者其他组织违反行政管理秩序的行为给予的处罚，包括警告、罚款、没收违法所得、没收非法财物、责令停产停业、暂扣或者吊销许可证、暂扣或者吊销执照、行政拘留，以及法律、行政法规规定的其他行政处罚。罚款是行政机关强制违法者承担一定的金钱给付义务的处罚方式，是一种经济上的处罚。罚款由于既不影响被处罚人的人身自由及其合法的活动，又能起到对违法行为的惩戒作用，因此成为行政处罚中应用最广泛的一种处罚方式。

行政处罚法规定“一事不二罚”原则时考虑到，由于同一违法行为可能同时违反两个以上的行政管理秩序，依法都应当给予行政处罚，如果简单规定对同一违法行为只能进行一次行政处罚，可能会使违法人受到的处罚大大轻于过错，甚至出现以轻罚避重罚的现象；如果规定可以重复进行行政处罚，则可能出现处罚大于过错的现象，影响处罚的合理性。为了有效地制止乱罚款、滥罚款，避免重复处罚、过罚不当，《行政处罚法》明确规定对当事人的同一个违法行为，不得给予两次以上罚款的行政处罚。因此，《食品安全法》重申，县级以上卫生行政、质量监督、工商行政管理、食品药品监督管理部门履行食品安全监督管理职责，对生产经营者的同一违法行为，不得给予二次以上罚款的行政处罚，即不得对生产经营者的同一违法行为，以同一事实和同一依据，给予两次以上罚款的行政处罚。

需要注意的是，对生产经营者的同一违法行为，给予的行政处罚中不得出现两次以上罚款，但可以由不同部门给予不同种类的行政处罚，如同时给予罚款、没收违法所得、吊销许可证等行政处罚，其中罚款处罚只能给予一次。

在本案中，王某经营不符合食品安全标准的三无食品的行为，尽管按照《食品安全法》的多条规定都可以对其进行罚款，但是只能对其作出一次罚款。因此，王某不应该再交第二次罚款，可以对质监部门的罚款提出异议、申请复议或起诉至法院。

**法律依据**

《食品安全法》第 81 条："县级以上卫生行政、质量监督、工商行政管理、食品药品监督管理部门应当按照法定权限和程序履行食品安全监督管理职责；对生产经营者的同一违法行为，不得给予二次以上罚款的行政处罚；涉嫌犯罪的，应当依法向公安机关移送。"

《行政处罚法》第 24 条："对当事人的同一个违法行为，不得给予两次以上罚款的行政处罚。"

## 52. 食品安全信息应如何公布？

**典型事例**

某市毗邻大海，居民有吃水产品的喜好。该市食品安全监管机构在一次对桂花鱼的抽检中，发现部分样品中含有少量可致癌的孔雀石绿。与此同时，社会上也传说市面上的桂花鱼有毒，其他很多水产品也有毒，一时间人人谈鱼色变。该市立即向省监管机关上报，该省卫生行政部门在对该市的水产品市场进行全面检查，并公布了相关的食品安全风险评估信息，表示：虽然一小部分桂花鱼含有孔雀石绿，但分量并不多，一般使用不会对人体健康造成影响，该市的桂花鱼基本安全；同时，含有孔雀石绿的桂花鱼仅来自两个水产商。很多市民在听到这一消息后，都打消了惶恐心理，又重新开始买鱼吃了。

## 法律分析

食品安全关系着人民群众的生命安全和身体健康，所以食品安全信息的公布格外受到关切。食品安全信息公布不规范、不统一，就可能出现公布的信息不科学、不准确，给消费者造成不必要的恐慌。为准确、及时、客观地公布食品安全信息，维护人民群众的身体健康和社会稳定，必须对食品安全信息的公布进行规范。《食品安全法》规定，国家建立食品安全信息统一公布制度，并对信息公布的主体、内容、要求等作出明确规定。

食品安全信息主要包括食品安全总体情况、标准、监测、监督检查（含抽检）、风险评估、风险警示、事故及其处理信息和其他食品安全相关信息。根据食品安全信息的内容及其重要程度、影响范围的不同，公布信息的部门主要有以下三个：①国务院卫生行政部门，即现行体制下的卫生部。卫生部负责公布国家食品安全总体情况、食品安全风险评估信息和食品安全风险警示信息、重大食品安全事故及其处理信息，以及其他重要的食品安全信息和国务院确定的需要统一公布的信息。这些信息与公众日常生活以及食品生产经营关系紧密，且影响范围大、力度强、涉及面广。为保证食品安全信息公布的规范性、严肃性，必须由卫生部统一公布。②省、自治区、直辖市人民政府卫生行政部门，即现行体制下的省卫生厅、直辖市卫生局。省、自治区、直辖市人民政府卫生行政部门负责统一公布影响限于特定区域的食品安全风险评估信息和食品安全风险警示信息，以及重大食品安全事故及其处理信息。这些信息的特点是影响力限于特定区域。③农业行政、质量监督、工商行政管理、食品药品监督管理部门。各级农业行政、质量监督、工商行政管理、食品药品监督管理部门，依照各自职责，按照规定的程序和形式公布本部门的食品安全日常监督管理信息，如批准、变更、吊销有关食品生产经营行政许可的情况，对食品生产经营者进行现场检查、抽样检验的结果，对违法生产经营者的查处情况等。同时还应当依照本法的规定，将公布的食品安全信息向所在地同级卫生行政部门和其他有关部门进行通报。

在本案中，该省食品卫生行政部门在应对桂花鱼安全事件时，对食品安全信息的公布符合以上要求，既对桂花鱼存在的风险作了准确的描述，同时又及时向社会公布。使公众对于桂花鱼的安全问题有了客观的了解，既确保了公众的食品安全，又及时防止了流言的扩散。

**法律依据**

《食品安全法》第82条：“国家建立食品安全信息统一公布制度。下列信息由国务院卫生行政部门统一公布：

（一）国家食品安全总体情况；

（二）食品安全风险评估信息和食品安全风险警示信息；

（三）重大食品安全事故及其处理信息；

（四）其他重要的食品安全信息和国务院确定的需要统一公布的信息。

前款第二项、第三项规定的信息，其影响限于特定区域的，也可以由有关省、自治区、直辖市人民政府卫生行政部门公布。县级以上农业行政、质量监督、工商行政管理、食品药品监督管理部门依据各自职责公布食品安全日常监督管理信息。

食品安全监督管理部门公布信息，应当做到准确、及时、客观。”

## 53. 无证从事食品生产和经营会受到怎样的处罚?

**典型事例**

某地大学城附近有许多快餐店，很多快餐店都外卖送盒饭。

在一次执法检查中，执法人员发现，该大学城附近有一家“硕士快餐店”，快餐店藏在某居民楼的二楼，位置非常隐蔽，但是很远就能闻到一股异味。店内脏乱不堪，脏兮兮的鞋子、汗渍渍的衣服堆放在所做的盒饭上，做菜用的腐竹、青菜上趴着许多苍蝇，发出阵阵异味，并且色泽可疑。

经查，该店员工无法提供工商营业执照和卫生许可证等相关证件，其员工交代：老板姓杨，是大学的硕士生，所做的盒饭是专门供给学生吃的，每天能卖300份左右。根据该店老板称，该店所处位置隐蔽，且生意都是电话联系，出于侥幸心理，以为不会被发现才开设的。

## 法律分析

《食品安全法》规定，对于未经许可从事食品生产经营活动，或者未经许可生产食品添加剂的违法行为，要由有关主管部门按照各自职责分工，没收违法所得、违法生产经营的食品、食品添加剂和用于违法生产经营的工具、设备、原料等物品；违法生产经营的食品、食品添加剂货值金额不足1万元的，并处2000元以上5万元以下罚款；货值金额1万元以上的，并处货值金额5倍以上10倍以下罚款。这里要说明以下三点：

1. 执法主体。《食品安全法》第84条的执法主体是“有关主管部门”，包括县级以上质量监督、工商行政管理和食品药品监督管理部门。上述三个部门要依据各自在食品安全监管中所承担的职责来进行执法，具体是：质量监督部门负责对未取得食品生产许可，而从事食品生产加工活动的单位或者个人，或者未取得食品添加剂的生产许可，而从事食品添加剂生产的单位或者个人予以处罚；工商行政管理部门负责对未取得食品流通许可，而从事食品流通活动的单位或者个人予以处罚；食品药品监督管理部门负责对未取得餐饮服务许可，而从事餐饮服务活动的单位或者个人予以处罚。

2. 关于处罚种类。本条规定的处罚种类为没收违法所得、没收非法财物和罚款。没收非法财物，具体是指没收违法生产经营的食品、食品添加剂和用于违法生产经营的工具、设备、原料等物品。没收违法所得、没收非法财物和罚款，在学理上称作财产罚。所谓“财产罚”是指使被处罚的当事人的财产权利和利益受到损害的行政处罚，主要是对当事人的财产权予以剥夺，并不影响违法者的人身自由和进行其他活动的权利。

3. 关于货值金额。本条所规定的罚款数额是以涉案货值金额的多少来决定的，即：违法生产经营的食品、食品添加剂货值金额不足1万元的，并处2000元以上5万元以下罚款；货值金额1万元以上的，并处货值金额5倍以上10倍以下罚款。所谓“货值金额”是指非法生产经营的食品或者食品添加剂的市值金额。例如，某一企业未经许可，非法从事食品生产，共计生产了市场价值2万元的食品，则该企业违法的货值金额即为2万元。

根据《食品安全法》的规定，国家对食品生产经营实行许可制度。从事食品生产、食品流通、餐饮服务，应当依法取得食品生产许可、食品流通许可、餐饮服务许可。而未经许可从事食品经营活动属于严重违反《食品安全法》的行为，将受到没收违法所得、没收违法生产经营的食品、工具、设备、原料的处罚；同时还将受到罚款的处罚。其中，违法生产经营的食品、食品添加剂货值金额不足1万元的，并处2000元以上5万元以下罚款；货值金额1万元以上的，并处货值金额5倍以上10倍以下罚款。在本案中，这种黑盒饭加工点无证从事盒饭制作的行为，就属于典型的未经许可从事食品生产经营的行为，有关部门将依照法律的规定进行处罚。

## 法律依据

《食品安全法》第84条：“违反本法规定，未经许可从事食品生产经营活动，或者未经许可生产食品添加剂的，由有关主管部门按照各自职责分工，没收违法所得、违法生产经营的食品、食品添加剂和用于违法生产经营的工具、设备、原料等物品；违法生产经营的食品、食品添加剂货值金额不足一万元的，并处二千元以上五万元以下罚款；货值金额一万元以上的，并处货值金额五倍以上十倍以下罚款。”

## 54. 为了促销赠送过期食品违法吗?

### 典型事例

王某经营了一家小超市，近期盘点发现店里的一批小零食刚刚过期。王某觉得将食品扔掉十分可惜，于是就让店员将过期的食品放到收银台，凡是购买满二十元的顾客就赠送小零食一袋，同时还在超市里打出“购物满二十元送小零食一袋”的促销广告。

### 法律分析

通过赠品促销是商家常用的一种促销手段，但对于赠品，销售者同样应当承担相应的产品责任，赠送的食品也必须符合《食品安全法》的相关规定。案例中商家将过期的食品赠送给消费者，属于经营超过保质期食品的行为，根据《食品安全法》的规定，应受到没收违法所得、没收过期食品并处罚款的处罚，违法生产经营的食品货值金额不足 1 万元的，并处 2000 元以上 5 万元以下罚款；货值金额 1 万元以上的，并处货值金额 5 倍以上 10 倍以下罚款；情节严重的，将被吊销许可证。

### 法律依据

《食品安全法》第 85 条：“违反本法规定，有下列情形之一的，由有关主管部门按照各自职责分工，没收违法所得、违法生产经营的食品和用于违法生产经营的工具、设备、原料等物品；违法生产经营的食品货值金额不足一万元的，并处二千元以上五万元以下罚款；货值金额一万元以上的，并处货值金额五倍以上十倍以下罚款；情节严重的，吊销许可证：

（一）用非食品原料生产食品或者在食品中添加食品添加剂以外的化学物质和其他可能危害人体健康的物质，或者用回收食品作为原料生产食品；

（二）生产经营致病性微生物、农药残留、兽药残留、重金属、污染物质以及其他危害人体健康的物质含量超过食品安全标准限量的食品；

（三）生产经营营养成分不符合食品安全标准的专供婴幼儿和其他特定人群的主辅食品；

（四）经营腐败变质、油脂酸败、霉变生虫、污秽不洁、混有异物、掺假掺杂或者感官性状异常的食品；

（五）经营病死、毒死或者死因不明的禽、畜、兽、水产动物肉类，或者生产经营病死、毒死或者死因不明的禽、畜、兽、水产动物肉类的制品；

（六）经营未经动物卫生监督机构检疫或者检疫不合格的肉类，或者生产经营未经检验或者检验不合格的肉类制品；

（七）经营超过保质期的食品；

（八）生产经营国家为防病等特殊需要明令禁止生产经营的食品；

（九）利用新的食品原料从事食品生产或者从事食品添加剂新品种、食品相关产品新品种生产，未经过安全性评估；

（十）食品生产经营者在有关主管部门责令其召回或者停止经营不符合食品安全标准的食品后，仍拒不召回或者停止经营的。”

## 55. 生产和销售三无食品会受到怎样的处罚？

### 典型事例

甲住在一所小学附近，夏天到了，甲看到学校附近小卖部冰棍的销量很好，于是就花了几万块钱，租了几间平房，买了一套生产冰棍的二手设备，请了几个小时工，在没有办理任何证照的情况下，自己开始生产冰棍。在冰棍生产好之后，甲联系到学校附近的多家小卖部，以很低的价格将冰棍批发给他们，为了降低成本，甲生产的这些冰棍连生产厂家、保质期等必要的标识都没有印。后来监管部门在对学校周边小卖部进行检查时，查获了这批冰棍。经检验，这批冰棍不符合相关食品安全标准，食品包装上也没有任何标识。

### 法律分析

预包装食品是指预先定量包装或者制作在包装材料和容器中的食品。根据《食品安全法》的规定，预包装食品的包装上应当有标签。标签应当载明食品名称、规格、净含量、生产日期、成分或者配料表、生产者的名称、地址、联系方式、保质期、产品标准代号、贮存条件、所使用的食品添加剂在国家标准中的通用名称、生产许可证编号，以及法律、法规或者食品安全标准规定必须载明的其他事项。专供婴幼儿和其他特定人群的主辅食品其标签还应当载明主要营养成分及其含量。食品、食品添加剂的标签、说明书，不得含有虚假、夸大的内容；生产者对标签、说明书上的声称负责；食品、食品添加剂的标签、说明书应当清楚、明显，容易辨识。

本案是一起典型的生产、销售三无食品案。根据《食品安全法》的规定，生产经营无标签的预包装食品，将受到没收违法所得、违法生产经营的食品和用于违法生产经营的工具、设备、原料等物品；违法生产经营的食品货值金额不足1万元的，并处2000元以上5万元以下罚款；货值金额1万元以上的，并处货值金额2倍以上5倍以下罚款；情节严重的，责令停产停业，直至吊销许可证。本案中生产者甲的行为不仅构成生产无标签的预包装食品，同时还构成未经许可生产经营食品，甲将按照较重的条款接受处罚。

**法律依据**

《食品安全法》第86条："违反本法规定，有下列情形之一的，由有关主管部门按照各自职责分工，没收违法所得、违法生产经营的食品和用于违法生产经营的工具、设备、原料等物品；违法生产经营的食品货值金额不足一万元的，并处二千元以上五万元以下罚款；货值金额一万元以上的，并处货值金额两倍以上五倍以下罚款；情节严重的，责令停产停业，直至吊销许可证：

（一）经营被包装材料、容器、运输工具等污染的食品；

（二）生产经营无标签的预包装食品、食品添加剂或者标签、说明书不符合本法规定的食品、食品添加剂；

（三）食品生产者采购、使用不符合食品安全标准的食品原料、食品添加剂、食品相关产品；

（四）食品生产经营者在食品中添加药品。"

## 56. 柜台出租者允许未取得许可的食品经营者进入市场，应承担什么责任？

**典型事例**

春节将至，某商场在地下一楼开办了年货专区，将柜台直接租给一些食品生产商用来销售各种年货。李某在一柜台买了几盒糖果，结果吃了的人纷纷出现各种身体不适症状。李某找到商场，商场称厂家已经撤柜，商场不负任何责任。李某向工商部门举报，经查，该厂家系一家私人小糖果厂，尚未取得卫生许可证。那么，李某究竟该找谁承担责任呢?

## 法律分析

集中交易市场的开办者、柜台出租者、展销会的举办者虽然不是直接的食品生产经营者，但是对他们的管理也是食品安全工作中非常重要的一个方面。在实践中，一些无证的食品经营者，往往利用集中交易市场、出租柜台、展销会等场所，销售不符合食品安全标准的食品，使得这些场所成了假冒伪劣食品的藏身之地，给公众的身体健康造成了很大隐患。造成这一问题的主要原因，一方面是政府的监管部门管理不力，另一方面是由于集中交易市场的开办者、柜台出租者、展销会的举办者没有承担应有的责任，不认真审查入场食品经营者的许可证，甚至出于利益考虑，允许一些无证食品经营者入场经营，对违法经营食品的行为放任不管，听之任之。针对上述问题，食品安全法明确规定了集中交易市场的开办者、柜台出租者、展销会的举办者在保障食品安全方面的义务，包括：应当审查入场食品经营者的许可证，明确入场食品经营者的食品安全管理责任，定期对入场食品经营者的经营环境和条件进行检查，发现食品经营者有违反本法规定的行为的，应当及时制止并立即报告所在地工商行政管理、食品药品监督管理部门。如果集中交易市场的开办者、柜台出租者、展销会的举办者违反上述规定，允许未取得许可的食品经营者进入市场销售食品，或者未履行检查、报告等义务的，要承担相应的法律责任。

《食品安全法》第90条规定："违反本法规定，集中交易市场的开办者、柜台出租者、展销会的举办者允许未取得许可的食品经营者进入市场销售食品，或者未履行检查、报告等义务的，由有关主管部门按照各自职责分工，处2000元以上5万元以下罚款；造成严重后果的，责令停业，由原发证部门吊销许可证。”案例中的商场在私人糖果厂未取得卫生许可的情况下，许可该厂租用商场柜台销售食品，其行为显然是违法的，应当依照上述法律对其进行行政处罚。

在明确其行政责任的同时，为了保障消费者的权益，《消费者权益保护法》明确规定，消费者在展览会、租赁柜台购买商品或者接受服务，合法权益受到损害的，可以向销售者或者服务者要求赔偿。展销会结束或者柜台租赁期满后，也可以向展销会的举办者、柜台的出租者要求赔偿。因此，案例中的李某完全可以向商场要求赔偿。

**法律依据**

《食品安全法》第90条：“违反本法规定，集中交易市场的开办者、柜台出租者、展销会的举办者允许未取得许可的食品经营者进入市场销售食品，或者未履行检查、报告等义务的，由有关主管部门按照各自职责分工，处二千元以上五万元以下罚款；造成严重后果的，责令停业，由原发证部门吊销许可证。”

## 57. 未按照《食品安全法》的要求运输食品，会受到怎样的处罚？

**典型事例**

在一次食品安全检查中，执法人员挡下了一辆运送鲜奶的汽车。执法人员在打开车厢后发现，该车里面不仅装载着十桶牛奶，牛奶附近还堆放着几袋化肥；不仅如此，很多奶桶根本就没有盖子，只是用帆布遮盖了一下而已。执法人员对司机进行了批评教育，指出其车辆不符合食品运输的安全要求。司机很不以为然，说："我是个跑运输的，什么食品安全不关我事。"

## 法律分析

食品生产经营活动，离不开食品运输这一环节。可以说，无论是食品生产、食品流通还是餐饮服务，都需要进行食品运输。食品生产者主要是把生产的食品运输出去，而包括食品流通和餐饮服务在内的食品经营者则主要是把采购来的食品运输进来。无论在哪一个环节上从事食品运输，都必须遵守《食品安全法》关于运输食品的规定，即贮存、运输和装卸食品的容器包装、工具、设备应当安全、无害，保持清洁，防止食品污染，并符合保证食品安全所需的温度等特殊要求，不得将食品与有毒、有害物品一同运输。如果运输食品违反了上述规定，要依法承担相应的法律责任。

根据《食品安全法》的规定，贮存、运输和装卸食品的容器包装、工具、设备应当安全、无害，保持清洁，防止食品污染，并符合保证食品安全所需的温度等特殊要求，不得将食品与有毒、有害物品一同运输。对于违反《食品安全法》规定，未按照要求进行食品运输的，由有关主管部门按照各自职责分工，责令改正，给予警告；拒不改正的，责令停产停业，并处2000元以上5万元以下罚款；情节严重的，由原发证部门吊销许可证。因此，案例中牛奶的运输者没有盖盖子且将牛奶与可能有害的化肥一起运送，违反了《食品安全法》关于食品运输的规定，如果拒不改正，监管部门可以对其进行罚款并责令其停业。

**法律依据**

《食品安全法》第91条："违反本法规定，未按照要求进行食品运输的，由有关主管部门按照各自职责分工，责令改正，给予警告；拒不改正的，责令停产停业，并处二千元以上五万元以下罚款；情节严重的，由原发证部门吊销许可证。"

## 58. 被吊销许可证的食品生产经营单位，其主管人员还能从事食品工作吗?

**典型事例**

甲曾担任过一家食品厂的生产负责人，在甲担任负责人期间，这家食品厂曾因为生产不符合安全标准的食品而被吊销执照，甲后来离开这家食品厂，也没有再涉足食品业。三年后，甲的朋友听说他曾经搞过食品生产，就像请他到自己的食品厂里担任生产负责人。那么，甲可以到朋友的企业担任食品生产负责人吗?

**法律分析**

被吊销食品生产、流通或者餐饮服务许可证的单位，其直接负责的主管人员自处罚决定作出之日起五年内不得从事食品生产经营管理工作。这是对有严重违法行为的食品生产经营单位的主管人员给予资格处罚的规定。生产经营单位是保证食品安全的第一责任人，应当对所生产经营的食品承担责任。根据《食品安全法》的规定，食品生产经营者应当依照法律、法规和食品安全标准从事生产经营活动，对社会和公众负责，保证食品安全，接受社会监督，承担社会责任。如果食品生产经营企业违反了这一规定，从事了非法的食品生产经营活动，造成了严重的危害后果，依法被吊销了食品生产、流通或者餐饮服务许可证的，其直接负责的主管人员要受到五年内不得从事食品生产经营管理工作的处罚。规定这一处罚，主要是考虑到企业出现严重的违法行为，其直接负责的主管人员往往难辞其咎，说明管理上有重大的失职行为或者管理能力和水平有严重的不足。例如，没有建立健全本单位的食品安全管理制度，疏于对职工进行食品安全知识的培训，没有配备专职或者兼职食品安全管理人员，没有做好对所生产经营食品的检验工作等，进而导致出现违法生产经营行为，造成严重危害后果。因此，这样的管理人员在一定期限内不再适合从事企业的生产经营管理工作。法律之所以规定被吊销许可证的食品生产经营单位的主管人员的法律责任，目的在于督促食品生产经营企业的主管人员认真负起管理责任，确保本企业能够守法生产经营，在食品生产经营活动中重质量、重服务、重信誉、重自律，形成确保食品安全的长效机制。

《食品安全法》第 92 条明确规定，被吊销食品生产、流通或者餐饮服务许可证的单位，其直接负责的主管人员自处罚决定作出之日起五年内不得从事食品生产经营管理工作，这就是所谓的“从业禁止”规定。这样规定，既是对食品经营违法者的一种惩罚，同时更是为了保护广大消费者的健康安全。案例中的甲作为一家被吊销许可证的食品企业负责人，在五年内不得从事食品经营管理工作。因此，甲不能担任朋友企业的生产负责人，如果该企业聘用甲从事食品生产经营管理工作，将被吊销许可证。

## 法律依据

《食品安全法》第 92 条：“被吊销食品生产、流通或者餐饮服务许可证的单位，其直接负责的主管人员自处罚决定作出之日起五年内不得从事食品生产经营管理工作。

食品生产经营者聘用不得从事食品生产经营管理工作的人员从事管理工作的，由原发证部门吊销许可证。”

## 59. 食品检验机构出具虚假的食品检验报告，会受到怎样的处罚？

**典型事例**

甲是某市一家食品检验机构的检验人员，在一次对本市食品抽检样品的检查中，甲检验出本地一家食品厂生产的豆奶大肠杆菌超标。而自己的爱人正好在这家食品厂工作，于是甲回家将检测结果告诉了爱人，而豆奶厂的负责人很快也得知了这一消息，并央求甲将检测报告修改为合格。甲想豆奶细菌超标也不是很多，自己爱人又在厂里工作，于是就在正式报告形成之前修改了报告，将检测结果修改为合格。对于出具虚假检测报告的行为，甲会受到怎样的处罚呢?

**法律分析**

食品检验机构和食品检验人员承担着对食品进行依法检验的职责。食品检验是食品安全执法的重要依据，质量监督、工商行政管理、食品药品监督管理部门在日常的执法中，如果发现生产经营的食品可能存在安全问题，需要将被怀疑有问题的食品送到食品检验机构进行检验，如果经检验发现食品确实不符合食品安全标准，则执法机关应当对当事人给予处罚。所以，食品检验机构所出具的检验结论就是食品安全执法的重要依据。因此，食品检验机构和食品检验人员应当依法认真履行所承担的食品检验职责，依照有关法律、法规的规定，并按照食品安全标准和检验规范对食品进行检验，尊重科学，恪守职业道德，保证出具的检验数据和结论客观、公正，不得出具虚假的检验报告。食品检验报告应当加盖食品检验机构公章，并有检验人的签名或者盖章。食品检验机构和检验人对出具的食品检验报告负责。如果食品检验机构、食品检验人员违反上述规定，出具虚假检验报告，应当依法承担相应的法律责任。

根据《食品安全法》的规定，食品检验机构、食品检验人员出具虚假检验报告的，由授予其资质的主管部门或者机构撤销该检验机构的检验资格；依法对检验机构直接负责的主管人员和食品检验人员给予撤职或者开除的处分。受到刑事处罚或者开除处分的食品检验机构人员，自刑罚执行完毕或者处分决定作出之日起十年内不得从事食品检验工作。食品检验机构聘用不得从事食品检验工作的人员的，由授予其资质的主管部门或者机构撤销该检验机构的检验资格。

本案中甲的行为，就是徇私舞弊出具虚假检验报告的行为，根据《食品安全法》的规定，甲应受到撤职或者开除的处分。

### 法律依据

《食品安全法》第93条：“违反本法规定，食品检验机构、食品检验人员出具虚假检验报告的，由授予其资质的主管部门或者机构撤销该检验机构的检验资格；依法对检验机构直接负责的主管人员和食品检验人员给予撤职或者开除的处分。

违反本法规定，受到刑事处罚或者开除处分的食品检验机构人员，自刑罚执行完毕或者处分决定作出之日起十年内不得从事食品检验工作。食品检验机构聘用不得从事食品检验工作的人员的，由授予其资质的主管部门或者机构撤销该检验机构的检验资格。”

## 60. 食品监管机构违法向消费者推荐食品的，应承担什么责任？

### 典型事例

中秋节将至，月饼一下成为消费的热点。但由于市面上月饼的品牌很多，生产厂家更是不计其数，很多消费者不知道该选购哪家企业生产的月饼。某市的食品工业协会觉得有利可图，于是就准备推出一个“年度十大优质月饼”活动，将推荐参与函送到各大月饼生产企业，并称将收取少量评选费。一些企业觉得可以通过这个活动提高企业的知名度，扩大销量。于是就向该食品工业协会提供了大量的评选费，而该协会则在没有进行任何现场考察和调查的情况下，按照提供评选费的多少，依次评出了“十大优质月饼”。

## 法律分析

《食品安全法》明确规定，食品安全监督管理部门或者承担食品检验职责的机构、食品行业协会、消费者协会不得以广告或者其他形式向消费者推荐食品。如果上述主体违反了这一规定，向消费者推荐了食品，不论推荐的食品是否为不符合食品安全标准的食品，也不论是否因该食品给消费者造成了损害，均应当依据《食品安全法》的规定承担相应的法律责任，即由有关主管部门没收违法所得，依法对直接负责的主管人员和其他直接责任人员给予记大过、降级或者撤职的处分。这里应当指出两点：

一是违法主体。这里的“食品安全监督管理部门”是指卫生行政、农业行政、质量监督、工商行政管理、食品药品监督管理等承担食品安全监督管理职责的部门。“承担食品检验职责的机构”为本法规定的食品检验机构或者依法承担了食品检验职责的其他检验机构。

二是执法主体。这里的“有关主管部门”是指负责广告行政管理的工商部门和违法主体的上级主管部门。对于没收违法所得的行政处罚，由工商部门负责执法；对于行政处分，依据《公务员法》等法律的规定，由违法主体的上级主管部门负责执法。

**法律依据**

《食品安全法》第94条："违反本法规定，在广告中对食品质量作虚假宣传，欺骗消费者的，依照《中华人民共和国广告法》的规定给予处罚。

违反本法规定，食品安全监督管理部门或者承担食品检验职责的机构、食品行业协会、消费者协会以广告或者其他形式向消费者推荐食品的，由有关主管部门没收违法所得，依法对直接负责的主管人员和其他直接责任人员给予记大过、降级或者撤职的处分。"

《广告法》第38条："违反本法规定，发布虚假广告，欺骗和误导消费者，使购买商品或者接受服务的消费者的合法权益受到损害的，由广告主依法承担民事责任；广告经营者、广告发布者明知或者应知广告虚假仍设计、制作、发布的，应当依法承担连带责任。

广告经营者、广告发布者不能提供广告主的真实名称、地址的，应当承担全部民事责任。

社会团体或者其他组织，在虚假广告中向消费者推荐商品或者服务，使消费者的合法权益受到损害的，应当依法承担连带责任。"

## 61. 买到假冒伪劣或者不安全的食品，消费者可以要求怎样的赔偿？

**典型事例**

贾某身体不太好，听别人说天然蜂蜜对身体有好处，于是就到超市买了几瓶天然蜂蜜。因为是天然蜂蜜，所以价格比其他蜂蜜贵好几倍。但是贾某买回家吃了一段时间，发现这瓶天然蜂蜜特别甜，有时候食用了之后甚至会甜到牙疼。贾某对这瓶蜂蜜很不放心，后来经电视台曝光，该品牌的天然蜂蜜是利用粮食作物加工成的糖浆充当蜂蜜，其实根本就没有任何蜂蜜的成分。

### 法律分析

《食品安全法》第96条规定："违反本法规定，造成人身、财产或者其他损害的，依法承担赔偿责任。生产不符合食品安全标准的食品或者销售明知是不符合食品安全标准的食品，消费者除要求赔偿损失外，还可以向生产者或者销售者要求支付价款十倍的赔偿金。"

惩罚性赔偿，又称惩戒性赔偿，是指对受害方的实际损失予以补偿性赔偿之外的赔偿，通常是因为侵权方的一些特殊的不当行为所致。实施惩罚性赔偿，是为了惩罚和阻止一些特定的行为，特别是故意或恶意所致的行为。此外，惩罚性赔偿还可以疏导受害人的愤慨情绪，防止受害一方因为侵权方的恶意侵权而采取一些以牙还牙的报复行为，全面补偿受害人所遭受的物质和精神损失。《食品安全法》对惩罚性的赔偿制度作出规定，目的是惩罚食品生产经营者生产或者经营不符合食品安全标准的食品这一性质比较严重的违法行为，以便更好地保护权益受到侵害的消费者的合法权益，补偿他们在财产和精神上的损失。

除赔偿消费者的损失以外，消费者还可以要求生产者或者经营者支付价款10倍的赔偿金。食品生产者或者经营者首先应当依据《民法通则》的规定承担民事赔偿责任，包括赔偿消费者的医疗费、护理费、误工损失费、残疾人生活补助费等费用，造成死亡的，并应当支付丧葬费、死者生前扶养的人必要的生活费等费用；其次，消费者有权向生产者或者经营者要求10倍价款的惩罚性赔偿。例如，消费者购买了一袋不符合食品安全标准的奶粉，支付的价款是100元，那么在符合本条规定的情况下，消费者有权向生产者或者经营者要求 10 倍价款的赔偿，即为 1000 元的惩罚性赔偿。

在本案中，经营者将没有任何蜂蜜成分的糖浆冒充成“天然蜂蜜”销售，属于典型的以假充真，贾某在要求经营者赔偿其损失（如购买蜂蜜的价款）的同时，还可以要求经营者支付 10 倍蜂蜜价款的赔偿金。

### 法律依据

《食品安全法》第 96 条：“违反本法规定，造成人身、财产或者其他损害的，依法承担赔偿责任。

生产不符合食品安全标准的食品或者销售明知是不符合食品安全标准的食品，消费者除要求赔偿损失外，还可以向生产者或者销售者要求支付价款 10 倍的赔偿金。”

## 62. 当违法企业既需要承担民事责任，又受到罚款时，应首先承担哪种责任?

### 典型事例

甲公司是一家乳品生产企业，为了节约成本，甲公司低价收购了一批已经变质的鲜牛奶，并制成盒装保鲜奶投放到市场销售。尽管甲公司在生产时已经做了相关处理，但由于原料已经变质，因此制成的成品牛奶中的细菌严重超标。很多消费者在食用这些盒装奶之后，纷纷出现呕吐症状，很多人甚至住院治疗，社会影响十分恶劣。卫生部门在接到消费者举报之后，迅速查封了甲公司的产品，并对甲公司处以巨额罚款，而同时很多受害的消费者也纷纷向甲公司索要赔偿。但甲公司的资产总额有限，不足以同时支付罚款和消费者的赔偿。

## 法律分析

《食品安全法》第97条规定："违反本法规定，应当承担民事赔偿责任和缴纳罚款、罚金，其财产不足以同时支付时，先承担民事赔偿责任。"

民事赔偿和缴纳罚款、罚金，都是一种财产责任，需要违法者通过支付一定数额的金钱来承担其违法行为的后果。但三者在性质上是完全不同的：民事赔偿属于民事责任的一种，目的是赔偿受害人所受到的人身和财产损失，具有补偿性质；罚款是行政处罚，是一种行政责任，是行政机关对违反行政管理秩序的当事人所给予的一种处罚手段；而罚金则是一种刑事责任，是审判机关对于触犯《刑法》，构成犯罪的当事人所给予的刑事制裁。从这三种法律责任的决定主体上说，民事赔偿和罚金都是由国家的审判机关决定的；而罚款是由行政机关决定的。从这三种法律责任的性质上说，民事赔偿体现的是平等主体之间的补偿，而罚款和罚金则体现的是国家对违法者的惩罚。

关于民事赔偿优先的法律原则，我国的《产品质量法》、《公司法》、《证券法》等法律都作出了规定。《产品质量法》第64条规定："违反本法规定，应当承担民事赔偿责任和缴纳罚款、罚金，其财产不足以同时支付时，先承担民事赔偿责任。"《公司法》第215条规定："公司违反本法规定，应当承担民事赔偿责任和缴纳罚款、罚金的，其财产不足以支付时，先承担民事赔偿责任。"此外，《证券法》也在第232条作出了类似的规定。《食品安全法》重申了这一规定，当食品生产经营企业应当同时承担民事赔偿责任和缴纳罚款、罚金，其财产不足以同时支付时，先向受害人进行民事赔偿。通过确立民事赔偿责任优先的原则，可以使受害人的合法权益得到维护，使其受损的权利得到补偿，这充分体现了立法机关以人为本的立法理念。

根据民事赔偿优先原则，案例中权益受到损害的消费者可以优先获得赔偿，包括直接的人身财产损失和10倍的赔偿金。违法企业赔偿之后，资产还有剩余的，则应当支付相应的罚款和罚金。

**法律依据**

《食品安全法》第97条："违反本法规定，应当承担民事赔偿责任和缴纳罚款、罚金，其财产不足以同时支付时，先承担民事赔偿责任。"

## 63. 宠物食品是食品吗？

**典型事例**

贾某在超市购买了一袋狗粮，回家给自己的宠物狗吃后，宠物狗当天就死了。贾某检查了宠物食品，发现超市卖给自己的是一袋过期的狗粮。贾某很气愤，认为超市出售过期食品，违反了《食品安全法》的规定，要求超市按照《食品安全法》的规定对其进行赔偿。

**法律分析**

根据《食品安全法》的规定，食品指各种供人食用或者饮用的成品和原料以及按照传统既是食品又是药品的物品，但是不包括以治疗为目的的物品。食品安全，指食品无毒、无害、符合应当有的营养要求，对人体健康不造成任何急性、亚急性或者慢性危害。食品安全事故是指食物中毒、食源性疾病、食品污染等源于食品，对人体健康有危害或者可能有危害的事故，即在食物（食品）种植、养殖、生产加工、包装、仓储、运输、流通、消费等环节中发生食源性疾患、食物中毒，造成社会公众病亡或者可能对人体健康构成潜在的危害。

因此，只有供人食用或者饮用的才能叫作“食品”，狗粮、猫粮等宠物食品属于供动物食用的饲料，不受《食品安全法》以及其他与食品相关的法律法规的保护。但是，对于因宠物食品质量问题导致宠物受到伤害或者死亡的，宠物的主人仍然可以依照《产品质量法》和《消费者权益保护法》的相关规定，要求赔偿。

## 法律依据

《食品安全法》第99条：“本法下列用语的含义：

食品，指各种供人食用或者饮用的成品和原料以及按照传统既是食品又是药品的物品，但是不包括以治疗为目的的物品。

食品安全，指食品无毒、无害，符合应当有的营养要求，对人体健康不造成任何急性、亚急性或者慢性危害。

预包装食品，指预先定量包装或者制作在包装材料和容器中的食品。

食品添加剂，指为改善食品品质和色、香、味以及为防腐、保鲜和加工工艺的需要而加入食品中的人工合成或者天然物质。

用于食品的包装材料和容器，指包装、盛放食品或者食品添加剂用的纸、竹、木、金属、搪瓷、陶瓷、塑料、橡胶、天然纤维、化学纤维、玻璃等制品和直接接触食品或者食品添加剂的涂料。

用于食品生产经营的工具、设备，指在食品或者食品添加剂生产、流通、使用过程中直接接触食品或者食品添加剂的机械、管道、传送带、容器、用具、餐具等。

用于食品的洗涤剂、消毒剂，指直接用于洗涤或者消毒食品、餐饮具以及直接接触食品的工具、设备或者食品包装材料和容器的物质。

保质期，指预包装食品在标签指明的贮存条件下保持品质的期限。

食源性疾病，指食品中致病因素进入人体引起的感染性、中毒性等疾病。

食物中毒，指食用了被有毒有害物质污染的食品或者食用了含有毒有害物质的食品后出现的急性、亚急性疾病。

食品安全事故，指食物中毒、食源性疾病、食品污染等源于食品，对人体健康有危害或者可能有危害的事故。”

## 64. 食品包装袋上的“保质期”有什么意义？

### 典型事例

某仓储超市得知近期方便面进货价将涨价，于是就一次性批发购进了大量方便面。但由于销售情况一般，很多方便面没能在保质期内销售，该超市负责人认为方便面的质量较好，就算过了保质期也能食用，就组织超市的员工将方便面外包装上的保质期由2008年2月16日改为2008年12月16日，并将这批实际已经过期的方便面放在超市中销售。

### 法律分析

保质期即我们通常所说的最佳食用期，是指预包装食品在标签指明的贮存条件下保持品质的期限。在此期限内，食品完全适于销售、食用。超过保质期的食品，色、香、味、营养价值等都会有所减少，是禁止销售的。根据《食品安全法》的规定，除了国家明文规定的不需要标注保质期的食品外，其余食品均需标注保质期。保质期是表明食品是否还能食用的重要参数，食用超过保质期的食品可能会对人体健康造成损害，而伪造保质期和生产日期会诱导消费者购买和食用已经没有质量保证的食品，从而对消费者的身体健康构成重大威胁。消费者遇到上述情况，可以向卫生行政部门进行投诉。

**法律依据**

《食品安全法》第99条："本法下列用语的含义：

食品，指各种供人食用或者饮用的成品和原料以及按照传统既是食品又是药品的物品，但是不包括以治疗为目的的物品。

食品安全，指食品无毒、无害，符合应当有的营养要求，对人体健康不造成任何急性、亚急性或者慢性危害。

预包装食品，指预先定量包装或者制作在包装材料和容器中的食品。

食品添加剂，指为改善食品品质和色、香、味以及为防腐、保鲜和加工工艺的需要而加入食品中的人工合成或者天然物质。

用于食品的包装材料和容器，指包装、盛放食品或者食品添加剂用的纸、竹、木、金属、搪瓷、陶瓷、塑料、橡胶、天然纤维、化学纤维、玻璃等制品和直接接触食品或者食品添加剂的涂料。

用于食品生产经营的工具、设备，指在食品或者食品添加剂生产、流通、使用过程中直接接触食品或者食品添加剂的机械、管道、传送带、容器、用具、餐具等。

用于食品的洗涤剂、消毒剂，指直接用于洗涤或者消毒食品、餐饮具以及直接接触食品的工具、设备或者食品包装材料和容器的物质。

保质期，指预包装食品在标签指明的贮存条件下保持品质的期限。

食源性疾病，指食品中致病因素进入人体引起的感染性、中毒性等疾病。

食物中毒，指食用了被有毒有害物质污染的食品或者食用了含有毒有害物质的食品后出现的急性、亚急性疾病。

食品安全事故，指食物中毒、食源性疾病、食品污染等源于食品，对人体健康有危害或者可能有危害的事故。”

## 65. 私自屠宰生猪违法吗？

### 典型事例

王某为了赚钱，找了几个人偷偷地在村后山上一小破屋里设立了生猪屠宰场，为附近有需要的工厂进行生猪屠宰。因为怕有关的执法人员发现，他们经常半夜三更杀猪，然后在天亮前将屠宰后的猪肉送走。但时不时地半夜猪叫声还是引起了村民的怀疑，于是有村民向当地工商分局反映了这个情况。执法人员赶至该非法屠宰点，发现在不足20平方米的平房里，黑乎乎的一片血水，垃圾遍地，发出阵阵恶臭。猪头、猪蹄和猪下货等就放在脏兮兮的地面上，木头架上挂着十几片被劈开的生猪肉。执法人员没收了现场的所有猪肉以及加工工具，并对王某等人处以罚款。那究竟王某违反了什么法律呢？

### 法律分析

《食品安全法》第101条规定：“乳品、转基因食品、生猪屠宰、酒类和食盐的食品安全管理，适用本法；法律、行政法规另有规定的，依照其规定。”所以生猪屠宰也需要遵循《食品安全法》中关于食品生产经营的所有规定，至少生猪屠宰的场所、工具、人员等都要符合有关的卫生健康标准。

《生猪屠宰条例》明确规定了我国实行生猪定点屠宰制度，即生猪屠宰场的设立是需要经过政府的有关部门规划批准的，还需要取得相应的许可，未经许可，任何单位和个人都不得从事生猪屠宰活动，除非是农村地区个人自宰自食。根据《生猪屠宰条例》的规定，国家对生猪实行定点屠宰、集中检疫、统一纳税、分散经营的制度。国务院商品流通行政主管部门主管全国生猪屠宰的行业管理工作。县级以上地方人民政府的商品流通行政主管部门负责本行政区域内生猪屠宰活动的监督管理。乡镇屠宰厂（场）生猪屠宰活动的具体管理体制，由省、自治区、直辖市人民政府规定。

另外，《生猪屠宰条例》第24条第1款规定："违反本条例规定，未经定点从事生猪屠宰活动的，由商务主管部门予以取缔，没收生猪、生猪产品、屠宰工具和设备以及违法所得，并处货值金额3倍以上5倍以下的罚款；货值金额难以确定的，对单位并处10万元以上20万元以下的罚款，对个人并处5000元以上1万元以下的罚款；构成犯罪的，依法追究刑事责任。"所以工商局执法人员对王某等人采取的行政处罚措施是合法的。

**法律依据**

《食品安全法》第101条："乳品、转基因食品、生猪屠宰、酒类和食盐的食品安全管理，适用本法；法律、行政法规另有规定的，依照其规定。"

## 66.《食品安全法》中有关于转基因食品的规定吗？

**典型事例**

小芬在网上读到一则关于转基因食品的新闻，新闻上称我国每年进口大豆已达1500多万吨，而进口的大豆中大部分是转基因大豆，初步估计在1000多万吨左右。国内的油脂企业多使用转基因大豆作为原料，市场上转基因大豆油占90%以上。小芬看到这个数据后，心里顿时觉得恐慌，也不知道自己每天吃的食物中到底有多少是转基因食品，特别是食用油。她又听说国家新出台了《食品安全法》，所以想咨询一下《食品安全法》有没有对转基因食品作出特殊规定？

**法律分析**

我国的转基因生物主要来自进口的大豆、玉米、油菜等食品原料，转基因食品以国内油脂企业生产的豆油为主。到底转基因食品是否应当纳入《食品安全法》进行调控一直存在争议，但这次《食品安全法》终于明确了态度，其第101条第1款明确规定："乳品、转基因食品、生猪屠宰、酒类和食盐的食品安全管理，适用本法。"但2001年国务院颁布的《农业转基因生物安全管理条例》规定，国务院农业行政部门负责全国农业转基因生物安全的监督管理工作，转基因食品的管理由卫生部负责，对转基因食品的食用安全性与营养质量评价、标识、申请与批准、监督都作了具体规定。《食品安全法》第101条第2款还规定："法律、行政法规另有规定的，依照其规定。"因此，以前关于转基因食品的法律法规仍旧适用，在没有其他法律法规进行规范的领域就适用《食品安全法》的规定。

**法律依据**

《食品安全法》第101条："乳品、转基因食品、生猪屠宰、酒类和食盐的食品安全管理，适用本法；法律、行政法规另有规定的，依照其规定。"

## 67. 非法生产经营瘦肉精构成犯罪吗？

**典型事例**

2007年初，被告人刘襄与被告人奚中杰在明知盐酸克仑特罗（俗称"瘦肉精"）是法律禁止在饲料和动物饮用水中使用的药品，且使用盐酸克仑特罗饲养的生猪流入市场会对消费者身体健康、生命安全造成危害的情况下，为牟取暴利，二人商议：双方各投资五万元，刘襄负责技术开发和生产，奚中杰负责销售，利润均分。同年8、9月份，刘襄在湖北省襄阳市谷城县研制出盐酸克仑特罗后，与奚中杰带样品找到被告人陈玉伟、肖兵对样品进行试验、推销。肖兵和陈玉伟明知使用盐酸克仑特罗饲养的生猪流入市场后会对消费者身体健康、生命安全造成危害，仍将刘襄生产的盐酸克仑特罗出售给收猪经纪人试用，得知效果良好后，将信息反馈刘襄、奚中杰。此后，刘襄等人开始大量生产、销售盐酸克仑特罗。截至2011年3月，刘襄共生产、销售盐酸克仑特罗2700余公斤，销售金额640余万元。奚中杰与刘襄共同销售，以及从迟名华（另案处理）等人处购买后单独销售盐酸克仑特罗共1400余公斤，销售金额440余万元。肖兵从刘襄处购买盐酸克仑特罗1300余公斤并予以销售，销售金额300余万元。陈玉伟从刘襄处购买盐酸克仑特罗600余公斤，按照一定比例勾兑淀粉后销售，销售金额200余万元。被告人刘鸿林明知盐酸克仑特罗的危害，仍协助刘襄从事购买原料和盐酸克仑特罗的生产、销售等活动。五名被告人生产、销售的盐酸克仑特罗被分布在八个不同省市的生猪养殖户用于饲养生猪，致使大量含有盐酸克仑特罗的猪肉流入市场，给广大消费者身体健康造成严重危害，并使公私财产遭受特别重大损失。

## 法律分析

被告人刘襄、奚中杰、肖兵、陈玉伟、刘鸿林明知使用盐酸克仑特罗饲养生猪对人体的危害，被国家明令禁止，刘襄、奚中杰仍大量非法生产用于饲养生猪的盐酸克仑特罗并销售，肖兵、陈玉伟积极参与试验，并将盐酸克仑特罗大量销售给生猪养殖户，刘鸿林协助刘襄购买部分原料、帮助生产、销售盐酸克仑特罗，致使使用盐酸克仑特罗饲养的生猪大量流入市场，严重危害不特定多数人的生命健康，致使公私财产遭受特别重大损失，社会危害极大，影响极其恶劣，五名被告人的行为均已构成以危险方法危害公共安全罪，系共同犯罪。刘襄、奚中杰、肖兵、陈玉伟均系主犯，刘鸿林系从犯，且有重大立功表现，依法应当减轻处罚，依法判处被告人刘襄死刑，缓期2年执行，剥夺政治权利终身；判处被告人奚中杰无期徒刑，剥夺政治权利终身；判处被告人肖兵有期徒刑15年，剥夺政治权利5年；判处被告人陈玉伟有期徒刑14年，剥夺政治权利3年；判处被告人刘鸿林有期徒刑9年。

**法律依据**

《食品安全法》第98条："违反本法规定，构成犯罪的，依法追究刑事责任。"

《刑法》第114条："放火、决水、爆炸以及投放毒害性、放射性、传染病病原体等物质或者以其他危险方法危害公共安全，尚未造成严重后果的，处三年以上十年以下有期徒刑。"

《刑法》第115条："放火、决水、爆炸以及投放毒害性、放射性、传染病病原体等物质或者以其他危险方法致人重伤、死亡或者使公私财产遭受重大损失的，处十年以上有期徒刑、无期徒刑或者死刑。

过失犯前款罪的，处三年以上七年以下有期徒刑；情节较轻的，处三年以下有期徒刑或者拘役。"

## 68. 生产、销售"假白酒"构成什么犯罪？

**典型事例**

2002年，被告人王某某开始用食用酒精掺入自来水、苞谷酒、甜蜜素等原料勾兑白酒冒充苞谷酒销售牟利。2009 年 3 月 15 日上午，王某某安排其雇员覃长江、唐永锋驾车到宜都市“杨老板”（杨大连）处购买酒精。当日 17 时许，覃长江、唐永锋来到杨永兵经营的湖北省宜都市聚能日化经营部，以 2100 元/吨的价格购买工业酒精（甲醇）3.74 吨，并于当晚将酒精运回王某某的制酒作坊。王某某查看过磅单和其他单据后发现所购酒精系工业酒精的价格，与食用酒精的价格相差悬殊，但未核实原因。当晚，王某某指使被告人唐某某此次购买的工业酒精掺入自来水、苞谷酒、香精等原料勾兑成 6000 余千克“白酒”。从次日起至同月 25 日止，王某某及被告人覃长芬共销售该批“白酒”3448 千克。当地众多居民饮用该“白酒”后中毒，并造成 5 人死亡、6 人重伤、11 人轻伤、2 人轻微伤的严重后果。另查明，2004 年以来，王某某生产食用酒精勾兑的“白酒”，冒充苞谷酒销售共计 185 万余元；覃长芬参与生产、销售的金额为 186 万余元；唐倩参与生产、销售的金额为 179 万余元。

## 法律分析

王某某同时经营工业酒精燃料生意和勾兑白酒生意，对工业酒精和食用酒精的市场价格非常清楚。当其明知雇员以食用酒精一半的价格购回的酒精不可能为食用酒精的情况下，既未仔细询问雇员，也未向销售方核实，继续用购回的工业酒精勾兑生产“白酒”出售，导致了多人伤亡的严重危害结果的发生，其行为已构成生产、销售有毒食品罪。王某某、覃长芬、唐倩使用自来水、食用酒精与少量自酿苞谷酒勾兑“白酒”冒充苞谷酒销售，其行为已构成生产、销售伪劣产品罪。在生产、销售伪劣产品的共同犯罪中，王某某系主犯；覃长芬、唐倩均系从犯，可依法减轻处罚；唐倩实施部分犯罪行为时未满 18 周岁，可酌情从轻处罚。王某某主观上系间接故意，归案后能如实供述犯罪事实，并积极赔偿被害方经济损失，可作为酌定量刑情节予以考虑。

据此，法院依法判决：被告人王某某犯生产、销售有毒食品罪，判处死刑，缓期2年执行，剥夺政治权利终身，并处罚金人民币1万元；犯生产、销售伪劣产品罪，判处其有期徒刑12年，并处罚金人民币98万元，数罪并罚，决定执行死刑，缓期2年执行，剥夺政治权利终身，并处罚金人民币99万元。覃长芬犯生产、销售伪劣产品罪，判处有期徒刑3年，缓刑5年，并处罚金人民币99万元。唐倩犯生产伪劣产品罪，判处有期徒刑2年，缓刑2年，并处罚金人民币96万元。

## 法律依据

《食品安全法》第98条："违反本法规定，构成犯罪的，依法追究刑事责任。"

《刑法》第140条："生产者、销售者在产品中掺杂、掺假，以假充真，以次充好或者以不合格产品冒充合格产品，销售金额五万元以上不满二十万元的，处二年以下有期徒刑或者拘役，并处或者单处销售金额百分之五十以上二倍以下罚金；销售金额二十万元以上不满五十万元的，处二年以上七年以下有期徒刑，并处销售金额百分之五十以上二倍以下罚金；销售金额五十万元以上不满二百万元的，处七年以上有期徒刑，并处销售金额百分之五十以上二倍以下罚金；销售金额二百万元以上的，处十五年有期徒刑或者无期徒刑，并处销售金额百分之五十以上二倍以下罚金或者没收财产。"

《刑法》第144条："在生产、销售的食品中掺入有毒、有害的非食品原料的，或者销售明知掺有有毒、有害的非食品原料的食品的，处五年以下有期徒刑，并处罚金；对人体健康造成严重危害或者有其他严重情节的，处五年以上十年以下有期徒刑，并处罚金；致人死亡或者有其他特别严重情节的，依照本法第一百四十一条的规定处罚。”

## 69. 销售“地沟油”构成什么犯罪？

### 典型事例

2009年7月至2011年7月，被告人程某某明知柳某某（另案处理）经营的济南博汇生物科技有限公司、济南格林生物能源有限公司生产的油脂是用餐厨废弃油加工而成的，仍向经营销售食用油的河南省郑州市庆丰粮油市场宏大粮油商行业主被告人袁一推销，多次为袁一和柳某某的交易牵线搭桥，从中赚取佣金。袁一明知上述情形，在程某某介绍下，大量购入上述两公司非法加工的油脂，为此支付货款共计人民币300万余元。袁一将其中价值295万余元的油脂灌装后零售给周边的工地食堂、夜排档、油条摊业主，或者加价销往新乡市、三门峡市等地的食用油经销企业，其余价值5万元的油脂售往武陟县智辉化工有限责任公司。

### 法律分析

被告人程某某明知是用餐厨废弃油加工而成的油脂，仍向被告人袁一推销，并利用居间介绍从中牟利；袁一明知程某某推销的是用餐厨废弃油加工而成的油脂，仍大量购入，冒充食用油销售给餐饮经营者、食用油经营企业等，两被告人的销售金某某295万余元，其行为均已构成销售有毒、有害食品罪。两被告人还以假充真、以次充好，将伪劣成品油销售给化工企业，销售金某某5万元，其行为又均已构成销售伪劣产品罪。两被告人犯数罪，依法应并罚。在共同犯罪中，袁一系主犯；程某某系从犯，依法应减轻处罚。袁一、程某某有认罪表现，可以从轻处罚。法院依法判决：被告人袁一犯销售有毒、有害食品罪，判处有期徒刑15年，并处罚金人民币40万元；犯销售伪劣产品罪，判处有期徒刑6个月，并处罚金人民币3万元；决定执行有期徒刑15年，并处罚金人民币43万元。被告人程某某犯销售有毒、有害食品罪，判处有期徒刑8年，并处罚金人民币20万元；犯销售伪劣产品罪，判处有期徒刑6个月，并处罚金人民币3万元；决定执行有期徒刑8年，并处罚金人民币23万元；犯罪所得予以追缴。该判决已发生法律效力。

## 法律依据

《食品安全法》第98条："违反本法规定，构成犯罪的，依法追究刑事责任。"

《刑法》第140条："生产者、销售者在产品中掺杂、掺假，以假充真，以次充好或者以不合格产品冒充合格产品，销售金额五万元以上不满二十万元的，处二年以下有期徒刑或者拘役，并处或者单处销售金额百分之五十以上二倍以下罚金；销售金额二十万元以上不满五十万元的，处二年以上七年以下有期徒刑，并处销售金额百分之五十以上二倍以下罚金；销售金额五十万元以上不满二百万元的，处七年以上有期徒刑，并处销售金额百分之五十以上二倍以下罚金；销售金额二百万元以上的，处十五年有期徒刑或者无期徒刑，并处销售金额百分之五十以上二倍以下罚金或者没收财产。"

《刑法》第144条："在生产、销售的食品中掺入有毒、有害的非食品原料的，或者销售明知掺有有毒、有害的非食品原料的食品的，处五年以下有期徒刑，并处罚金；对人体健康造成严重危害或者有其他严重情节的，处五年以上十年以下有期徒刑，并处罚金；致人死亡或者有其他特别严重情节的，依照本法第一百四十一条的规定处罚。"

## 70. 非法经营"病死猪肉"构成什么犯罪?

### 典型事例

2010年11月起，被告人陈开梅到福建省莆田市收购病死猪，并以每月人民币2000元的报酬雇用被告人张某某将病死猪运输到被告人陈某某租用的猪场，由被告人林彬霞进行屠宰后销售给被告人陈某某，总销售金额达30万余元，违法所得12万元。

陈某某收购病死猪肉后予以销售，销售金额达50万余元，违法所得20万元。其间，其每月以2000元至2500元的报酬雇用被告人李游、陈志辉押车、收账、运输。被告人周勇、吴鸿夫妻从陈某某处购买病死猪肉制成香肠等销售，销售金额达7万余元，违法所得1.5万余元；被告人周建成从陈某某处购买病死猪肉达3万余元并转售；被告人孙滔然从陈某某处购买病死猪排骨并转售，销售金额达7000余元，违法所得1000元。2011年7月25日，警方在陈某某租用的猪场中查获尚未销售的病死猪肉4060斤。经鉴定，送检样品含有猪繁殖与呼吸综合征病毒和猪圆环病毒2型，"挥发性盐基氮"超标。

另查明，被告人陈某某曾因犯生产、销售伪劣产品罪和收购赃物罪，于2008年4月30日被判处有期徒刑11个月，并处罚金人民币8.2万元。

### 法律分析

被告人陈某某低价收购病死猪肉并转售；被告人陈开梅、林彬霞向他人收购病死猪屠宰后销售；被告人李游、陈志辉、张可明知陈某某、陈开梅生产、销售的是国家禁止经营的病死猪肉，仍为其提供运输等帮助，各被告人的行为均已构成生产、销售伪劣产品罪，生产、销售不符合安全标准的食品罪，非法经营罪，应择一重罪处罚；被告人周建成、孙沼然等明知是病死猪肉仍购买，加工后销售或直接销售，构成生产、销售不符合安全标准的食品罪。陈某某、陈开梅、林彬霞系主犯；李游、陈志辉、张可系从犯，应从轻减轻处罚；陈某某系累犯，应从重处罚。

据此，法院依法判决：被告人陈某某犯生产、销售伪劣产品罪，判处有期徒刑 12 年，并处罚金人民币 100 万元；被告人陈开梅犯非法经营罪，判处有期徒刑 10 年，并处罚金人民币 30 万元；被告人林彬霞犯非法经营罪，判处有期徒刑 9 年，并处罚金人民币 26 万元；其余被告人分别以非法经营罪，生产、销售伪劣产品罪，生产、销售不符合安全标准的食品罪被判处 4 年至 1 年不等的有期徒刑，并处罚金。该判决已发生法律效力。

## 法律依据

《食品安全法》第 98 条："违反本法规定，构成犯罪的，依法追究刑事责任。"

《刑法》第 140 条："生产者、销售者在产品中掺杂、掺假，以假充真，以次充好或者以不合格产品冒充合格产品，销售金额五万元以上不满二十万元的，处二年以下有期徒刑或者拘役，并处或者单处销售金额百分之五十以上二倍以下罚金；销售金额二十万元以上不满五十万元的，处二年以上七年以下有期徒刑，并处销售金额百分之五十以上二倍以下罚金；销售金额五十万元以上不满二百万元的，处七年以上有期徒刑，并处销售金额百分之五十以上二倍以下罚金；销售金额二百万元以上的，处十五年有期徒刑或者无期徒刑，并处销售金额百分之五十以上二倍以下罚金或者没收财产。"

《刑法》第 143 条："生产、销售不符合食品安全标准的食品，足以造成严重食物中毒事故或者其他严重食源性疾病的，处三年以下有期徒刑或者拘役，并处罚金；对人体健康造成严重危害或者有其他严重情节的，处三年以上七年以下有期徒刑，并处罚金；后果特别严重的，处七年以上有期徒刑或者无期徒刑，并处罚金或者没收财产。”

《刑法》第225条：“违反国家规定，有下列非法经营行为之一，扰乱市场秩序，情节严重的，处五年以下有期徒刑或者拘役，并处或者单处违法所得一倍以上五倍以下的罚金；情节特别严重的，处五年以上有期徒刑，并处违法所得一倍以上五倍以下的罚金或者没收财产：

（一）未经许可经营法律、行政法规规定的专营、专卖物品或者其他限制买卖的物品的；

（二）买卖进出口许可证、进出口原产地证明以及其他法律、行政法规规定的经营许可证或者批准文件的；

（三）未经国家有关主管部门批准，非法经营证券、期货或者保险业务的；

（四）其他严重扰乱市秩序的非法经营行为。”

# 第二篇 食品安全典型判例

## 1. 侵权责任与食品安全惩罚性赔偿责任竞合时应优先选择适用《食品安全法》的规定

皮旻旻与重庆远东百货有限公司等产品责任纠纷上诉案
（2012）江法民初字第06495号

### 裁判要旨

食品是否符合安全标准是认定食品质量是否合格的依据。因食品质量问题而侵犯消费者权益的纠纷，应优先选择适用《食品安全法》的规定。确认销售者承担10倍赔偿责任，要以其主观明知所销售的食品不符合食品安全标准为前提。

### 案件事实

原告（上诉人）：皮旻旻。

被告（被上诉人）：重庆远东百货有限公司（以下简称远东百货）。

被告（被上诉人）：重庆市武陵山珍绿王食品开发有限公司（以下简称绿王食品公司）。

2012年5月5日，皮旻旻在远东百货购买了由绿王食品公司生产的武陵山珍家宴煲10盒，每盒单价448元，共计支付价款4480元。每盒武陵山珍家宴煲里面有若干独立的预包装食品，分别为松茸、美味牛肝、黄牛肝、香菇片、老人头、茶树菇、青杠菌、球盖菌、东方魔汤料包等。每盒武陵山珍家宴煲产品的外包装上标注了储存方法、配方、食用方法、净含量、产品执行标准、生产许可证、生产日期、保质期以及生产厂家的地址、电话等内容，但东方魔汤料包上没有标示原始配料。绿王食品公司原以 Q/LW7－2007 标准作为企业的生产标准，该标准过期后未能及时对标准进行延续，仍继续在包装上标注 Q/LW7－2007 作为企业的产品生产标准。该企业于 2012 年 9 月向重庆市石柱土家族自治县质量技术监督局提交了企业标准过期的情况说明，于 2012 年 10 月向重庆市卫生局备案后发布了当前使用产品标准 Q/LW0005S－2012。

原告皮旻旻诉称，其在远东百货购买了 10 盒由绿王食品公司生产的武陵山珍家宴煲，支付价款 4480 元。武陵山珍家宴煲中的东方魔汤料包外包装上没有标注调味包的生产标准、规格、含量和成分，因此武陵山珍家宴煲违反了《食品安全法》的规定，是不符合食品安全标准的产品。现原告请求法院按照《重庆市食品安全管理办法》第 67 条的规定，判令远东百货退还原告的货款 4480 元，判令绿王食品公司支付购买价款 5 倍的赔偿金 22 400 元。

被告远东百货辩称，远东百货已经严格按照相关法律规定，对生产企业的资质以及进场销售的产品进行了审查，涉案产品是合格产品。远东百货与原告之间不存在法定或约定的解除买卖合同的事由，故原告要求远东百货退还货款的诉讼请求不应得到支持，请求法院驳回原告的诉讼请求。

被告绿王食品公司辩称，该公司生产的武陵山珍家宴煲是符合国家食品安全标准的食品，家宴烫中的东方魔汤料包（食用菌粉包）不是国家规定的调味包，且加入量小于食品总量的 25%，故不需要在汤料包上标注原始配料。原告并没有因为购买涉案产品而遭受人身、财产等实际损失，其依据《食品安全法》和《重庆市食品安全管理办法》主张 5 倍赔偿金的诉讼请求没有事实依据，请求法院予以驳回。

重庆市江北区人民法院经审理认为，绿王食品公司生产的武陵山珍家宴煲虽然没有证据证明是质量不合格的食品，其也在外包装上标注了储存方法、配方、食用方法、净含量、产品执行标准、生产许可证、生产日期、保质期等，但其中的东方魔汤料包上没有按照《食品安全法》第42条的规定标明成分或原始配料。

《侵权责任法》第47条规定："明知产品存在缺陷仍然生产、销售，造成他人死亡或者健康严重损害的，被侵权人有权请求相应的惩罚性赔偿。"《食品安全法》第96条规定："生产不符合食品安全标准的食品或者销售明知是不符合食品安全标准的食品，消费者除要求赔偿损失外，还可以向生产者或者销售者要求支付价款十倍的赔偿金。"因此，要对生产者或者销售者科以惩罚性的赔偿，应以造成人身、财产损害为前提，但皮旻旻没有出示证据证明涉案产品对其造成了人身和财产损害，故其要求支付价款5倍赔偿金的诉讼请求不予支持。江北法院判决：重庆远东百货有限公司于本判决生效之日起10日内退还皮旻旻：货款4480元；驳回皮旻旻的其他诉讼请求。

宣判后，皮旻旻不服一审判决，提起上诉。

重庆市第一中级人民法院经审理认为，本案存在两个争议焦点：

第一，涉案食品是否存在食品安全及其他问题。经查：①绿王食品公司生产的武陵山珍家宴煲食品，未按卫生部门的通知要求进行食品安全企业标准备案，在其制定的Q/LW7－2007企业标准过期后继续执行该标准，违反食品强制性标准的有关规定；②该食品中东方魔汤料包属预包装食品，该食品预包装的标签上没有标明成分或者配料表以及产品标准代号，不符合《食品安全法》关于预包装食品标签标明事项的有关规定。第二，本案的法律适用及法律责任。《食品安全法》是特别法，本案涉及食品安全问题的处理，应当适用《食品安全法》及相关法律法规之规定。经查，该食品存在食品安全标准、包装方面的问题，该食品的生产销售者应依照有关食品安全等法律法规之规定承担相应的法律责任。《重庆市食品安全管理办法》属于重庆市地方行政规章，在不与法律法规冲突的情况下可参照适用。皮旻旻要求参照该办法第67条之规定，退换食品，并支付价款5倍赔偿金，符合《食品安全法》第96条之规定精神，应予支持。

重庆一中院判决：

一、维持重庆市江北区人民法院（2012）江法民初字第06495号民事判决的第一项；

二、撤销重庆市江北区人民法院（2012）江法民初字第06495号民事判决的第二项；

三、被上诉人重庆市武陵山珍绿王食品开发有限公司于本判决生效之日起10日内一次性支付上诉人皮旻旻赔偿金22 400元。

## 案件评析

《食品安全法》将民间“假一赔十”的做法引人立法，成为该法的最大亮点。该法通过惩罚性10倍赔偿的规定，不仅使《侵权责任法》补偿损害的功能得以实现，更拓展了惩罚性赔偿预防和制裁不法行为的价值追求。惩罚性赔偿实质是均衡不平等主体之间法律地位的制度，区别于民事责任中的损害补偿原则。惩罚本身具有公法性质，易对私权造成损害，故适用时也应慎重考量其适用条件。审判实务中，因对《食品安全法》10倍赔偿相关问题的理解存在分歧，导致对该法条适用不尽统一，厘清10倍赔偿制度的立法精神和适用条件，是妥善处理食品质量纠纷案件所需解决的问题。

### 一、食品是否符合安全标准的认定

食品安全标准是生产者、销售者必须强制执行的规定。生产或销售的食品是否符合安全标准规定，是认定生产者、销售者是否存在加害行为的关键性因素，也是适用《食品安全法》10倍赔偿的前提。

（一）认定食品是否符合安全标准的方式

食品安全标准是判断食品质量的依据，具体包括国家标准、地方标准、行业标准等，食品安全标准应是现行有效的标准。目前因国家统一的食品安全标准尚未制定，食品安全标准主要体现为各类法律法规等相关规范当中。《食品安全法》第22条对食品生产、销售所需符合的标准专门做了规定。审判实务中，审查食品是否符合安全标准，一般有两种方式。

第一种方式是直接审查。对于依据感观或基本常识就可判断是否符合安全标准的食品，法院在审理过程中可依据相关法律法规确定的食品安全标准直接对食品质量做出认定。如过期食品、未按要求标示成分的预包装食品等。本案对东方魔汤料包的认定即属于此种情况，该食品作为预包装食品，未按照《食品安全法》的要求在预包装食品标签上注明食品的成分和配料，通过审查食品的外包装即可认定该食品不符合安全标准。

第二种方式是专业鉴定。在需要对食品成分、添加物质等是否符合安全标准鉴别的情况下，仅依据外观难以做出判断，而要借助专业知识和技术进行认定。如保健品添加成分、假酒的认定等。对此类情况，法院通常是委托可进行食品质量鉴定的机构进行专业鉴定，将鉴定结论作为认定事实的依据。

（二）食品质量问题举证责任的分配

食品质量的认定涉及举证责任分配，食品安全法并未规定，导致司法实践中做法不统一，由被告或原告承担举证责任的情况均存在，也有原告向行政机关举报、由行政机关进行认定的方式。

笔者认为，对于食品是否符合安全标准的举证责任可由食品生产者、销售者承担，即实行举证责任倒置。首先，从立法精神考虑，《食品安全法》具有经济法属性，其设立10倍赔偿制度旨在维护公共利益与个体利益的平衡，防止生产者、销售者一味追求利益最大化而损害社会公共利益，从而倾向于对处于弱势的消费者给予更多保护。其次，从现实角度考虑，有关食品是否符合安全标准的材料多由生产者、销售者所掌握，消费者难以收集。如将举证责任分配给消费者，无疑加剧了消费者举证难度，使消费者维权之路更加艰难，也难以对生产者、销售者形成有效的约束和规制。

## 二、《食品安全法》与《侵权责任法》的竞合与适用

虽然《民法通则》将补偿性赔偿责任作为民事责任的基本形式，旨在通过填平受害人损失以实现权利救济目的，但随着社会经济的日益发展，侵权行为表现方式日趋多样化，补偿性赔偿责任在某些侵权领域已难以实现平衡社会不同主体利益的功能。而惩罚性赔偿在平衡社会公共利益与个人利益、实现公平方面填补了补偿性赔偿责任的不足，作用日益凸显，其基本精神也已被部分法律和司法解释所吸收，如《侵权责任法》第 47 条、《食品安全法》第 96 条第 2 款就明确规定了在产品存在质量问题的情况下，被侵权人有权主张惩罚性赔偿。

### (一)《侵权责任法》第 47 条与《食品安全法》第 96 条第 2 款之比较

《侵权责任法》第 47 条与《食品安全法》第 96 条第 2 款虽然都规定了惩罚性赔偿，但二者在适用上仍有所区别。

1. 适用范围不同。《侵权责任法》第 47 条规定的惩罚性赔偿适用范围是产品。产品是指生产者通过一定生产程序制造出来的可供人们使用或消费的物品，已经生产出来和已经成为商品是产品的两个基本特征。内容上包括食品、药品、农副产品、化妆品等消费类产品，以及啤酒瓶、热水器、轮胎等工业类产品。《食品安全法》第 96 条的适用对象特指食品，以及食品添加剂、用于食品的包装材料、容器、洗涤剂、消毒剂和相关产品等，其概念的

外延小于产品。

2. 归责原则不同。《侵权责任法》第 47 条以过错为原则，即要以生产者、销售者主观上存在过错为要件，责任要求较高。而《食品安全法》第 96 条第 2 款所适用的归责原则因适用对象不同而有所区分。对生产者而言，采用的是无过错责任原则，即主观上不要求以明知为要件，只要生产者有生产不符合安全标准食品的行为，即应当承担惩罚性赔偿责任。对销售者而言，采用的是过错责任原则，即销售者须明知其销售的是不符合安全标准的食品。

3. 是否以损害后果为要件不同。《侵权责任法》第 47 条要以造成他人死亡或者健康严重损害为适用惩罚性赔偿的条件，即在生产者或销售者的加害行为造成了被侵权人实际损害的情况下，被侵权人才有权请求相应的惩罚性赔偿。《食品安全法》第 96 条第 2 款规定的惩罚性赔偿责任，其适用是否需以损害后果为要件，在理论研究和司法事务中一直存有争议。根据《食品安全法》的立法目的，适用 10 倍赔偿条款不以实际损害后果产生为要件，即只要食品生产销售者有违法行为，消费者就可主张 10 倍赔偿。

（二）《侵权责任法》第 47 条与食品安全法第 96 条第 2 款竞合情况下的选择适用

近年来，因食品安全引发的纠纷日益增多，生产者、销售者制造或销售不符合安全标准食品的行为，同时符合《侵权责任法》和《食品安全法》关于责任承担的规定。此类纠纷应纳入产品的范畴适用《侵权责任法》，还是由《食品安全法》调整？对此审判实务中一直存在分歧。本案也存在同样的困惑，一审法院依据《侵权责任法》第 47 条作出裁判，二审法院则认为应按照《食品安全法》第 96 条确定责任更为恰当。

因食品不符合安全标准引发纠纷，导致法律适用竞合的情况下，笔者认为应优先适用《食品安全法》。理由是：首先，从法律适用的基本原则考虑，《侵权责任法》和《食品安全法》属于同一位阶法律，针对食品领域的质量纠纷，《侵权责任法》属一般规定，《食品安全法》是特别法。按照“特别法优于一般法”的法律冲突适用原则，对有关食品安全的监管和生产者、销售者法律责任的认定，应首先适用《食品安全法》。该法没有规定的，可适用《产品质量法》和《侵权责任法》的相关规定。其次，从法律适用的社会效果考虑，适用《侵权责任法》主张惩罚性赔偿需以损害后果发生为要件，并要求生产者、销售者主观上明知，且法律未对赔偿数额作出规定，实践中一般根据案件具体情况由法官自由裁量，以上诸多限制无疑增加了消费者举证和索赔难度。依据《食品安全法》主张10倍赔偿，对于生产者和销售者适用不同的归责原则，且不要求必须产生损害后果，赔偿比例也是明确的，更有利于消费者维权索赔。

（三）地方性规章的理解与适用

本案在法律适用方面还存在地方行政规章适用的问题，即原告认为本案应依据《食品安全法》审理，但在赔偿责任的主张上，原告则要求按照《重庆市食品安全管理办法》（以下简称《管理办法》）退换食品，并支付价款5倍的赔偿金。

《管理办法》是按照《食品安全法》规定，结合地方实际需要制定的地方行政规章。该《管理办法》第67条规定，消费者购买的食品不符合食品生产安全标准的，可以要求食品生产销售者退换、赔偿损失，并支付价款5倍的赔偿金。虽然《管理办法》将《食品安全法》规定的10倍赔偿降低为5倍，且未明确要求销售者主观上明知，但其规定并不违反《食品安全法》的立法精神。按照地方性规章在不违反法律法规的情况下，在案件裁判时可参照适用的原则，本案在赔偿责任的确定上可参照《管理办法》的规定。原告主张依据《管理办法》降低生产者支付赔偿金的比例，属于民事主体对自己实体权利作出的处分，故法院支持了原告的主张。

## 三、关于销售者明知的理解

《食品安全法》10倍赔偿在具体适用中的另一难点在于如何判断销售者明知其销售的食品不符合食品安全标准。

### （一）关于明知的认定

10倍赔偿对销售者适用的是过错责任原则，即要求销售者主观上明知其销售的食品不符合安全标准。明知具体包括故意和过失两种情形。销售者明知的心态系其主观意志，实践中难以判断。但意志可通过行为人的外部活动表现出来，故可以将行为人的行为与法律为其设定的义务进行比较，借此推断其是否违法。

《食品安全法》对销售者的义务做了具体规定，要求食品销售者应当建立食品进货查验记录制度，审验供货商的经营资格，验明产品的合格证明和产品标识，如实记录食品的名称、规格、数量、生产批号、保质期、供货者名称及联系方式、进货日期等内容，审查食品来源渠道等与食品安全相关的事项。立法通过设定审查义务，旨在督促销售者加强对所经营食品的安全管理，严格食品卫生质量控制，确保所经营的食品符合安全标准要求。

因此，通过审查销售者进货检验记录制度，可从客观方面判断其是否履行了法律法规设定的注意义务和审查职责。如其违反了相关法律法规设定的审查义务，导致不符合安全标准的食品进入流通渠道，则可推定其明知销售的食品不符合食品安全标准。关于认定明知应采取较严格还是相对宽松的标准，笔者认为，基于食品销售者对保障食品安全的地位和作用考虑，尽管立法以过错作为归责原则，但对其是否尽到注意义务，还是应参照对生产者的要求，采取较严格的尺度进行评价。

### （二）关于明知的举证责任

关于销售者是否明知的举证责任，实践中主要有两种观点。

第一种观点认为，食品质量纠纷属于民事争议，应按照“谁主张、谁举证”的一般原则分配证明责任。如消费者认为销售的食品不符合安全标准，则消费者应对销售者主观上存在明知承担举证责任。第二种观点认为，消费者较之生产者和销售者而言处于弱势地位，故证明销售者主观明知的举证责任应由销售者承担，即采取举证责任倒置，销售者应对其销售的食品符合安全标准加以证明，如不能证明则需承担相应赔偿责任。

笔者认为，关于销售者明知的举证责任分配可采取折中做法，即先由销售者证明自己销售的食品符合相关安全标准规定。如消费者认为销售者举示的证据与事实不符，则举证责任转由消费者承担。

首先，食品销售者作为理性经济人参与市场经营活动，其必然以利益最大化为目的。审判实务中，消费者因购买的食品不符合安全标准而向销售者主张 10 倍赔偿，销售者通常会以其不知所售食品不符合安全标准为由进行抗辩。而消费者无论是从人力还是财力角度考虑，与销售者相比都处于弱势地位，举证证明销售者主观上存在明知的责任完全由消费者承担，不仅难度较大，且不利于鼓励消费者维权。

其次，基于惩罚性赔偿已突破了一般民事赔偿责任，其适用具有严厉性，故在适用时也应适当限制，既要综合考虑消费者举证证明销售者明知的难度，也应考虑在举证责任分配上体现公平原则，将销售者是否明知的举证责任主要分配给销售者。如消费者认为销售者举示的证据与事实不符，则针对有争议部分，由消费者承担相应的举证责任。这一做法既可化解消费者举证难的困境，也有助于实现举证责任的公平分配和法益保护的平衡。

## 2. 《食品安全法》中10倍赔偿的归责原则和构成要件的确定

李某与华润万家有限公司产品质量损害赔偿纠纷上诉案

（2010）深罗法民一初字第972号

### 裁判要旨

原告依据《食品安全法》第96条请求10倍赔偿，应当举证证明被告存在生产不符合食品安全标准的食品或者销售明知是不符合食品安全标准的食品的违法行为，以及损害事实、原告所受损害与被告违法行为的因果关系。如果确有证据证明原告是作为职业打假人故意造成损害以谋取10倍赔偿利益，则对其10倍赔偿请求应不予支持。

### 案件事实

原告：李某。

被告：华润万家有限公司。

2010年5月22日，原告李某去被告华润万家有限公司购买简约组合珍珠花菇（300克）16包，每包单价37.49元，共计631.84元；简约组合北海鱿鱼（280克）9包，每包单价35.29元，共计317.61元。购买食品后，原告认为被告销售的食品不符合《预包装食品标签通则》的有关规定，存在诸多食品安全问题，遂起诉至深圳市罗湖区人民法院，要求被告赔偿损失，并承担10倍赔偿责任。

经查明，原告在2010年5月至6月期间先后在被告处数十次购买同类食品，并以相同或相似的理由分别向有关人民法院提起诉讼。原告在部分案件中没有提交任何医药费单据；在部分案件中提交的医药费单据相同，提出的医药费赔偿请求相同；在个别案件中提交的医药费单据与其提出的医药费损失数额无法对应。

广东省深圳市罗湖区人民法院经审理认为，本案为产品质量损害赔偿纠纷。根据法律规定，当事人对自己提出的主张，有责任提供证据证实。原告应证明被告销售的产品已对其造成损害，但原告并未就该主张进行举证，故对原告的诉求，不予支持。依据《民事诉讼法》第64条第1款、第128条之规定，判决驳回原告的诉讼请求。

宣判后，原告李某不服一审判决，向深圳市中级人民法院提起上诉，请求：①判令被上诉人返还上诉人货款949.45元；②判令被上诉人支付赔偿金9494.50元；③判令被上诉人支付医药费277.70元；④判令被上诉人支付误工费300元（含冲洗相片、打印、复印费共计96元）；⑤判令被上诉人支付交通费42元；⑥判令一、二审诉讼费由被上诉人承担。其主要理由为：标签标识标准，即GB7718－2004《预包装食品标签通则》是食品安全国家标准之一，食品生产经营者应当按照该标准生产经营食品。如果食品生产经营者没有按照GB7718－2004《预包装食品标签通则》之规定生产经营食品，那么生产经营的食品就是不符合食品安全标准的食品。被告上述食品标签上没有生产者联系方式、生产许可证编号、产品质量检验合格证明等《预包装食品标签通则》规定之内容。原告食用上述食品后感觉肚子不舒服，并伴有腹泻症状，故依据《食品安全法》第96条之规定应获得相应赔偿。

广东省深圳市中级人民法院经审理认为，本案为产品质量损害赔偿纠纷。上诉人请求被上诉人赔偿损失并支付价款10倍的赔偿金，应当举证证明被上诉人存在生产不符合食品安全标准的食品或者销售明知是不符合食品安全标准的食品的违法行为，以及损害事实、损害与违法行为的因果关系。上诉人主张其食用诉争食品后感觉肚子不舒服，并伴有腹泻症状，但其既未提供任何证据证明存在上述损害事实，亦无任何证据证明其所受损害与被上诉人的行为具有因果关系，故上诉人对此应当承担举证不能的不利后果。

此外，上诉人在2010年5月至6月期间先后在被上诉人处数十次购买同类食品，并称其每样食品都吃过，每样食品吃过后都感觉肚子不舒服，并伴有腹泻症状。上诉人此举明显与正常的消费、食用行为相悖。上诉人在多个同类案件中依据相同的医药费单据，提出重复的医药费赔偿请求，明显具有以此牟利的意图。而《食品安全法》第96条的立法目的显然不是鼓励消费者通过保护自身民事权利来索取高额赔偿。综上所述，上诉人关于被上诉人应当对其赔偿损失并支付10倍赔偿金的上诉请求，不能成立。依据《民事诉讼法》第153条第1款第1项之规定，判决：驳回上诉，维持原判。

## 案件评析

人们常说："国以民为本，民以食为天，食以安为重。"为了保证食品安全，保障公众身体健康和生命安全，全国人大常委会2009年2月28日审议通过了《食品安全法》。该法第96条第2款首次在我国食品安全领域确立了惩罚性赔偿制度，将民间"假一赔十"的做法正式引入法律。应该说，《食品安全法》第96条第2款规定的10倍赔偿制度，对于保证食品安全，威慑不良商家，无疑具有非常重要的正面意义。但是，由于10倍赔偿使得消费者可以得到远远高于其实际损失的赔偿，这就有可能浇灌滋生道德风险的土壤，为某些心术不正的消费者通过欺诈手段骗取高额赔偿提供诱因，甚至引发滥诉，浪费司法资源。因此，正确适用《食品安全法》第96条第2款规定，对于真正实现《食品安全法》的立法目的至关重要。

## 一、案由确定

民事案件案由是民事诉讼案件的名称，反映案件所涉及的民事法律关系的性质，是人民法院将诉讼争议所包含的法律关系进行的概括。正确确定案由直接决定了人民法院能否准确确定案件诉讼争议点和正确适用法律。

目前，对于被侵权人依据《食品安全法》第 96 条第 2 款主张 10 倍赔偿的案件，司法实践中所确立的案由较为混乱。有的确定为买卖合同纠纷，有的确定为消费者权益纠纷，亦有的确定为产品责任纠纷或者损害赔偿纠纷。正所谓“名不正，则言不顺”。如果不能正确确定案由，就很难厘清此类案件的法律关系，更谈不上准确理解适用法律。笔者以为，因食品安全问题产生的民事责任本质上属于产品责任，而 2009 年《侵权责任法》明确将产品责任作为一种特殊侵权类型纳入侵权法的调整范围。因此，根据最高人民法院《民事案件案由规定》，被侵权人依据《食品安全法》第 96 条第 2 款规定主张十倍赔偿案件的案由应当统一确定为产品质量损害赔偿纠纷。

## 二、归责原则

所谓归责原则，是指确定侵权人承担侵权损害赔偿责任的一般准则，它是确定行为人侵权民事责任的根据和标准，也是对侵权法规范起着统率作用的立法指导方针。因此，若要准确理解《食品安全法》第 96 条第 2 款规定的立法要旨，必须首先明确其所确立的归责原则。

《食品安全法》第 96 条第 2 款规定：“生产不符合食品安全标准的食品或者销售明知是不符合食品安全标准的食品，消费者除要求赔偿损失外，还可以向生产者或者销售者要求支付价款十倍的赔偿金。”从文义上不难看出，《食品安全法》第 96 条第 2 款采用的是无过错责任和过错责任并存的立法体例。即食品生产者对问题食品致害承担无过错责任；食品销售者对于问题食品致害承担过错责任。其中，食品生产者的无过错责任，是指不以食品生产者的主观过错而以食品生产者行为的客观结果为基础追究其 10 倍赔偿责任的原则；食品销售者的过错责任，是指以食品销售者的主观过错作为追究其十倍赔偿责任的原则。需要注意的是，《侵权责任法》第 47 条对一般性缺陷产品致人损害的惩罚性赔偿制度，所采用的归责原则均为过错责任原则。亦即，无论对于产品生产者还是产品销售者，其承担惩罚性赔偿的基础均为存在主观过错。由此可见，我国食品安全领域的惩罚性赔偿制度，与一般产品侵权的惩罚性赔偿制度还是存在细微差别，其对于食品生产者的要求较之一般产品生产者更高一些。

## 三、构成要件

在社会经济生活中，由于资源的稀缺性，人们从事的许多活动都可能影响到其他人的利益。为了鼓励大家适当宽容，防止人们动辄得咎，各国侵权法都对侵权责任的成立设定了一定的构成要件，特别是对惩罚性赔偿责任的构成要件相对更为严格。同样，依据《食品安全法》第 96 条第 2 款的规定主张 10 倍赔偿，亦须满足一定的构成要件。

### （一）加害行为要件

根据《食品安全法》第 96 条第 2 款的规定，要求食品生产者、销售者承担 10 倍赔偿责任，必须首先证明食品生产者、销售者实施了加害行为，亦即食品生产者生产了不符合食品安全标准的食品或者食品销售者销售了不符合食品安全标准的食品。例如：生产者生产加工添加了非食品用化学物质的食品，或者经营者从无任何证照的黑加工点采购了劣质食品进行销售。

加害行为要件的认定难点在于如何确定是否符合食品安全标准。根据《食品安全法》第21条、第22条的规定，食品安全国家标准由国务院卫生行政部门负责制定、公布。食品安全国家标准公布前，食品生产经营者应当按照现行食用农产品质量安全标准、食品卫生标准、食品质量标准和有关食品的行业标准生产经营食品。由于目前国务院卫生行政部门尚未制定食品安全的国家标准，而现行国家、地区、行业的食品安全标准亦较为混乱，因此，在司法实践当中，对于是否符合食品安全标准存在较大争议的案件，可以通过司法鉴定予以确认。

（二）主观过错要件

如前所述，《食品安全法》第96条第2款规定对于食品生产者采取无过错责任原则，对于食品销售者采取过错责任原则。因此，当被告为食品生产者时，被侵权人无须举证证明食品生产者具有主观过错。但当被告为食品销售者时，被侵权人必须举证证明食品销售者明知其销售的是不符合食品安全标准的食品。

由于明知是销售者的一种主观心理状态，实际上很难加以证明，因此，司法实践中对此一般均采取客观判断标准，亦即审查判断销售者是否履行了通常销售者的合理注意义务。比如销售者是否存在应当查验相关手续而没有查验的情形、销售者是否达到保存食品的必要条件等等。如果销售者没有履行合理注意义务，即可认定其具有主观过错。

（三）损害后果要件

损害后果要件是《食品安全法》10倍赔偿责任问题争议较大的一个构成要件。一种观点认为，《食品安全法》第96条第2款规定的构成要件仅为生产不符合食品安全标准的食品或者销售明知是不符合食品安全标准的食品，并未明确要求损害后果要件。据此，依据《食品安全法》第96条第2款的规定承担10倍赔偿责任，无须满足损害后果要件。另一种观点则认为，根据《侵权责任法》的基本原理，存在损害后果是承担任何侵权损害赔偿责任的必要条件。由此，依据《食品安全法》第 96 条第 2 款的规定承担 10 倍赔偿责任，必需满足损害后果要件。

对此，笔者赞同第二种观点。主要理由是：《食品安全法》第 96 条实际上包含了两款内容，其第 1 款规定："违反本法规定，造成人身、财产或者其他损害的，依法承担赔偿责任。"第 2 款规定："生产不符合食品安全标准的食品或者销售明知是不符合食品安全标准的食品，消费者除要求赔偿损失外，还可以向生产者或者销售者要求支付价款十倍的赔偿金。"从上述两款的文义表述和体系结构上看，该两款内容明显存在递进关系，即在满足该条第 1 款规定的构成要件之外，如果被侵权人还能举证证明食品生产者、销售者存在该条第 2 款规定的情形时，食品生产者、销售者才承担 10 倍赔偿责任。而《食品安全法》第 96 条第 1 款规定显然包含了损害后果要件。因此，存在损害后果应作为食品安全法 10 倍赔偿责任的构成要件。

（四）因果关系要件

与损害后果要件相似，对于依据《食品安全法》第 96 条第 2 款规定主张 10 倍赔偿责任，是否需要存在因果关系要件，同样存在两种观点。一种观点认为，《食品安全法》第 96 条第 2 款规定的构成要件仅为生产不符合食品安全标准的食品或者销售明知是不符合食品安全标准的食品，并未明确要求因果关系要件。因此，依据《食品安全法》第 96 条第 2 款规定承担 10 倍赔偿责任，无须满足因果关系要件。另一种观点则认为，根据《侵权责任法》的基本原理，存在因果关系是承担任何侵权损害赔偿责任的必要条件。因此，依据《食品安全法》第 96 条第 2 款规定承担 10 倍赔偿责任，必须满足损害后果要件。

对此，笔者同样赞同第二种观点，具体理由与损害后果要件的分析相同。

需要注意的是，对于因果关系要件，有些案件可能一目了然，比如生产毒奶粉与婴儿食用后死亡；销售超过保质期的食品与消费者食用后产生腹泻等等。但在现实生活中也存在一些较难判断的情形，比如根据《食品安全法》第 20 条规定，食品生产者对于食品安全和营养有关的标签、标识未达到规定要求的，亦属于生产不符合食品安全标准的食品，但其生产的食品可能实际上对人体健康并不会造成任何急性、亚急性或者慢性危害。因此，对于此种情形是否满足因果关系要件，往往要通过司法鉴定予以认定。

## 四、免责事由

虽然《食品安全法》对食品生产者、销售者承担 10 倍赔偿责任的免责事由没有作出规定，但并不意味着食品生产者、销售者不能依据其他法律规范主张免责。

如前所述，《侵权责任法》与《食品安全法》属于一般法与特别法的关系，但是根据《侵权责任法》第 5 条规定，只有其他法律对侵权责任另有特别规定的，才依照其规定。因此，在《食品安全法》对于免责事由没有作出规定时，可以适用《侵权责任法》的一般规定。

《侵权责任法》第 27 条规定："损害是因受害人故意造成的，行为人不承担责任。"因此，如果确有证据表明，职业打假人故意造成损害以期谋取 10 倍赔偿利益的，人民法院亦可根据《侵权责任法》第 27 条的规定将此作为行为人的免责事由，以避免诱发道德风险，引发滥诉。

## 3. 食品生产者在食品标签、食品说明书上特别强调添加、含有一种或多种有价值、有特性的配料、成分，但未标示所强调配料、成分的添加量或含量的，行政机关有权依法对其作出行政处罚

盐城市奥康食品有限公司东台分公司诉盐城市东台工商行政管理局食品安全行政处罚案

### 裁判要旨

依据《食品安全法》第20条第4项的规定，食品安全标准应当包括对与食品安全、营养有关的标签、标识、说明书的要求。因此，与食品安全、营养有关的标签内容和具体要求是食品安全标准之一。GB7718－2004《预包装食品标签通则》规定："如果在食品标签或食品说明书上特别强调添加了某种或数种有价值、有特性的配料，应标示所强调配料的添加量。"由此可知，食品生产者在食品标签、食品说明书上特别强调添加、含有一种或多种有价值、有特性的配料、成分，但未标示所强调配料、成分的添加量或含量的，违反了上述之规定，行政机关可依法对其作出行政处罚。

### 案件事实

原告：盐城市奥康食品有限公司东台分公司。

法定代表人：王雷，该分公司总经理。

被告：盐城市东台工商行政管理局。

法定代表人：张六奇，该局局长。

原告盐城市奥康食品有限公司东台分公司（以下简称奥康公司）不服被告盐城市东台工商行政管理局（以下简称东台工商局）作出的东工商案字［2012］第298号行政处罚决定书（以下简称处罚决定书），向东台市人民法院提起诉讼。

原告奥康公司诉称：①该处罚决定书认定事实错误。原告经营的金龙鱼牌橄榄原香食用调和油标签上的“橄榄原香”是对产品物理属性的客观描述，并非对橄榄油这一配料的强调；橄榄油是普通的食用油配料，不是有价值、有特性的配料，不需要标明含量或添加量。被告东台工商局认定原告经营金龙鱼牌橄榄原香食用调和油标签上特别强调有价值、有特性的配料，是错误的。②被告执法程序错误。产品是否符合标准应以检验数据为准，被告未正式检测即对原告作出处罚，程序违法。③该处罚决定书适用法律错误。本案应适用《食品安全法》规定国务院卫生行政部门颁布的食品安全国家标准，而被告适用的GB7718－2004《预包装食品标签通则》并不是食品安全国家标准。综上，请求判决撤销该处罚决定书。

被告东台工商局辩称：①我局认定事实正确。原告奥康公司销售给东台市国贸千家惠超市（以下简称千家惠超市）金龙鱼牌橄榄原香食用调和油标签正面突出“橄榄”二字，配有橄榄图形，吊牌写明“添加了来自意大利的100%特级初榨橄榄油”，但未注明添加量，这就属于食品标签上特别强调添加某种有价值、有特性配料而未标示添加量的情形。②我局处罚程序合法。产品质量问题需要通过技术检验确定，而食品标签的标注内容一目了然，无须检测。③我局适用法律准确。GB7718－2004《预包装食品标签通则》作为食品标签强制性标准，在《食品安全法》生效后，即视为食品安全标准之一，直至被GB7718－2011《预包装食品标签通则》替代。因此，我局作出的处罚决定并无不当，请求法院判决予以维持。

东台市人民法院一审查明：

2011 年 9 月 1 日至 2012 年 2 月 29 日，原告奥康公司购进净含量 5 升的金龙鱼牌橄榄原香食用调和油 290 瓶，加价销售给千家惠超市，原告获得销售收入 34 800 元，净利润 2836.9 元。

2012 年 2 月 21 日，被告东台工商局行政执法人员在千家惠超市检查时，发现上述金龙鱼牌橄榄原香食用调和油未标示橄榄油的添加量。

另查明，上述金龙鱼牌橄榄原香食用调和油名称为“橄榄原香食用调和油”，其标签上有“橄榄”二字，配有橄榄图形，标签侧面标示“配料：菜籽油、大豆油、橄榄油”等内容。吊牌上有文字描述：“金龙鱼橄榄原香食用调和油，添加了来自意大利的 100% 特级初榨橄榄油，洋溢着淡淡的橄榄果清香。除富含多种维生素、单不饱和脂肪酸等健康物质外，其橄榄原生精华含有多本酚等天然抗氧化成分，满足自然健康的高品质生活追求。”

被告东台工商局于 2012 年 2 月 27 日立案调查，并于 5 月 9 日向原告奥康公司送达东工商经听告字［2012］91503 号行政处罚听证告知书。原告在法定期限内未提出陈述和申辩，也未要求举行听证。5 月 15 日被告向原告送达东工商案字［2012］第 298 号行政处罚决定书，认定原告经营标签不符合《食品安全法》规定的食品，作出责令改正、没收违法所得 2836.9 元和罚款 57 163.1 元，合计罚没款 60 000 元的行政处罚。原告不服，申请行政复议，盐城工商局复议维持该处罚决定。

## 案件评析

本案的争议焦点是：①处罚决定认定的事实是否成立，原告奥康公司经营的金龙鱼牌橄榄原香食用调和油标签上是否特别强调了有价值、有特性的配料，该标签应否标示橄榄油的添加量；②被告东台工商局处罚决定的程序是否合法，是否需要对涉案标签进行技术检验；③处罚决定适用法律是否正确。

2005 年 10 月 1 日开始实施的 GB7718－2004《预包装食品标签通则》规定，预包装食品是经预先定量包装，或装入（灌入）容器中，向消费者直接提供的食品；食品标签是食品包装上的文字、图形、符号及一切说明物。因此，原告奥康公司经营的金龙鱼牌橄榄原香食用调和油属于预包装食品，其标签属于预包装食品标签。

GB7718－2004《预包装食品标签通则》规定："预包装食品标签的所有内容，不得以虚假、使消费者误解或欺骗性的文字、图形等方式介绍食品；也不得利用字号大小或色差误导消费者。""如果在食品标签或食品说明书上特别强调添加了某种或数种有价值、有特性的配料，应标示所强调配料的添加量。"这里所指的"强调"，是特别着重或着重提出，一般意义上，通过名称、色差、字体不同、字号大小、图形、排列顺序、文字说明、同一内容反复出现或多个内容都指向同一主体等均可理解为对某事物的强调。"有价值、有特性的配料"，是指对人体有较高的营养作用，配料本身不同于一般配料的特殊配料。通常理解，此种配料的市场价格或营养成分应高于其他配料。

本案中，原告奥康公司认为"橄榄原香"是对产品物理属性的客观描述，并非对某种配料的强调，但从原告销售的金龙鱼牌橄榄原香食用调和油的外包装来看，其标签上以图形、字体、文字说明等方式突出了"橄榄"二字，强调了该食用调和油添加了橄榄油的配料，且在吊牌（食品标签的组成部分）上有"添加了来自意大利的 100% 特级初榨橄榄油"等文字叙述，易造成消费者在购买此种食用调和油时的误解。"有价值、有特性"是建立在一般认知基础上的常识性判断，在满足"特别强调"的前提下，只要具备"有价值"或"有特性"其中一点就应当进行定量标示。一般来说，橄榄油的市场价格或营养作用均高于一般的大豆油、菜籽油等，因此，如在食用调和油中添加了橄榄油，可以认定橄榄油是“有价值、有特性的配料”。因此，被告东台工商局认定原告销售的金龙鱼牌橄榄原香食用调和油，属于特别强调添加某种有价值、有特性配料（橄榄油）的情形，应当标示橄榄油的添加量，此事实能够成立。

《食品安全法》第 60 条第 3 款规定县级以上工商等部门在执法工作中需要对食品进行检验的，应当委托食品检验机构进行。据此，工商部门在具体执法过程中可以根据需要对食品进行检验。本案原告销售的金龙鱼牌橄榄原香食用调和油标签上强调添加橄榄油配料而未标示添加量，可通过正常的视觉和认知加以判断，因而无须委托检验机构进行检测。被告未委托检测，并不违法。

《食品安全法》第 20 条第 4 项规定，食品安全标准应当包括对与食品安全、营养有关的标签、标识、说明书的要求。第 22 条规定，本法规定的食品安全国家标准公布前，食品生产经营者应当按照现行食用农产品质量安全标准、食品卫生标准、食品质量标准和有关食品的行业标准生产经营食品。全国人大法工委 2010 年 3 月 19 日在《对国家质检总局关于商请明确食品安全标准有关法律适用问题的函的意见》中指出，在食品安全国家标准未公布以前，对生产经营不符合现行食用农产品质量安全标准、食品卫生标准、食品质量标准和有关食品行业标准的食品违法行为进行查处，适用《食品安全法》的有关规定。GB7718 - 2004《预包装食品标签通则》是 2005 年 10 月 1 日实施，《食品安全法》于 2009 年 6 月 1 日实施，新版的 GB7718 - 2011《预包装食品标签通则》于 2012 年 4 月 20 日实施。本案原告奥康公司违法行为发生在 2011 年 9 月至 2012 年 2 月，GB7718 - 2004《预包装食品标签通则》属于当时的食品安全国家标准之一。因此，被告东台工商局适用 GB7718 - 2004《预包装食品标签通则》对原告作出行政处罚，并无不当。

据此，东台市人民法院依照《食品安全法》第 42 条第 1 款第 9 项、第 86 条第 2 项和《行政诉讼法》第 54 条第 1 项之规定，于 2012 年 12 月 15 日作出判决：维持被告东台工商局作出的东工商案字［2012］第 298 号行政处罚决定书。

## 4. 生产、销售不符合安全标准的食品罪中对人体健康造成严重危害的认定

### 张某某生产、销售不符合安全标准的食品案
### （2011）奉刑初字第755号

**裁判要旨**

生产、销售不符合卫生标准的食品，如果造成多人中毒，可根据中毒人数的多少、程度的轻重、不符合卫生标准的程度等，适用不同的量刑幅度。

**案件事实**

公诉机关：上海市奉贤区人民检察院。

被告人（上诉人）：张某某，系无证个体商贩。

自2010年3月起，被告人张某某在未经工商登记和未取得食品卫生许可的情况下，在其位于上海市奉贤区金汇镇金星村继光1209号的暂住处内，无证从事生鸡肉串生产加工活动，销售后从中获利。其间，被告人张某某在明知作为食品添加剂的亚硝酸钠须限量使用（最大使用量为0.15g/kg）的情况下，仍在生鸡肉串制作过程中过量添加亚硝酸钠，后多次销售给个体商贩许海萍（另案处理）。

2011年3月8日，许海萍在上海市奉贤区金汇镇西街农贸市场外，将从被告人张某某处购买的生鸡肉串炸熟后出售，4名儿童食用后出现亚硝酸盐（主要成分系亚硝酸钠）中毒症状并住院治疗。后经上海市食品药品检验所检测鉴定，从被告人张某某及许海

萍处查扣的生鸡肉串中亚硝酸盐含量检验结果分别为9940mg/kg、12280mg/kg（国家标准限量以亚硝酸钠计，为残留量≤30mg/kg），属严重超标。

公诉机关认为，被告人张某某未经卫生许可且明知不符合安全标准，仍生产、销售食品，致使多名儿童食物中毒，对人体健康造成严重危害，其行为已触犯《刑法》第143条、第12条，应当以生产、销售不符合安全标准的食品罪追究刑事责任。对人体健康造成严重危害的，应当处以3年以上7年以下有期徒刑。

被告人张某某的辩护人对起诉指控的罪名及适用法律均有异议。辩护人认为被告人张某某的犯罪行为系在《刑法修正案(八)》施行之前实施，根据从旧兼从轻原则，对被告人张某某应适用1997年《刑法》第143条规定的生产、销售不符合卫生标准的食品罪定罪处罚。辩护人另提出被告人张某某的行为不属于对人体健康造成严重危害的情况，建议判处3年以下有期徒刑或者拘役。

一审法院经审理认为：被告人张某某未经工商登记和卫生许可，无证生产、销售食品，且在明知添加剂亚硝酸钠须按标准限量使用的情况下，为牟取更多利益，仍在生产食品中过量使用亚硝酸钠，并予以销售，致使多名儿童食用后中毒，其行为构成生产、销售不符合卫生标准的食品罪。公诉机关指控被告人张某某犯罪的事实清楚、证据确实充分，但本案发生在《刑法修正案(八)》施行前，根据刑法从旧兼从轻的原则，应当适用修正前的刑法对被告人定罪处罚，故公诉机关指控的罪名有误。被告人张某某的辩护人提出的对被告人张某某应当以生产、销售不符合卫生标准的食品罪定罪处罚的辩护意见，具有法律依据，予以采纳。关于辩护人提出的被告人张某某的行为不属于对人体健康造成严重危害的情况，建议判处3年以下有期徒刑或者拘役的辩护意见，一审法院认为被告人张某某的行为已造成4名儿童中毒住院治疗的后果，属于对人体健康造成严重危害的情形，对被告人张某某应当在3年以上7年以下有期徒刑的幅度内量刑，故对辩护人的上述意见不予采纳。被告人张某某被抓获后能如实供述自己的犯罪事实，依法可从轻处罚。被告人张某某能自愿认罪，可酌情从轻处罚。本案被害人的经济损失已得到赔偿。综上，在量刑时综合考虑被告人张某某的犯罪事实、情节、危害后果、认罪悔罪态度等，为维护社会主义市场经济秩序，保护公民的身体健康权利不受侵犯，依据1997年《刑法》第143条、第64条及刑法第12条第1款、第67条第3款之规定，判决：

一、被告人张某某犯生产、销售不符合卫生标准的食品罪，判处有期徒刑4年，并处罚金人民币1000元；

二、查获的生鸡肉串及亚硝酸钠予以没收。

一审宣判以后，被告人张某某提出上诉，认为过量添加亚硝酸钠系其操作失误，且没有对人体健康造成严重伤害，原判量刑过重，要求二审减轻处罚。

张某某的辩护人提出原判认定上诉人的行为对人体健康造成严重危害，不符合法律规定，原判量刑过重，建议二审对其减轻处罚。

上海市第一中级人民法院认为：原判认定上诉人张某某犯生产、销售不符合卫生标准的食品罪的事实清楚，证据确实、充分，定性准确，量刑适当，且诉讼程序合法，裁定驳回上诉，维持原判。

## 案件评析

### 一、生产、销售不符合卫生标准的食品罪的认定

生产、销售不符合卫生标准的食品罪经过《刑法修正案（八）》修正变更为生产、销售不符合安全标准的食品罪与生产销

售有毒、有害食品罪属于危害食品安全犯罪主要涉及的罪名，前罪危害的是食品的纯洁性，而后罪危害的是食品的单一性。当然，这两个罪名与以危险方法危害公共安全罪又有交叉，难以准确认定。司法实践中，两者关系通常被认为是一般与特殊的关系，它们之间属于法条竞合而非想象竞合关系，其本质区别在于具体行为方式不同。

就本案所涉及的罪名而言，生产、销售不符合卫生标准的食品罪侵犯的是双重客体，即国家食品卫生管理制度和公民的生命权、健康权。生产、销售不符合卫生标准的食品的行为，只要足以造成严重食物中毒事故或者其他严重食源性疾患，就构成犯罪，属于典型的危险犯。按照《食品安全法》的规定，食品卫生标准是指对生产、经营食品的总体要求和生产、销售某一类食品所必须达到的卫生指标。凡是符合卫生标准的食品就是合格食品，凡是不符合卫生标准的食品，就有可能构成本罪。

在此，笔者认为除了构成要件上的区别以外，区分上述三罪的关键点在于添入的物质。简单地说，认定生产、销售不符合卫生标准的食品罪与生产、销售有毒、有害食品罪的关键是毒害的不同。认定生产、销售不符合卫生标准的食品罪的毒害来自食品原料本身，而生产、销售有毒、有害食品罪的毒害来自于食品中的非食品原料的毒性。而这两个罪名与以危险方法危害公共安全罪的区别在于前二罪添入的毒害是食品原料本身或者是掺入有毒、有害的非食品原料的食品，而以危险方法危害公共安全罪添入的对象是有毒、有害的非食品原料本身，比如国家食品质量监督检测中心明确不允许添加到食品中的三聚氰胺等毒源。

另一方面，《刑法修正案（八）》对 1997 年《刑法》第 143 条进行了修改，罪名由原来的生产、销售不符合卫生标准的食品罪改为生产、销售不符合安全标准的食品罪，法定刑中的最低刑和最高刑没有改变，但附加刑罚金改为无限额罚金，罪状中有部分内容表述有所变动。被告人张某某的犯罪行为系在该修正案施行之前实施，故应依据从旧兼从轻原则适用法律，对被告人张某某仍应适用1997年《刑法》第143条的规定定罪处罚。但罪名用新罪名还是老罪名，控辩双方存在争议。虽然《关于刑法总则适用若干问题的解答》（沪高法［2004］376号）中有规定：如果行为时所确定的罪名已被修改，一般认定新罪名，但并不影响适用行为时的法律。笔者认为《刑法修正案（八）》对1997年《刑法》第143条的修改不仅仅限于罪名的变化，还涉及内容的变化，所以依据从旧兼从轻原则，适用1997年《刑法》第143条的规定，以生产、销售不符合卫生标准的食品罪定罪处罚较为合理。

## 二、对人体造成严重危害的认定

在刑期上，《刑法》第143条规定生产、销售不符合卫生标准的食品，足以造成严重食物中毒事故或者其他严重食源性疾患的，处3年以下有期徒刑或者拘役；对人体健康造成严重危害的，处3年以上7年以下有期徒刑；后果特别严重的，处7年以上有期徒刑或者无期徒刑。这里面涉及三个量刑情节、三个法定刑幅度。按照最高人民法院、最高人民检察院《关于办理生产、销售伪劣商品刑事案件具体应用法律若干问题的解释》（以下简称《解释》）的规定：经省级以上卫生行政部门确定的机构鉴定，食品中含有可能导致严重食物中毒事故或者其他严重食源性疾患的超标准的有害细菌或者其他污染物的，应认定为“足以造成严重食物中毒事故或者其他严重食源性疾患”。生产、销售不符合卫生标准的食品被食用后，造成轻伤、重伤或者其他严重后果的，应认定为对人体健康造成严重危害。生产、销售不符合卫生标准的食品被食用后，致人死亡、严重残疾，3人以上重伤，10人以上轻伤或者造成其他特别严重后果的，应认定为后果特别严重。但是，需要注意的是，司法解释中关于三个量刑幅度的规定，其中没有规定已经造成严重食物中毒事故或者其他严重食源性疾患，但尚未造成人员伤亡时的法律适用问题。笔者认为，已经造成严重食物中毒事故或者其他严重食源性疾患的，可以处以3年以下有期徒刑，相对于尚未出现这样后果的，应适当从重处罚。但是如果造成多人中毒，可以根据中毒人数的多少、中毒程度的轻重、不符合卫生标准的程度等，分别认定为对人体健康造成其他严重后果，或者对人体健康造成其他特别严重后果，适用不同的量刑幅度。

从本案来看，被告人张某某的行为已经造成4名儿童中毒住院治疗（其中2名住院4天、1名住院3天、1名住院5天），没有造成轻伤、重伤的后果，但因《解释》中对其他严重后果的认定标准没有具体说明，所以，造成4名儿童住院治疗这样的后果是否可认定为对人体健康造成严重危害难以确定。但是，《刑法》第143条规定中可处3年以下有期徒刑或拘役的量刑幅度，是适用足以造成严重食物中毒事故或其他严重食源性疾病的情况，也就是构成危险犯的情况。本案确已造成4名儿童住院治疗的后果，属于危险犯加实害犯的情形。

对于这种确已经造成严重食物中毒事故或者其他严重食源性疾患的该如何处理？应该从以下三个方面进行把握：

一是看确已经造成严重食物中毒事故或者其他严重食源性疾患的受染人员数量。如果出现中毒症状的人员很少，那么仍然可以考虑在第一量刑格，也就是3年以下量刑，但应相比于没有出现人员中毒的适当从重处罚。如果出现中毒症状的人员较多，那么可以认定为对人体健康造成其他严重后果，可以考虑在第二量刑格，也就是3到7年量刑。如果出现中毒症状的人员规模大，数量广，比如社会中大规模的人群出现中毒症状，社会影响较大的情况，那么可以认定为对人体健康造成其他特别严重后果，可以考虑在第三量刑格，也就是在7年以上有期徒刑或无期徒刑中量刑。

二是看含有毒害的种类以及人员中毒程度的轻重。食品中的毒害物质种类有很多种，包括很多有害细菌或者其他污染物、添加物。《解释》规定经省级以上卫生行政部门确定的机构可以对不符合安全标准的食品进行鉴定。根据鉴定意见，我们可以看出该种毒害的名称、数量以及对人体的损害程度，同时结合所出现的人员中毒程度进行判断。如果中毒人员没有达到轻伤标准，但毒害的种类很严重，住院治疗的时间特别长，对人体机能的损失特别大，也可以考虑认定为对人体健康造成其他严重后果。

三是看作为食品添加剂添入毒害的超标程度。在食品生产过程中，都应当严格遵守相关食品安全法规，对于如亚硝酸盐等严格控制的食品添加剂更应当严格按照标准操作。如果不计后果地肆意添加，能够充分体现行为人的主观恶性。在综合考虑上述两项内容的情况下，毒害的超标程度也应当作为量刑情节予以考虑。

综上，本案中被告人张某某未经工商登记和卫生许可，无证生产、销售食品，且在明知添加剂亚硝酸钠须按标准限量使用的情况下（最大使用量为0.15g/kg），为牟取更多利益，仍在生产食品中过量使用亚硝酸钠，查扣的生鸡肉串中亚硝酸盐含量检验结果分别为9940mg/kg、12280mg/kg（国家标准限量以亚硝酸钠计，为残留量≤30mg/kg），属严重超标，致使多名儿童食用后中毒，属于对人体健康造成严重危害的情形。对其判处有期徒刑4年，并处罚金人民币1000元，定罪准确，量刑合理。

## 5. 生产、销售病死猪肉的定性、鉴定及追诉标准

朱某某生产、销售不符合安全标准的食品案

（2012）台温刑初字第1417号

**裁判要旨**

生产、销售不符合安全标准的食品罪只有在足以造成严重食物中毒事故或者其他严重食源性疾病的情况下才能构成，生产、销售、加工1头以上病死猪肉，以及食用后足以或者可能造成严重食物中毒事故或者其他严重食源性疾病的，均应追究刑事责任。

**案件事实**

被告人朱某某在温岭市坞根镇东门村办有养猪场，并在其家中设立摊位销售死猪肉。温岭市公安局坞根派出所获悉被告人朱某某在家中设摊销售死猪肉后，于2012年6月15日上午会同坞根镇人民政府、温岭市动物卫生监督所等相关单位对被告人朱某某家销售摊点进行检查，当场查获被告人朱某某屠宰销售的175余公斤死猪肉，并将被告人朱某某传唤至温岭市公安局坞根派出所接受讯问。同日，温岭市动物卫生监督所决定没收查扣的175余公斤死猪肉，并于当晚进行了深埋处理。经温岭市食品预防控制中心检测，被扣病死猪肉中检出奇异变形杆菌等；经温岭市卫生局鉴定，人食用病死猪肉后可能导致严重食物中毒或其他严重食源性疾患。归案后，被告人朱某某如实供述涉案事实，交代在2011年3月至2012年6月15日期间，其将其养猪场内的6头病死猪予以

宰杀，并将该病死猪肉销售给他人食用，共计获利人民币1700余元。

浙江省温岭市人民法院认为：被告人朱某某生产、销售不符合安全标准的食品，食用后足以造成严重食物中毒或其他严重食源性疾患，其行为已构成生产、销售不符合安全标准的食品罪，公诉机关指控罪名成立。鉴于被告人朱某某归案后如实供述其犯罪事实，且能当庭自愿认罪，决定依法予以从轻处罚。为保护消费者的生命、健康安全，惩治犯罪，依照《刑法》第143条、第67条第3款、第64条，及最高人民法院、最高人民检察院《关于办理生产、销售伪劣商品刑事案件具体应用法律若干问题的解释》第4条之规定，以生产、销售不符合安全标准的食品罪，判处被告人朱某某有期徒刑2年，并处罚金人民币1万元。没收被告人朱某某的犯罪所得人民币1700元。判决现已生效。

## 案件评析

### 一、关于生产、销售病死猪肉的定性问题

依据《刑法》第143条规定，生产、销售不符合安全标准的食品罪只有在“足以造成严重食物中毒事故或者其他严重食源性疾病”的情况下才能构成。可见，足以造成是判定生产、销售不符合安全标准的食品罪与非罪之界限。如何判断足以造成？笔者认为应从判定基础、判定方法、判定标准三方面入手。

判定基础是指作为判断是否足以造成依据的事实范围。对足以造成的判断应以客观存在的事实为基础，而不应以行为人的主观认识为基础。实务中主要把握两个方面：一是这些食品本身是否含有不符合安全标准的物质及其含量的高低和对人体健康影响性的大小；二是这些含有不符合安全标准物质的食品可能扩散的范围大小。

判断方法根据判定危险状态的时间不同，可以分为事前、事后判断，以及先进行事前判断再进行事后判断。事前判断坚持主观标准，事后判断坚持客观标准。实务中应坚持主客观相结合的判断方法，即在事前判断所得出的肯定行为具有造成危险状态的属性的基础上，进行进一步的事后判断。具体到生产、销售不符合安全标准的食品罪中的足以造成的判断，首先应通过事前判断来确定该行为是否具有造成严重食物中毒事故或者其他严重食源性疾病的属性。如果通过事前判断可以否定行为具有造成该危险状态的属性，事后判断也就无须再进行了。如果事先判断无法否定，那就要再确认是否出现了足以发生严重食物中毒事故或者其他严重食源性疾病之实害结果的可能性。判定标准是衡量危险状态的有无及程度的标尺。根据最高人民法院、最高人民检察院《关于办理生产、销售伪劣商品刑事案件具体应用法律若干问题的解释》，应以客观科学的鉴定结论作为判断足以造成的标准。

生产、销售不符合安全标准的食品罪与生产、销售有毒、有害食品罪理论上容易区分，实践中容易混淆。从事食品生产、销售的生产者、销售者，如果在食品生产、销售的过程中没有掺入其他非食品原料或者有毒有害物质，而是由于生产、销售的过程不规范或者违反相关规定，致使所生产、销售的食品不符合食品安全标准甚至有毒、有害，足以造成严重食物中毒事故或者其他严重食源性疾病的，应以生产、销售不符合安全标准的食品罪定罪处罚；如果在食品生产、销售的过程中掺入有毒、有害的非食品原料，显然应以生产、销售有毒、有害食品罪定罪处罚。

对生产销售病死猪肉案件，虽然猪肉没有国家卫生标准，鉴定也没有计量认证，但根据上述判断方式，本案被告人在家自办养猪场，设立摊位销售其养猪场内病死的猪，这些病死猪肉本身含有不符合安全标准的物质（通过检测病死猪肉中检出奇异变形杆菌等），具有造成严重食物中毒事故或者其他严重食源性疾病的属性。通过鉴定，人食用病死猪肉后可能导致严重食物中毒或其他严重食源性疾病。因此，应认定为生产、销售不符合安全标准的食品罪。

## 二、关于生产、销售病死猪肉的鉴定问题

最高人民法院、最高人民检察院《关于办理生产、销售伪劣商品刑事案件具体应用法律若干问题的解释》第 4 条规定："经省级以上卫生行政部门确定的机构鉴定，食品中含有可能导致严重食物中毒事故或者其他严重食源性疾患的超标准的有害细菌或者其他污染物的，应认定为刑法第 143 条规定的'足以造成严重食物中毒事故或者其他严重食源性疾患'。"《刑法修正案（八）》将生产、销售不符合食品卫生标准的食品修改为生产、销售不符合食品安全标准的食品，同时将"疾患"改为"疾病"，但对于如何认定足以造成依然规定要经省级以上卫生行政部门确定的机构鉴定。据此，实践中有人提出，是否足以造成，必须由省级以上卫生行政部门鉴定，温岭市卫生局没有鉴定资格，其鉴定结论不能作为定罪依据。

笔者不赞同此观点，理由有：一是，从文义上理解"经省级以上卫生行政部门确定的机构鉴定"，不是指省级以上卫生行政部门鉴定，而是指经省级以上卫生行政部门确定抑或是指定的机构鉴定，换言之，只要是省级卫生行政部门认可的有鉴定资格的机构鉴定即可；二是，从实务角度看，浙江省卫生厅浙卫发［2008］302 号文件确定县级以上卫生行政部门为鉴定食品中含有可能导致严重食物中毒事故或者其他严重食源性疾患的超标准的有害细菌或者其他污染物的机构，因此，本案中温岭市卫生局的鉴定意见有效。实务中可能出现鉴定意见过于简单的情况，对此必须严格掌握。对于不能明确说明鉴定食品中含有可能导致严重食物中毒事故，或者其他严重食源性疾病的超标准的有害细菌或者其他污

染物的鉴定意见，不宜作为直接证据使用。

## 三、关于生产、销售病死猪肉的追诉标准

《刑法》第143条规定：“生产、销售不符合食品安全标准的食品，足以造成严重食物中毒事故或者其他严重食源性疾病的”，最高人民检察院、公安部《关于公安机关管辖的刑事案件立案追诉标准的规定（一）》第19条规定：“生产、销售不符合卫生标准的食品，并经省级以上卫生行政部门确定的机构鉴定，食品中（一）含有可能导致严重食物中毒事故或者其他严重食源性疾患的超标准的有害细菌的；（二）含有可能导致严重食物中毒事故或者其他严重食源性疾患的其他污染物的。”生产、销售不符合食品安全标准的食品罪的追诉没有量的要求，只要足以造成即可构成犯罪。严厉打击食品安全行为是保护民生、维护社会稳定的需要。借鉴国外走出食品安全危机的启示，如美国的“肮脏食品加工厂”、欧洲的疯牛病、日本的毒大米，都是用严格的法律予以制裁。美国法律规定，无论金额大小，只要有制假或售假的行为就构成犯罪。综上，笔者赞同对于生产、销售、加工1头以上（包括本数），以及食用后足以或者可能造成严重食物中毒事故或者其他严重食源性疾病的，均应予以追究刑事责任。

## 6. 假冒保健食品批准文号应受行政处罚

盐城市风味贸易有限公司诉泰州市姜堰区食品药品监督管理局等食品安全管理行政处罚纠纷案

（2013）泰中行终字第0132号

### 裁判要旨

保健食品批文应当依照规定使用，才能实现设立保健品批准文号制度的目的，直接假冒、套用、出租、搭车使用批准文号等行为，均与设立保健品批文制度、保障保健品消费者合法权益的目的相悖。假冒保健品批文的行为，可按照《关于加强食品产品安全监督管理的特别规定》（以下简称《特别规定》）第3条予以行政处罚。

### 案件事实

2012年8月15日，原审被告泰州市姜堰区食品药品监督管理局（下简称姜堰区药监局）执法人员对原审第三人姜堰市世纪联华超市有限责任公司（下简称世纪联华超市）进行检查，发现其销售的保健食品“天神强力神牌西洋参口服液”（在第三人处商品名称为美乐福氨基酸口服液，标示生产厂家浙江强力神保健品有限公司、规格10ml/支、生产日期2011年8月10日、批准文号国食健字G20041397）与国家食品药品监督管理局网站数据库信息不相符；该“天神强力神牌西洋参口服液”由总公司统一配送，进货数量为10盒，已销售2盒，库存8盒，销售单价为人民币

66.20 元每盒，总销售金额为人民币 132.40 元，向总公司供货的企业为原审原告盐城市风味贸易有限公司。2012 年 8 月 22 日，原审被告向浙江省海宁市食品药品监督管理局发出协查“天神强力神牌西洋参口服液”的函。

9 月 21 日，浙江省海宁市食品药品监督管理局回复，复函称：强力神公司是经国家食品药品监督管理局批准，生产批准文号为国食健字 G20041397、产品名称为天神牌西洋参口服液的保健食品生产企业；该公司未生产过生产日期为 2011 年 8 月 10 日、规格为 10ml 的天神牌西洋参口服液，但该公司曾于 2010 年 12 月 18 日销售给美乐福公司批号为 20101217、规格为 10ml 的散装天神牌西洋参口服液 10 万支，瓶贴标签上未标注生产日期及批号。2012 年 11 月 17 日，原审被告向原审第三人直接送达了《行政处罚事先告知书》和《听证告知书》。11 月 23 日，原审被告作出（姜）保行罚字［2012］第 001 号《行政处罚决定书》，以原审第三人经营假冒保健食品批准文号的保健食品行为违反了《国务院关于加强食品等产品安全监督管理的特别规定》（以下简称《特别规定》）第 3 条第 2 款的规定，作出处罚决定：①没收天神强力神牌西洋参口服液 8 盒；②没收违法所得人民币 132.40 元；③罚款人民币 50 000.00元；④合计罚没款人民币 50 132.40 元。并于当日送达决定。原审原告不服该处罚决定，于 2013 年 1 月 20 日向泰州市食品药品监督管理局申请行政复议。复议机关复议后，维持被诉处罚决定。原审原告不服，提起行政诉讼。

## 案件评析

原审法院认为本案的争议焦点为：①原审被告对原审第三人销售保健食品的行为有无行政处罚权；②原审第三人有无销售“天神强力神牌西洋参口服液”；③“天神强力神牌西洋参口服液”是否属于假冒保健食品批准文号国食健字 G20041397 的产品；

④对原审第三人的这一销售行为可否依照《特别规定》第3条第2款的规定处罚。

原审法院认为:《食品安全法》第5条第2款规定，县级以上地方人民政府依照本法和国务院的规定确定本级卫生行政、农业行政、质量监督、工商行政管理、食品药品监督管理部门的食品安全监督管理职责。有关部门在各自职责范围内负责本行政区域的食品安全监督管理工作。国务院办公厅《关于印发国家食品药品监督管理局主要职责内设机构和人员编制规定的通知》规定，将保健食品监督管理的职责，划入国家食品药品监督管理局。

根据上述规定，原审被告具有辖区内保健食品安全管理职能。原审原告诉称“天神强力神牌西洋参口服液”只是“美乐福氨基酸口服液”的赠品。本案“美乐福氨基酸口服液”的产品整体包装内含有氨基酸口服液及西洋参口服液，该整体外包装版面标示有保健食品标志及“国食健字G20041397、国家食品药品监督管理局批准、天神强力神牌西洋参口服液、天神注册商标、中国驰名商标”等字样，这是一种促销商品的经营策略，是通过特殊的经营手段以实现商业利润的行为，实质上这种搭赠行为是一种特殊的销售行为，可以认定为两种产品整体包装、整体销售。世纪联华超市销售了违法保健品，将世纪联华超市作为行政处罚相对人合法。

本案中，原审原告虽称保健品是美乐福公司从浙江强力神保健品有限公司购进的，该公司同时持有“天神”和“天神强力神”两个商标，但其提供不出充分证据证明该“天神强力神牌西洋参口服液”与该公司供给美乐福公司的散装天神牌西洋参口服液为同一产品，且浙江省海宁市食品药品监督管理局复函证明，该公司未生产过生产日期为2011年8月10日、规格为10ml的“天神牌西洋参口服液”。故销售标示名称为“天神强力神牌西洋参口服液”的保健品，违反了《食品安全法》第48条第1款“食品和食品添加剂的标签、说明，不得含有虚假夸大的内容”和第52条第2款“声称具有特定保健功能的食品标签、说明书内容必须真实”的规定，因此，认定“天神强力神牌西洋参口服液”为假冒批准文号国食健字G20041397的保健食品，并无不当。原审原告诉称商品标签、说明书的瑕疵责任应由生产者承担，违法行为情节轻微，应不予行政处罚。原审法院认为，销售了假冒保健食品批准文号的保健食品，违反了《食品安全法》的规定，属于国家严厉打击的行为，不符合不予处罚的情形。

根据《食品安全法》第51条“国家对声称具有保健功能的食品实行严格监管”的规定，可视被处罚人的其他情节，给予比普通食品更重的行政处罚。国家食品药品监督管理局办公室《关于查处使用假冒保健食品批准文号行为法律适用问题的通知》（食药监办稽函［2011］161号）规定“生产经营中使用假冒保健食品批准文号的行为，可按照《特别规定》第3条予以处罚”。《特别规定》第3条第2款规定：“不按照法定条件、要求从事生产经营活动或者生产、销售不符合法定要求产品的，由农业、卫生、质检、商务、工商、药品等监督管理部门依据各自职责，没收违法所得、产品和用于违法生产的工具、设备、原材料等物品，货值不足5000元的，并处5万元罚款。”本案所涉违法行为可依据《特别规定》第3条的规定给予行政处罚。

综上，原审被告姜堰区药监局作出的（姜）保行罚字［2012］第001号行政处罚决定书，事实基本清楚，程序合法，适用法律法规正确。原审原告的诉讼请求，依法不予支持。

上诉人盐城市风味贸易有限公司上诉称：①世纪联华超市销售的是“氨基酸口服液”，被上诉人却错误认定为“西洋参口服液”；②被上诉人无权因使用商标问题对世纪联华超市进行处罚；③被上诉人作出的处罚超过法定最高幅度，本案违法行为情节轻微，无危害后果，应不予处罚；④原审判决认定事实不清，举证责任分配错误。请求撤销原审判决及被诉行政处罚决定。

被上诉人泰州市姜堰区食品药品监督管理局辩称：①“氨基酸口服液”与“西洋参口服液”为整体包装、整体销售，其中的西洋参违反了保健食品相关规定；②销售假冒保健食品批文的保健食品违法行为属于被上诉人监管职责范围；③保健食品关系到群众的生命健康，处罚额度并无不当。请求法院维持原审判决。

原审第三人姜堰市世纪联华超市有限责任公司未向法院陈述意见。

二审法院认为，本案的争议焦点是：被上诉人姜堰区药监局作出的（姜）保行罚字［2012］第001号行政处罚决定书是否合法。根据《中华人民共和国行政诉讼法》第5条的规定，人民法院审理行政案件，对具体行政行为是否合法进行审查。本案属于行政处罚类案件，该类案件应重点审查行政处罚主体、认定的违法事实、适用法律等方面。围绕本案争议焦点，分述如下：

首先，关于被上诉人行政处罚职权的审查。有关行政职权的审查是评价行政行为合法性的基础。从诉辩双方的意见看，要判断本案的处罚行政主体是否适当，首先应当确定本案所涉的行政违法行为性质。保健食品是指声称具有特定保健功能或者以补充维生素、矿物质为目的的食品，即适宜于特定人群食用，具有调节机体功能，不以治疗疾病为目的，并且对人体不产生任何急性、亚急性或者慢性危害的食品。我国对保健食品依法实行注册管理制度，保健食品生产流通等各环节均应保证保健食品的质量，保障人体食用安全，依法规范保健食品注册标识的使用，不得自行变更已审核的标识内容。本案中，原审第三人世纪联华超市销售的保健食品标识中部分内容与注册审批批件不符，且未能提交有关标识经批准依法变更的证据，相关行政违法行为属违反保健食品流通管理法律法规的行为。被上诉人姜堰区药监局具有食品安全管理工作的综合监督管理职能，原审判决已作阐述，本院予以确认。故被上诉人姜堰区药监局对本案所涉行政违法行为具备依法作出处罚的行政主体资格。对上诉人认为被上诉人无权作出处罚的观点依法不予支持。

其次，关于被诉行政处罚决定认定事实的审查。本案所涉行为是否属实及是否构成假冒保健食品批文行政违法是本案在事实认定审查上的重点。关于违法事实是否属实，有被上诉人提交的立案申请表、现场检查笔录、先行登记保存物品审批表、执法人员拍摄的图片等证据证明，被诉行政处罚认定事实是清楚的。关于是否构成假冒保健食品批文行政违法，即本案所涉行为是否属于假冒保健食品批文的行为。保健食品批文应当依照规定使用，才能实现设立保健品批准文号制度的目的，直接假冒、套用、出租、搭车使用批准文号等行为，其目的是以所标的批准文号博得消费者的信赖，以冒充获得国家批准来抬高商品的身价，这些行为均与设立保健品批文制度、保障保健品消费者合法权益的目的相悖，均属于假冒保健品批文的行为。从查明的事实看，被上诉人依法认定本案所涉行为属于假冒保健品批文的行为并无不当。

最后，关于被诉行政处罚决定是否适当的审查。食品安全是重大的民生问题，关系人民群众身体健康和生命安全，当前，我国食品安全违法违规行为时有发生，人民群众对食品安全更为关注，食以安为先的要求更为迫切，全面提高食品安全依法保障水平，是一项重大而紧迫的任务。《食品安全法》第 51 条规定，国家对声称具有特定保健功能的食品实行严格监管。我国对保健食品实行市场准入管理制度，通过批文方式进行管理是依法监管的重要方式之一。本案所涉行为从源头上扰乱了对保健食品的监管秩序，且批文属于保健食品包装的重要组成部分，直接影响保健食品的流通管理各个环节。对违法行为依法进行及时处罚，是依法整顿和规范保健食品的生产经营秩序的要求。国家食品药品监督管理局《关于查处使用假冒保健食品批准文号行为法律适用问题的通知》规定，生产经营中使用假冒保健食品批准文号的行为，可按照《特别规定》第3条予以处罚。该《特别规定》第3条第2款规定，不按照法定条件、要求从事生产经营活动或者生产、销售不符合法定要求产品的，由农业、卫生、质检、商务、工商、药品等监督管理部门依据各自职责，没收违法所得、产品和用于违法生产的工具、设备、原材料等物品，货值不足5000元的，并处5万元罚款。被上诉人姜堰区药监局作出的行政处罚在法定的处罚幅度内，符合上述规定。

此外，就上诉人所称的原审法院在举证责任上分配问题，被上诉人已经依法履行了证明行政行为合法性的举证责任，原审关于“补强证据”的评述是针对上诉人提交的有关证据所作的评价，并非举证责任分配不当。

综上，被上诉人作出的（姜）保行罚字［2012］第001号行政处罚决定，认定事实清楚、证据充分、适用法律正确。上诉人盐城市风味贸易有限公司所称上诉请求，缺乏事实和法律依据，不予支持。原审判决认定事实清楚，适用法律正确，程序合法，应予维持。

## 7. 加深对《食品安全法》第96条的理解，明确消费者主张惩罚性赔偿金的条件

王某诉北京某药店食品安全纠纷案

### 裁判要旨

《食品安全法》第96条规定："违反本法规定，造成人身、财产或者其他损害的，依法承担赔偿责任。生产不符合食品安全标准的食品或者销售明知是不符合品安全标准的食品，消费者除要求赔偿损失外，还可以向生产者或者销售者要求支付价款十倍的赔偿金。"可以看出，消费者主张10倍赔偿金的条件是：第一，生产、销售的食品不符合食品安全标准；第二，不符合食品安全标准的食品必须造成了人身、财产或者其他损害。因此，消费者以食品生产者违反《食品安全法》的有关规定为由，向法院起诉要求支付10倍赔偿金的，应当符合《食品安全法》规定的上述两个条件。

### 案件事实

2009年6月20日，王某在北京市某药店购买了由广东某保健品有限公司生产的惠利普蜂胶软胶囊2瓶，支付价款336元。该产品包装标注：配料内容物含有蜂胶、植物油、聚乙二醇，每瓶净含量45克（450毫克×100粒），每两粒含提纯蜂胶（含总黄酮3%）100毫克。不适宜婴幼儿、儿童、孕妇及蜂胶过敏者。保健品有限公司经营范围包括保健食品生产销售，食品冲剂、片剂、

丸剂、胶囊、蜂胶软胶囊、粉剂、颗粒剂加工销售等。2008年4月24日，该公司获得当地卫生局颁发的《食品卫生许可证》。该公司生产的蜂胶软胶囊经当地质量计量监督检测所检验，水分、铅、总砷等十项指标均合格。蜂胶属中药材，可用于保健食品，但目前尚未依法获准用于普通食品。后王某以所购产品是不符合食品质量安全的违法产品并损害了其身体健康为由，将药店诉至法院。请求法院判令：①被告退还原告货款336元；②依据《食品安全法》第96条之规定给予10倍赔偿3 360元。

## 案件评析

本案涉及以下两个法律问题：

### 一、被告销售蜂胶胶囊的行为是否违反《食品安全法》

《食品安全法》第50条规定："生产经营的食品中不得添加药品，但是可以添加按照传统既是食品又是中药材的物质。按照传统既是食品又是中药材的物质的目录由国务院卫生行政部门制定、公布。"《食品安全法》第85条规定："用非食品原料生产食品或者在食品中添加食品添加剂以外的化学物质，或者用回收食品作为原料生产食品；利用新的食品原料从事食品生产或者从事食品添加剂新品种、食品相关产品新品种生产，未经过安全性评估"的行为是违法行为，要承担相应的行政责任。卫生部于2002年颁布了《关于进一步规范保健食品原料管理的通知》（卫法监发［2002］51号），其中，蜂胶被归入了"可用于保健食品的物品名单"中，而未进入"既是食品又是药品的物品"的名单。卫生部《关于"黄芪"等物品不得作为普通食品原料使用的批复》（卫监督函［2007］274号）明确指出：《可用于保健食品的物品名单》所列物品仅限用于保健食品。未经安全性评价证明其食用安全性的，不得作为普通食品原料生产经营。如需开发《可用于保健食品的物品名单》中的物品用于普通食品生产，应按照《新资源食品管理办法》规定的程序进行食品安全性评估并申报批准。对不按规定使用《可用于保健食品的物品名单》所列物品的，应按《食品卫生法》和《新资源食品管理办法》的有关规定进行处罚。因此，蜂胶这种传统中药材，在尚未按照规定程序进行食品安全性评估并申报批准的情况下，不应作为普通食品的原料生产经营。生产惠利普蜂胶胶囊的厂家虽然通过了食品卫生标准，获得了当地卫生行政部门颁发的《卫生许可证》，蜂胶软胶囊获得了广东省河源市质量计量监督检测所的《检验报告》的合格评定，但仍违反了《食品安全法》的规定，应该受到行政处罚。而被告药店在《食品安全法》施行后销售这种产品，应视为明知违法而销售，应承担相应的法律责任。

## 二、《食品安全法》“十倍赔偿”的适用条件

本案中的蜂胶软胶囊是普通食品。该胶囊的生产厂家将尚未依法获准作为原料用于普通食品的蜂胶用于其生产的蜂胶软胶囊的行为违反了《食品安全法》的相关规定。被告在《食品安全法》施行后仍销售上述蜂胶软胶囊构成明知，亦违反了法定义务，构成违法。故原告要求被告退还购货款336元的诉讼请求，法院予以支持。同时应注意到，《食品安全法》第96条确定了生产者、销售者承担赔偿责任的前提是销售的食品违反食品安全标准，导致消费者合法权益遭到实际侵害，而该损害后果应由消费者承担举证责任。本案中，原告提出服用涉案蜂胶软胶囊后出现腹泻、恶心等不良症状，但未就损害后果举证。故原告仅以被告销售的蜂胶软胶囊所用原料蜂胶未获准用于普通食品为由，要求被告承担支付价款十倍的赔偿金的诉讼请求，缺乏事实依据，法院不予支持。

《食品安全法》实施后，什么样的情况法院应支持消费者主张

的“十倍赔偿”的请求，什么情况下不应支持，成为我们需要研究的问题。

2009 年 6 月 1 日起实施的《食品安全法》第 96 条规定：“违反本法规定，造成人身、财产或者其他损害的，依法承担赔偿责任。生产不符合食品安全标准的食品或者销售明知是不符合品安全标准的食品，消费者除要求赔偿损失外，还可以向生产者或者销售者要求支付价款十倍的赔偿金。”该条明确了“十倍赔偿”的适用条件：

第一，生产、销售的食品不符合食品安全标准。“十倍赔偿”是生产者或销售者可能承担的最为严厉的惩罚性的赔偿方式，仅仅适用于食品生产经营者生产和经营不符合食品安全标准的食品这一比较严重的违法行为。因此，并非违反《食品安全法》任何一条规定都将面临“十倍赔偿”的惩罚。在司法实践中，存在消费者仅以所购买的食品存在虚假宣传，夸大治病、防病等效果的行为，构成欺诈，从而违反了《食品安全法》的相关规定而主张“十倍赔偿”的案例。但是，只有不符合食品安全标准的食品才可能导致法院判决支持消费者“十倍赔偿”的主张。

第二，不符合食品安全标准的食品必须造成了人身、财产或者其他损害。在本案中，法院虽然认定胶囊的生产厂家将尚未依法获准作为原料用于普通食品的蜂胶用于其生产的蜂胶软胶囊的行为违反了《食品安全法》的相关规定，但因为原告并未就其因此所受到的损害进行举证证明，故其请求未获支持。从立法本意上看，《食品安全法》意在规范食品的生产者和经营者的生产经营行为，以保护消费者的健康和安全。对于知法犯法，在食品的生产和加工过程中使用有毒、有害、不符合标准的材料，或添加有毒、有害、未经安全性评估的添加剂等，导致消费者身体健康受到损害的行为，不但使其承担行政处罚责任，还要十倍赔偿消费者，以弥补消费者的损失。但对于存在虚假宣传、夸大效果、不符合非强制性标准及本案涉及的未经审批生产的行为，由于其均未造成损害后果，一律适用“十倍赔偿”有悖立法本意，而且与《消费者权益保护法》、《产品质量法》的相关惩罚性规定相冲突。笔者认为，相对于上述两部法律，《食品安全法》的十倍赔偿是最严厉的赔偿原则，因此适用时应从严掌握，须以行为严重违反法律规定，并且出现损害后果为要件。

最终，法院认为保健品有限公司生产的蜂胶软胶囊是普通食品，该公司将尚未依法获准作为原料用于普通食品的蜂胶用于其生产的蜂胶软胶囊的行为违反了《食品安全法》的相关规定。被告在《食品安全法》施行后仍销售上述蜂胶软胶囊构成明知，亦违反了法定义务。原告提出服用涉案蜂胶软胶囊后出现腹泻、恶心等不良症状，但未就损害后果举证。法院判决被告某药店返还原告货款人民币 336 元；驳回原告王某其他诉讼请求。

# 第三篇 相关法律法规及重点条文解读

# 1.《中华人民共和国食品安全法》重点条文解读

## 第一章　总　则

**第一条**　为保证食品安全，保障公众身体健康和生命安全，制定本法。

**解读：**本条是关于食品安全法立法目的的规定。

为了保证食品安全，保障公众身体健康和安全，《食品安全法》在有关食品安全指定的设计上着重把握了以下几点：一是建立分工负责、统一协调的食品安全监督体制，进一步明确地方人民政府的食品安全领导责任，赋予有关部门必要的监管权力；二是建立以食品安全风险检测和评估为基础的科学管理制度；三是坚持预防为主；四是强化食品生产经营者的责任。

**第二条**　在中华人民共和国境内从事下列活动，应当遵守本法：

（一）食品生产和加工（以下称食品生产），食品流通和餐饮服务（以下称食品经营）；

（二）食品添加剂的生产经营；

（三）用于食品的包装材料、容器、洗涤剂、消毒剂和用于食品生产经营的工具、设备（以下称食品相关产品）的生产经营；

（四）食品生产经营者使用食品添加剂、食品相关产品；

（五）对食品、食品添加剂和食品相关产品的安全管理。

供食用的源于农业的初级产品（以下称食用农产品）的质量安全管理，遵守农产品质量安全法的规定。但是，制定有关食用农产品的质量安全标准、公布食用农产品安全有关信息，应当遵守本法的有关规定。

**解读：**本条是关于食品安全法适用范围的规定。

**第三条** 食品生产经营者应当依照法律、法规和食品安全标准从事生产经营活动，对社会和公众负责，保证食品安全，接受社会监督，承担社会责任。

**解读：**本条是关于食品生产经营者的社会责任的规定。

企业是第一责任人。质量安全是一条长长的链条，它的前端必然在厂门之内，伸向源头；它的后端延伸到消费，涉及售后服务。食品质量不是检验出来的，检验只是事后把关。所以无论何时，监管部门都不可能代替企业，企业必须成为产品质量的第一责任人。民以食为天，许多问题食品事件暴露出部分企业不顾商业道德，置消费者生命健康于不顾的行径。在反思中，不论是专家学者还是企业负责人都指出：作为食品安全的第一责任人，企业的良心必须放在经营之前。纵观问题食品牵扯出的企业，虽然有无故受到牵连的，但也有一部分或有着见利忘义的冲动，或怀着明知故犯的侥幸，或持着心知肚明的"默契"，偏偏没有起码的道德良知约束。为了追求利润，部分企业置人的生命健康于不顾，做出损害整个行业的行为，更是重创了社会的诚信体系。面对这样的后果，良心是企业生产经营的底线，是企业经营的"1"，技术、资本都是这个"1"后面的"0"；没有这个"1"，再多的"0"也不可能给企业带来利润和发展。

第一责任人的规定，可以从正反两方面理解：

从正面来说，食品生产经营者应当依照法律、法规和食品安全标准从事生产经营活动。食品企业追求利润无可厚非，但前提一定要承担起保证食品安全的社会责任。食品企业应该努力提高安全、丰富、优质的产品，以保障消费者的身心健康，满足广大消费者的需求，增进社会的福利，这样才称得上是对社会和公众负责。在保证食品安全的前提下进行生产经营活动的过程中，还要尊重消费者的权利、维护消费者利益，接受广泛的社会监督，及新闻媒体等的舆论监督和其他组织和个人的监督等。

从反面来说，如果食品生产经营者出现违法行为，违背了保证食品安全的社会责任，危害公众的身体健康和生命安全，就理应受到法律制裁，并对受害者承担起损害赔偿等相应的法律责任。

**第四条**　国务院设立食品安全委员会，其工作职责由国务院规定。

国务院卫生行政部门承担食品安全综合协调职责，负责食品安全风险评估、食品安全标准制定、食品安全信息公布、食品检验机构的资质认定条件和检验规范的制定，组织查处食品安全重大事故。

国务院质量监督、工商行政管理和国家食品药品监督管理部门依照本法和国务院规定的职责，分别对食品生产、食品流通、餐饮服务活动实施监督管理。

**解读：**本条是关于食品安全监管体制的规定。

这里的国务院质量监督为国家质检总局。按照国家质检总局、国家工商总局、国家食药局等部门“三定规定”，在食品安全监管的职责方面，这三个部门的分工如下：

1. 国家质检总局负责食品生产加工环节和进出口食品安全的监管。具体职责包括承担国内食品、食品相关产品生产加工环节的许可管理工作和质量安全监督管理责任，负责进出口食品的安全、卫生、质量监督检验和监督管理。

2. 国家工商总局负责食品流通环节的监管。具体职责包括拟定流通环节食品安全监督管理的具体措施、办法；组织实施流通环节食品安全监督检查、质量监测及相关市场准入制度。

3. 国家食药局负责餐饮业等消费环节食品安全监管。具体职责包括承担餐饮消费环节许可管理工作，拟定消费环节食品安全管理规范并监督实施，承担消费环节食品安全状况调查和监测工作，发布和消费环节食品安全监管有关的信息等（卫生部门和食药局的职责对调）。

**第五条** 县级以上地方人民政府统一负责、领导、组织、协调本行政区域的食品安全监督管理工作，建立健全食品安全全程监督管理的工作机制；统一领导、指挥食品安全突发事件应对工作；完善、落实食品安全监督管理责任制，对食品安全监督管理部门进行评议、考核。

县级以上地方人民政府依照本法和国务院的规定确定本级卫生行政、农业行政、质量监督、工商行政管理、食品药品监督管理部门的食品安全监督管理职责。有关部门在各自职责范围内负责本行政区域的食品安全监督管理工作。

上级人民政府所属部门在下级行政区域设置的机构应当在所在地人民政府的统一组织、协调下，依法做好食品安全监督管理工作。

**解读：**本条是关于县级以上地方人民政府的食品安全监管职责的规定。

1. 县级以上地方人民政府统一负责当地食品安全监督管理工作。

2. 建立健全“从农田到餐桌”的全程监督管理的工作机制。

政府统一负责、领导、组织、协调食品监管工作；《特别规定》第10条规定，县级以上地方人民政府对本行政区域内产品安全监督管理负总责，确立了县级以上各级地方人民政府对所辖行政区域的食品安全管理工作负总责的工作机制。强调了切实落实责任制和责任追究制，明确直接责任人和有关负责人的责任，一级抓一级，层层抓落实，责任到人；坚决克服地方保护主义，增强大局意识，不得以任何形式阻碍监管执法，绝不能充当不法企业和不法分子的保护伞。

县级以上地方人民政府未履行职责的，按照《食品安全法》第95条进行处理：违反本法规定，县级以上地方人民政府在食品安全监督管理中未履行职责，本行政区域出现重大食品安全事故、造成严重社会影响的，依法对直接负责的主管人员（指主管工作的政府副职领导人员）和其他直接责任人员给予记大过、降级、撤职或者开除的处分。

**第六条**　**县级以上卫生行政、农业行政、质量监督、工商行政管理、食品药品监督管理部门应当加强沟通、密切配合，按照各自职责分工，依法行使职权，承担责任。**

**解读：**本条是关于管理部门之间应当加强沟通、密切配合的规定。

《食品安全法》规定实行分段监管的食品安全监督管理体制的同时，特别强调要加强部门之间的配合协作，以免各个监管部门在工作衔接上出现交叉重复或者监管漏洞。出现监管漏洞就要承担相应的责任。

违反本法规定，按照第95条第2款之规定进行处理，县级以上质量监督、工商行政管理等部门不履行本法规定的职责或者滥用职权、玩忽职守、徇私舞弊的，依法对直接负责的主管人员

(指主管工作的部门副职领导人员)和其他直接责任人员(指直接承办工作的应负责任的国家工作人员)给予记大过或者降级的处分;造成严重后果的,给予撤职或者开除的处分;其主要负责人应当引咎辞职。

## 第二章 食品安全风险监测和评估

**第十一条** 国家建立食品安全风险监测制度,对食源性疾病、食品污染以及食品中的有害因素进行监测。

国务院卫生行政部门会同国务院有关部门制定、实施国家食品安全风险监测计划。省、自治区、直辖市人民政府卫生行政部门根据国家食品安全风险监测计划,结合本行政区域的具体情况,组织制定、实施本行政区域的食品安全风险监测方案。

**解读:** 本条是关于统一规划和实施国家和省级食品安全风险监测的规定。

1. 监测:是指系统地收集、整理和分析与食品安全相关危害因素的检验、监督和调查数据。

2. 监测的最终目的:是把监测的结果应用于预防疾病和促进健康。开展风险监测可以实现主动收集、分析食品中已知和未知污染物以及其他有害因素,对食源性疾病有害因素,做到早发现、早评估、早预防、早控制,减少食品污染和食源性疾病危害。

3. 食品安全风险监测既不是哪个实验室的监测,也不是哪个部门实施的监测计划而是包括从农田到餐桌的全过程。因此,食品安全风险监测制度的建立和实施离不开质量监督部门。

**第十二条** 国务院农业行政、质量监督、工商行政管理和国家食品药品监督管理等有关部门获知有关食品安全风险信息后,应当立即向国务院卫生行政部门通报。国务院卫生行政部门会同有关部门对信息核实后，应当及时调整食品安全风险监测计划。

**解读：**本条是为提高食品安全风险监测计划的针对性和实效性，对各监督管理部门工作作出的规定。

及时获知食品安全风险信息，是尽快采取相应措施，从而有效防范、控制和消除食品安全风险的重要前提。为此，我们在获知食品安全风险信息后，不得以任何借口予以拖延，应立即通报。食品生产环节的安全风险信息，来自于基层质量监督部门。

信息的管理和上报方式：

1. 从时间上可分为紧急上报的信息和不需要紧急上报的信息。

2. 从上报的方式上可分为参考性信息、预警性信息和需要立即采取行动的信息。例如：发现个别食品中有害有毒物超出食品安全标准而尚未构成对人体健康危害的信息，可以作为不需要紧急报告的信息或参考性信息，而如果发现尚未列入食品安全标准的有毒有害物、违法添加非食用化学物质以及已经导致人体健康损害的有害有毒物，则应首先依法对食品污染事件进行核实和处理，并立即向上级部门报告或直接向国家卫生部门报告。

违反本条规定，如果获知隐瞒不报或找借口予以拖延，则按照第95条第2款之规定进行处理。我们获知食品安全风险信息后，为了合理避责，也要及时向上级部门报告，且不要随意对外散布，如：简报、网上发布，发表文章等，特别是不要在网站上未经批准而随意发表涉及食品安全的有关信息，避免引起不必要的消费恐慌。

**第十六条** 食品安全风险评估结果是制定、修订食品安全标准和对食品安全实施监督管理的科学依据。

食品安全风险评估结果得出食品不安全结论的，国务院质量

监督、工商行政管理和国家食品药品监督管理部门应当依据各自职责立即采取相应措施，

确保该食品停止生产经营，并告知消费者停止食用；需要制定、修订相关食品安全国家标准的，国务院卫生行政部门应当立即制定、修订。

**解读：**本条规定了食品安全风险管理和风险交流必须充分依据食品安全风险评估的结果。

本条第2款规定了食品安全风险评估结果得出食品不安全结论的，我们质量监督部门接到通报后应当立即采取相应措施，确保该食品停止生产。

## 第三章 食品安全标准

**第十九条** 食品安全标准是强制执行的标准。除食品安全标准外，不得制定其他的食品强制性标准

**解读：**本条是对食品安全标准性质的界定，即强制性和排他性。

食品安全标准属于强制性标准，需要企业必须遵守的技术要求和条款都包括其中，它具有排他性，即除食品安全标准之外，不能再制定其他的食品强制性标准。

**第二十条** 食品安全标准应当包括下列内容：

（一）食品、食品相关产品中的致病性微生物、农药残留、兽药残留、重金属、污染物质以及其他危害人体健康物质的限量规定；

（二）食品添加剂的品种、使用范围、用量；

（三）专供婴幼儿和其他特定人群的主辅食品的营养成分

要求；

（四）对与食品安全、营养有关的标签、标识、说明书的要求；

（五）食品生产经营过程的卫生要求；

（六）与食品安全有关的质量要求；

（七）食品检验方法与规程；

（八）其他需要制定为食品安全标准的内容。

**解读：**本条是对食品安全标准内涵作出的规定。

1. 食品添加剂的使用。目前，只有在GB2760、GB14880中列出的和卫生部2007年以来公告的食品添加剂方可用于食品。食品生产企业必须合理使用食品添加剂，也就是按照相应的食品添加剂使用标准执行。

2. 食品安全、营养有关的标签、标识、说明书是与消费者进行信息交流的重要手段，为消费者提供选择食品的途径。食品的标签标识是食品安全的重要指标之一。因此，我们在监管和执法时不要仅仅认为标签标识不符合规定是小事而已。标识标签的要求在本法第42条作了具体规定。本法加大了对不符合规定的食品标签的处罚力度。

**第二十二条**　国务院卫生行政部门应当对现行的食用农产品质量安全标准、食品卫生标准、食品质量标准和有关食品的行业标准中强制执行的标准予以整合，统一公布为食品安全国家标准。本法规定的食品安全国家标准公布前，食品生产经营者应当按照现行食用农产品质量安全标准、食品卫生标准、食品质量标准和有关食品的行业标准生产经营食品。

**解读：**本条是对食品安全国家标准整合的具体规定。

目前，食品生产经营者应当按照现行有关标准生产经营食品。

一旦食品安全国家标准公布，所有的食品生产经营者应当遵照执行。检验机构同样遵照执行。

**第二十五条** 企业生产的食品没有食品安全国家标准或者地方标准的，应当制定企业标准，作为组织生产的依据。国家鼓励食品生产企业制定严于食品安全国家标准或者地方标准的企业标准。企业标准应当报省级卫生行政部门备案，在本企业内部适用。

**解读：**本条是对食品生产企业如何执行食品安全国家标准的规定。食品安全标准分为：国家食品安全标准、地方食品安全标准、企业食品安全标准。

## 第四章 食品生产经营

**第二十七条** 食品生产经营应当符合食品安全标准，并符合下列要求：

（一）具有与生产经营的食品品种、数量相适应的食品原料处理和食品加工、包装、贮存等场所，保持该场所环境整洁，并与有毒、有害场所以及其他污染源保持规定的距离；

（二）具有与生产经营的食品品种、数量相适应的生产经营设备或者设施，有相应的消毒、更衣、盥洗、采光、照明、通风、防腐、防尘、防蝇、防鼠、防虫、洗涤以及处理废水、存放垃圾和废弃物的设备或者设施；

（三）有食品安全专业技术人员、管理人员和保证食品安全的规章制度；

（四）具有合理的设备布局和工艺流程，防止待加工食品与直接入口食品、原料与成品交叉污染，避免食品接触有毒物、不洁物；

（五）餐具、饮具和盛放直接入口食品的容器，使用前应当洗净、消毒，炊具、用具用后应当洗净，保持清洁；

（六）贮存、运输和装卸食品的容器、工具和设备应当安全、无害，保持清洁，防止食品污染，并符合保证食品安全所需的温度等特殊要求，不得将食品与有毒、有害物品一同运输；

（七）直接入口的食品应当有小包装或者使用无毒、清洁的包装材料、餐具；

（八）食品生产经营人员应当保持个人卫生，生产经营食品时，应当将手洗净，穿戴清洁的工作衣、帽；销售无包装的直接入口食品时，应当使用无毒、清洁的售货工具；

（九）用水应当符合国家规定的生活饮用水卫生标准；

（十）使用的洗涤剂、消毒剂应当对人体安全、无害；

（十一）法律、法规规定的其他要求。

**解读：**本条是关于食品生产经营应当符合食品安全标准以及其他卫生安全要求的规定。

关于食品生产经营中的要求，首先是要符合食品安全标准。按照食品安全标准进行生产，是本法对食品生产最基本、最核心的要求，除此之外，食品生产企业还必须满足本条1至11项的要求。这些要求在《食品生产许可审查通则》和实施细则中都作了明确的规定，是食品生产企业取得食品生产许可证的必不可少的条件，也是我们在日常巡查监管所应该时刻关注的内容。

1. 食品生产经营的环境卫生要求。库房面积应与生产经营的食品品种、数量相适应；厂房与生产产量相适应；人员操作面积、空间和设备等与生产相适应的厂房设计，要能达到防止食品污染及满足其他条件的目的，保证食品安全。

2. 食品生产经营应当有食品安全专业技术人员、管理人员和保证食品安全的规章制度。企业是食品安全的第一责任人，企业食品安全管理水平的高低，在相当程度上决定了食品是否安全。食品专业安全技术人员具有食品生产经营的专业知识，可以从专业的角度对食品进行检测、监督；管理人员通过科学管理可以有效降低各种食品安全风险。通过学习保证食品安全的各项规章制度，可以强化责任心，使操作符合规章要求，切实保证食品安全。

3. 设备布局和工艺流程的卫生要求。这是为了防止食品在生产经营过程中受到污染。合理的设备布局和工艺流程应当做到系列化、自动化、管道化、避免前道工序的原料、半成品污染后道工序的成品，防止食品与成品、生食品与熟食品的交叉感染。每道工序的容器、工具和用具必须固定，须有各自相应的标志，防止交叉使用。使用的清洗剂、消毒剂以及杀虫剂、灭鼠剂等必须远离食品，存放于专柜，并由专人管理。

4. 餐具等的消毒要求。必须保证使用者所使用的餐具、饮具都是经过消毒的，以达到消灭病原体，降低细菌数量，防止使用者互相传染，保证消费者身体健康的目的。食具消毒方法可采用物理或化学方法。物理方法一般是指煮沸或蒸气消毒法，化学方法一般指使用消毒剂或洗涤剂。

5. 食品贮存、运输和装卸中的卫生要求。食品的贮存、运输、装卸中容易造成食品污染。一旦食品在此过程中因与毒物毗邻等原因而使食品受到污染，将威胁人民的生产安全，损失巨大。食品的运输、装卸卫生要求包括两方面：一是，运输、装卸食品的容器、工具、设备等必须是无毒无害材料做成，使用中必须按规定洗刷或消毒；二是，食品装运的环境条件必须符合卫生要求，如散装食品装卸过程中是否毗邻有毒有害物质，不得将有毒有害物质与食品、食品与非食品、易于吸收气味的食品与有特殊气味的食品混同装运等。

6. 食品的包装卫生要求。食品小包装可防止食用前的污染，方便消费者食用。包装必须使用无毒、清洁的包装材料，如食品包装用纸等。

7. 食品生产经营人员的卫生要求。食品生产经营人员良好的个人卫生习惯是防止食品污染“病从口入”的重要手段。个人卫生是指食品生产经营人员的衣着外观整洁，指甲常剪，头发常理，勤洗澡等。

操作前必须洗手，穿戴清洁的工作衣、帽；不在生产经营场所吸烟；每道工序的人员相对固定，不得随意流动，未进行消毒和更换工作服的人员，不得进入工作岗位。

8. 食品用水的卫生要求。生产经营食品离不开水，而水也是造成食品污染和传播疾病的媒介。所以食品生产经营用水应当符合国家规定的生活饮用水卫生标准。食品安全监督管理部门应经常对用水进行监测，确保用水符合卫生标准。

9. 洗涤剂和消毒剂的卫生要求。食品生产经营场所的一些用具、工具、容器必须采用洗涤剂和消毒剂进行清洁和消毒，以避免因工具、用具的不清洁或有毒而污染了食品。如果洗涤剂或消毒剂本身即含有毒素、病菌等，就会使污染更加严重，而且还因曾洗过或消毒过而忽视了进一步予以必要的清洗和消毒，失去补救的机会。

**第二十八条**　禁止生产经营下列食品：

（一）用非食品原料生产的食品或者添加食品添加剂以外的化学物质的食品，或者用回收食品作为原料生产的食品；

（二）致病性微生物、农药残留、兽药残留、重金属、污染物质以及其他危害人体健康的物质含量超过食品安全标准限量的食品；

（三）营养成分不符合食品安全标准的专供婴幼儿和其他特定人群的主辅食品；

（四）腐败变质、油脂酸败、霉变生虫、污秽不洁、混有异物、掺假掺杂或者感官性状异常的食品；

（五）病死、毒死或者死因不明的禽、畜、兽、水产动物肉类及其制品；

（六）未经动物卫生监督机构检疫或者检疫不合格的肉类，或者未经检验或者检验不合格的肉类制品；

（七）被包装材料、容器、运输工具等污染的食品；

（八）超过保质期的食品；

（九）无标签的预包装食品；

（十）国家为防病等特殊需要明令禁止生产经营的食品；

（十一）其他不符合食品安全标准或者要求的食品。

**解读：**本条是对禁止生产经营的食品的规定。

1. 禁止生产用非食品原料生产的食品或者添加食品添加剂以外的化学物质和其他可能危害人体健康物质的食品。如使用工业酒精（非食品原料）的勾兑酒、添加三聚氰胺（非食品原料）的婴儿奶粉、部分利欲熏心的食品生产者利用回收食品为原料生产的食品等。

2. 禁止生产经营危害人体健康的物质含量超过食品安全标准限量的食品。一般而言，要做到食品中致病性微生物、农药残留、兽药残留等物质含量为零，成本过于高昂，缺乏可操作性，另外人体对这些物质有一定的耐受性。但是这些物质如果过量，就将损害人体健康。具体衡量的标准是食品安全标准。这些物质超过食品安全标准限量的，就禁止生产经营。

3. 营养成分不符合食品安全标准的专供婴幼儿和其他特定人群的主辅食品。其他特殊人群一般指患有特殊疾病的人，如糖尿病人，或者身体有某种倾向的人。如易疲劳人群，根据这些人体质的不同特点，应制定不同的食品标准。

4. 禁止生产经营腐败变质、油脂酸败、霉变生虫、污秽不洁、混有异物、掺假掺杂或者感官性状异常的食品。食品的“腐败变质”指食品经过微生物作用使食品中某些成分发生变化，感官性状发生改变而丧失可食性的现象。这些食品一般含有沙门氏菌、痢疾杆菌、金黄色葡萄球菌等致病性病菌，易导致食物中毒。“油脂酸败”指油脂和含油脂的食品，在贮存过程中经微生物、酶等作用，而发生变色、气味改变等变化。“霉变”指霉菌污染繁殖，有时表面可见霉丝和霉变现象，这种霉菌毒素在高温高压条件下，也不易被破坏，使毒品有较强的毒性。如前几年被新闻媒体广泛报道的陈化粮事件，就是因为陈化粮中的黄曲菌霉超标。黄曲菌霉产生的黄曲霉毒素是目前发现的最强化学致癌物，尤其可以导致肝癌。因此，按照国家的规定，陈化粮绝对不允许直接作为口粮进行销售。

5. 禁止生产经营病死、毒死或者死因不明的禽、畜、兽、水产动物肉类及其制品。现仍有一些不法分子用以上死动物生产加工肉制品。

6. 禁止经营被包装材料、容器、运输工具等污染的食品。包装污秽、严重破损或者运输工具不洁，容易导致食品污染。

7. 禁止经营超过保质期的食品，保质期应从食品加工结束当日算起，不允许从发货之日和销售单位收货之日起计算。

8. 禁止销售无标签的预包装食品。标签是广大消费者的需要。广大消费者可以借助食品标签来选购食品。因此，法律规定，禁止销售无标签的预包装食品。

违反本条第（一）、（二）、（三）、（四）、（五）、（六）、（八）、（十）等八项要求的，依据本法第85条的规定处罚：由有关主管部门按照各自职责分工，没收违法所得、违法生产经营的食品和用于违法生产经营的工具、设备、原料等物品；违法生产经营的食品货值金额不足1万元的，并处2000元以上5万元以下罚款；货值金额1万元以上的，并处货值金额5倍以上10倍以下罚款；

情节严重的，吊销许可证。

**第二十九条** 国家对食品生产经营实行许可制度。从事食品生产、食品流通、餐饮服务，应当依法取得食品生产许可、食品流通许可、餐饮服务许可。

取得食品生产许可的食品生产者在其生产场所销售其生产的食品，不需要取得食品流通的许可；取得餐饮服务许可的餐饮服务提供者在其餐饮服务场所出售其制作加工的食品，不需要取得食品生产和流通的许可；农民个人销售其自产的食用农产品，不需要取得食品流通的许可。

食品生产加工小作坊和食品摊贩从事食品生产经营活动，应当符合本法规定的与其生产经营规模、条件相适应的食品安全要求，保证所生产经营的食品卫生、无毒、无害，有关部门应当对其加强监督管理，具体管理办法由省、自治区、直辖市人民代表大会常务委员会依照本法制定。

**解读：**本条是国家对食品生产经营实行许可制度的规定。

1. 国家对食品生产经营实行许可制度。

（1）对从事食品生产，应当依法取得食品生产许可。《食品安全法实施条例》第18条规定，取得许可后，依法办理工商登记，有效期4年（原食品生产许可证有效期3年），食品生产许可证成为办理工商登记的前置条件。原《食品卫生法》第104条废止。今后不再办理卫生许可证。

（2）现已实行行政许可的食品共有28大类50个小类，基本涵盖了所有食品，食品相关产品（如塑料包装、容器、工具）等制品共3类39个产品 。

2. 食品生产加工小作坊的管理。食品生产加工小作坊是食品安全事故的多发地，食品监管相对薄弱，既不能都实施许可，又不能放任不管。另外，小作坊的问题具有地域性。《食品安全法》一方面对其加强监督管理；另一方面授权地方人大常委会根据本地实际情况制定对食品生产加工小作坊和食品摊贩的管理办法。

据统计，近年来，经过整治，全国已有19 424家小作坊停产或转产，8814家小作坊被强制停产，19 317家小作坊联合、兼并，206 739家小作坊签订了食品质量安全承诺书；通过帮扶指导5 385家整改后达到准入要求，已经获得或申请食品生产许可证；对5 631家限期整改仍达不到要求的小作坊予以取缔；对地处偏远的农村地区，达不到市场准入要求且生产的食品与当地群众生产生活息息相关的，按照强化监管、限制销售区域等措施，初步确定了允许有条件存在的小企业小作坊36 699家；查处的无证生产和存在其他违法违规行为的小作坊26 726家。

对食品小作坊的管理：由于生产条件所限，食品生产加工小作坊无法申请食品生产许可证。但是，这并不意味着对小作坊就应放任自流，放任的后果往往容易引发更严重的食品安全问题；损害广大人民群众的身体健康和生命安全。对食品生产加工小作坊，必须加强管理、严格要求，强化日常监督，采取一系列切实有效的监管制度。

小作坊产品的销售范围应限制在乡镇级行政区域，各级质量技术监督部门应加强日常管理，防止小作坊产品进入商场、超市销售。为加强食品小作坊自律和社会监督，食品小作坊应在其产品最小销售包装的显著位置，明示其产品销售的限制区域，注明“本产品仅限于XXX地区销售”等内容。因此，如超出销售区域范围即可按照无生产许可证查处。

违反本条规定，依据第84条进行处罚：“未经许可从事食品生产经营活动，或者未经许可生产食品添加剂的，由有关主管部门按照各自职责分工，没收违法所得、违法生产经营的食品、食品添加剂和用于违法生产经营的工具、设备、原料等物品；违法生产经营的食品、食品添加剂货值金额不足1万元的，并处2千元以上5万元以下罚款；货值金额1万元以上的，并处货值金额5倍以上10倍以下罚款。”

为了确保食品安全，维护社会管理秩序，对不申请许可或者未获许可从事食品生产经营、食品添加剂生产的，应当予以罚款。根据本条规定，应当注意以下两个问题：

第一，关于执法部门。县级以上质量监督，对未经许可从事食品生产予以罚款：未经许可生产食品添加剂的违法行为的处罚，应当由县级以上质量监督部门予以处罚。

第二，关于处罚。对未经许可从事食品生产经营活动或者未经许可生产食品添加剂的违法行为的处罚包括两种：①没收违法所得、没收非法财物（包括违法生产经营的食品、食品添加剂和用于违法生产经营的工具、设备、原料物品）；②罚款。为防止违法行为人得到经济上的好处，对于牟利性违法行为，除没收违法所得、没收非法财物外，还应对违法行为人予以经济制裁即并处罚款。根据本条规定，违法生产经营的食品、食品添加剂货值金额不足1万的，并处2000元以上5万元以下罚款；货值金额1万元以上的，并处货值金额5倍以上10倍以下罚款。这里，所谓货值金额，是指按违法行为人销售食品、食品添加剂的价格计算的货物价值总额。

**第三十一条** 县级以上质量监督、工商行政管理、食品药品监督管理部门应当依照行政许可法的规定，审核申请人提交的本法第二十七条第一项至第四项规定要求的相关资料，必要时对申请人的生产经营场所进行现场核查；对符合规定条件的，决定准予许可；对不符合规定条件的，决定不予许可并书面说明理由。

**解读：**本条是对行政机关对申请予以审查的规定。

食品生产许可不仅要对申请材料的要件是否具备进行审查，还要对申请材料的实质内容是否符合条件进行审查。对于申请的实质审查，还需要进行实地核查，才能确认真实情况。根据质检总局79号令《食品加工企业质量安全监督管理实施细则（试行）》第21条第3款规定："食品生产许可证的受理、企业必备条件的核查及证书送达仍有市局负责。对不符合规定条件的，发放不予行政许可决定书。"

**第三十二条**　食品生产经营企业应当建立健全本单位的食品安全管理制度，加强对职工食品安全知识的培训，配备专职或者兼职食品安全管理人员，做好对所生产经营食品的检验工作，依法从事食品生产经营活动。

**解读：**本条是对食品生产经营企业自身管理的规定。

对于管理制度及管理人员要求在相应产品的《实施细则》中都作好明文规定。要通过各种形式，对职工进行食品安全知识的教育培训，使职工树立"食品安全无小事"的意识，不断增强食品安全意识的自觉性和责任心。宣传普及《食品安全法》，使食品从业人员树立起食品安全的法治观念，增强守法的自觉性；提高食品从业人员的食品安全知识水平，增强保证食品安全的自觉性。

**第三十三条**　国家鼓励食品生产经营企业符合良好生产规范要求，实施危害分析与关键控制点体系，提高食品安全管理水平。

对通过良好生产规范、危害分析与关键控制点体系认证的食品生产经营企业，认证机构应当依法实施跟踪调查；对不再符合认证要求的企业，应当依法撤销认证，及时向有关质量监督、工商行政管理、食品药品监督管理部门通报，并向社会公布。认证机构实施跟踪调查不收取任何费用。

**解读：**本条是关于鼓励食品经营企业采用现代管理方式，提高食品安全管理水平的规定。

关于良好生产规范：良好生产规范GMP、GMP要求食品生产企业应具备良好的生产设备、合理的生产过程、完善的质量管理和严格的检测系统，确保最终产品的质量（包括食品安全卫生）符合法律、法规要求。

关于危害分析和关键控制点体系：危害分析和关键控制点体系，简称HACCP，是指对食品加工、运输以及销售整个过程中的各种危害进行分析和控制，从而保证食品达到安全水平。HACCP管理体系与重点放在监督检查和对产成品进行检测的传统管理方法最大区别：一是，使食品生产对最终产品的检验转化为控制生产环节中的潜在危害，将预防和控制的重点前移，即由检验是否有不合格产品转化为预防不合格产品；二是，节约检测成本，在危害发生之前即控制预防，不必在最终产品上花费大量的人、财、物。

**第三十四条** 食品生产经营者应当建立并执行从业人员健康管理制度。患有痢疾、伤寒、病毒性肝炎等消化道传染病的人员，以及患有活动性肺结核、化脓性或者渗出性皮肤病等有碍食品安全的疾病的人员，不得从事接触直接入口食品的工作。

食品生产经营人员每年应当进行健康检查，取得健康证明后方可参加工作。

**解读：**本条是关于食品生产经营人员健康管理制度的规定。

1. 食品生产经营者应当建立并执行从业人员健康管理制度。从业健康人员健康管理制度一般包括每年进行健康检查，取得健康证明后方能上岗。食品生产经营者为员工建立健康档案，管理人员负责组织本单位员工的健康检查，员工患病及时申报等。

2. 食品生产经营人员应定期进行健康检查。健康证明是食品生产经营者经过卫生监督部门的健康体检后取得的书面证明文件。食品生产经营者必须取得健康证明后才能上岗。健康证明过期的，应当立即停止食品生产经营活动，待重新进行健康体检后，才能继续上岗。

食品从业人员应当注意个人卫生。食品生产经营人员的衣着应外观整洁，做到指甲常剪、头发常理、经常洗澡等，经常保持个人卫生。食品生产经营人员在进行操作接触食品前或便后以及接触污物以后要及时将手洗净，方可从事操作或接触食物。

安排患有本条所列疾病的人员从事接触直接入口食品的工作，依据第 87 条规定进行处罚：由有关主管部门按照各自职责分工，责令改正，给予警告；拒不改正的，处 2000 元以上 2 万元以下罚款；情节严重的，责令停产停业，直至吊销许可证。

**第三十六条**　食品生产者采购食品原料、食品添加剂、食品相关产品，应当查验供货者的许可证和产品合格证明文件；对无法提供合格证明文件的食品原料，应当依照食品安全标准进行检验；不得采购或者使用不符合食品安全标准的食品原料、食品添加剂、食品相关产品。

食品生产企业应当建立食品原料、食品添加剂、食品相关产品进货查验记录制度，如实记录食品原料、食品添加剂、食品相关产品的名称、规格、数量、供货者名称及联系方式、进货日期等内容。食品原料、食品添加剂、食品相关产品进货查验记录应当真实，保存期限不得少于二年。

**解读：**本条是关于食品生产企业进货查验记录的规定。

有的食品原料可能无法提供合格证明文件，对此法律要求食品生产者依照食品安全标准进行检验。

食品生产企业应当建立食品原料、食品添加剂、食品相关产品进货查验记录制度，记录相关信息，有利于食品可追溯，确保监管链条不断。采购前应按以下要求对产品进行查验：①产品生产许可证，产品合格证明和产品标识是否符合国家相关法律、法规的规定；②应查验食品是否有按照产品生产批次由符合法定条件的检验机构出具的检验合格报告或者由供货商签字的检验报告复印件；③采购生猪肉——查验——定点屠宰——检疫合格证明；采购其他肉类也应查验检疫合格证明。进货查验记录是实施食品可追溯的重要依据，是实现企业是食品安全第一责任人的重要保证，必须真实。进货查验记录保存期限不得少于2年，以备查询。我们在监管巡查时就要查其有无进货记录，未建立并遵守查验记录制度，就要依据本法第87条予以处理。

违反本条规定，依据本法第87条的规定进行处罚，由有关主管部门按照各自职责分工，责令改正，给予警告；拒不改正的，处2000元以上2万元以下罚款；情节严重的，责令停产停业，直至吊销许可证。

特别说明：生产者使用未取得食品生产许可证的实施生产许可证管理的食品原材料、添加剂及食品相关产品，依据《许可证管理条例》第90条进行处罚：责令改正，处5万元以上20万元以下的罚款，有违法所得的，没收违法所得。取得食品生产许可证的企业有此行为且情节严重的，吊销食品生产许可证。

**第三十七条** 食品生产企业应当建立食品出厂检验记录制度。查验出厂食品的检验合格证和安全状况，并如实记录食品的名称、规格、数量、生产日期、生产批号、检验合格证号、购货者名称及联系方式、销售日期等内容。食品出厂检验记录应当真实，保存期限不得少于二年。

**解读：** 本条是关于食品出厂检验记录的规定。

出厂检验（这里所说的检验是指查验）是食品生产中最后一道程序，是食品生产者能够控制的最后一道关卡。企业作为食品安全的第一责任人，有责任、有义务对自己生产的食品进行检验，确保出厂食品合格、安全。

食品生产者必须如实记录相关内容，这是食品生产者的法律义务。通过查验并如实记录：第一，可以及时发现没有食品检验合格证的不合格食品；第二，出厂查验并记录是食品召回制度的基础和前提；第三，食品生产者日后如果与购货者因食品安全、质量等发生法律纠纷，食品出厂检验记录是重要证据。

食品出厂检验记录应当真实。食品生产者不得凭空捏造、涂改食品出厂检验记录。为了日后查询方便，出现问题及时追溯，法律规定食品出厂检验记录的保存期不得少于2年。

违反本条规定，依据本法第87条的规定进行处罚，由有关主管部门按照各自职责分工，责令改正，给予警告；拒不改正的，处2000元以上2万元以下罚款；情节严重的，责令停产停业，直至吊销许可证。

**第三十八条**　食品、食品添加剂和食品相关产品的生产者，应当依照食品安全标准对所生产的食品、食品添加剂和食品相关产品进行检验，检验合格后方可出厂或者销售。

**解读：** 本条是食品、食品添加剂和食品相关产品生产者应当对其所生产的产品进行检验的规定。

违反本条规定，依据本法第87条的规定进行处罚，由有关主管部门按照各自职责分工，责令改正，给予警告；拒不改正的，处2000元以上2万元以下罚款；情节严重的，责令停产停业，直至吊销许可证。

**第四十二条** 预包装食品的包装上应当有标签。标签应当标明下列事项：

（一）名称、规格、净含量、生产日期；

（二）成分或者配料表；

（三）生产者的名称、地址、联系方式；

（四）保质期；

（五）产品标准代号；

（六）贮存条件；

（七）所使用的食品添加剂在国家标准中的通用名称；

（八）生产许可证编号；

（九）法律、法规或者食品安全标准规定必须标明的其他事项。

专供婴幼儿和其他特定人群的主辅食品，其标签还应当标明主要营养成分及其含量。

**解读：**本条规定了预包装食品标签应当标明的内容。

预包装食品不像散装食品那样容易让人分辨其品种、色泽、形象、气味等，预包装食品无法让人直观地辨别这种食品，并感受到该食品的质量好坏。食品生产者应当在预包装食品的标签上如实标明本条所规定的内容，以利于食品经营者和消费者进行辨别、选购和监督。具体的标注要符合 GB7718《预包装食品标签通则》、GB10344《预包装饮料酒标签通则》、GB13432《预包装特殊膳食用食品标签通则》、第 102 号令《食品标识管理规定》及有关食品安全标准要求。

违反本条规定，依据本法第 86 条的规定进行处罚：由有关主管部门按照各自职责分工，没收违法所得、违法生产经营的食品和用于违法生产经营的工具、设备、原料等物品；违法生产经营的食品货值金额不足 1 万元的，并处 2000 元以上 5 万元以下罚款；货值金额 1 万元以上的，并处货值金额 2 倍以上 5 倍以下罚款；情节严重的，责令停产停业，直至吊销许可证。

**第四十三条**　国家对食品添加剂的生产实行许可制度。申请食品添加剂生产许可的条件、程序，按照国家有关工业产品生产许可证管理的规定执行。

**解读：**本条规定了食品添加剂的生产实行许可制度。

执法时应该注意的是，截至目前并不是所有的食品添加剂都实现了发证。

现已实行生产许可证管理的食品添加剂共19类169种产品。违反本条规定，依据第84条进行处罚：未经许可从事食品生产经营活动，或者未经许可生产食品添加剂的，由有关主管部门按照各自职责分工，没收违法所得、违法生产经营的食品、食品添加剂和用于违法生产经营的工具、设备、原料等物品；违法生产经营的食品、食品添加剂货值金额不足1万元的，并处2000元以上5万元以下罚款；货值金额1万元以上的，并处货值金额5倍以上10倍以下罚款。

**第四十四条**　申请利用新的食品原料从事食品生产或者从事食品添加剂新品种、食品相关产品新品种生产活动的单位或者个人，应当向国务院卫生行政部门提交相关产品的安全性评估材料。国务院卫生行政部门应当自收到申请之日起六十日内组织对相关产品的安全性评估材料进行审查；对符合食品安全要求的，依法决定准予许可并予以公布；对不符合食品安全要求的，决定不予许可并书面说明理由。

**解读：**利用新的食品原料从事食品生产，或者从事食品添加剂新品种、食品相关产品新品种的生产活动应当通过安全性评估。任何单位或者个人未向国家有关部门申请安全性评估，或者未通过安全性评估，不得从事新品种的生产活动。如蒙牛特仑苏 OMP 事件，OMP 被认为是造骨细胞牛奶蛋白，但它是未进行安全评估的新食品原料，被质检总局叫停。

如违反本条规定，依据第 85 条进行处罚：由有关主管部门按照各自职责分工，没收违法所得、违法生产经营的食品和用于违法生产经营的工具、设备、原料等物品；违法生产经营的食品货值金额不足 1 万元的，并处 2000 元以上 5 万元以下罚款；货值金额 1 万元以上的，并处货值金额 5 倍以上 10 倍以下罚款；情节严重的，吊销许可证。

**第四十六条　食品生产者应当依照食品安全标准关于食品添加剂的品种、使用范围、用量的规定使用食品添加剂；不得在食品生产中使用食品添加剂以外的化学物质或者其他可能危害人体健康的物质。**

**解读：**本条是关于食品添加剂使用要求的规定。

本条作了上述规定，主要有以下两层含义：

一是食品生产者必须依照食品安全标准依法使用食品添加剂。食品安全标准包含食品添加剂的品种、使用范围、用量。

二是不得在食品生产中使用食品添加剂以外的其他任何化学物质和可能危害人体健康的物质。要按照发布的食品安全标准关于食品添加剂的品种、使用范围、用量的规定使用食品添加剂；现阶段除 GB2760－2007《食品添加剂使用卫生标准》、GB14880《营养强化剂》和 2007 年以来卫生部新公告的食品添加剂之外，未经安全评估，必须禁止使用其他任何化学物质或者其他可能危害人体健康的物质。

技术监督部门在日常巡查或监管时要做的是：一查两台账和进货记录和食品标签；二查原料库；三查配料车间。

**第四十七条** 食品添加剂应当有标签、说明书和包装。标签、说明书应当载明本法第四十二条第一款第一项至第六项、第八项、第九项规定的事项，以及食品添加剂的使用范围、用量、使用方法，并在标签上载明“食品添加剂”字样。

**解读：**本条是关于食品添加剂的标签、说明书和包装的规定。

食品添加剂生产企业应当对其所生产的食品添加剂的安全负责，保证食品添加剂的标签、说明书和包装，符合国家规定的安全标准。

违反本条规定，依据本法第86条的规定进行处罚：由有关主管部门按照各自职责分工，没收违法所得、违法生产经营的食品和用于违法生产经营的工具、设备、原料等物品；违法生产经营的食品货值金额不足1万元的，并处2000元以上5万元以下罚款；货值金额1万元以上的，并处货值金额2倍以上5倍以下罚款；情节严重的，责令停产停业，直至吊销许可证。

**第四十八条** 食品和食品添加剂的标签、说明书，不得含有虚假、夸大的内容，不得涉及疾病预防、治疗功能。生产者对标签、说明书上所载明的内容负责。

食品和食品添加剂的标签、说明书应当清楚、明显，容易辨识。

食品和食品添加剂与其标签、说明书所载明的内容不符的，不得上市销售。

**解读：**本条关于食品和食品添加剂的标签、说明书内容要求的规定。

不得含有虚假、夸大的内容，不得涉及疾病预防、治疗功能，普通食品不能声称保健功能，并应当对标签、说明书上的内容负责。

**第五十条** 生产经营的食品中不得添加药品，但是可以添加按照传统既是食品又是中药材的物质。按照传统既是食品又是中药材的物质的目录由国务院卫生行政部门制定、公布。

**解读：**本条对食品中不得添加药品以及可以添加按照传统既是食品又是中药材的物质进行了规定。

食品与药品是两种具有不同功能的物质，食品与药品不应混同，应当区别监管。对此，本条明确规定食品中不得添加药品，意在防止在食品中滥加药物对人体造成损害。

一些中药材在传统中医实践中，既是药品又具有相当长食用历史，或是至今民间仍在广泛食用，不能被视为是“添加药品”。

违反本条规定，依据本法第86条的规定进行处罚：由有关主管部门按照各自职责分工，没收违法所得、违法生产经营的食品和用于违法生产经营的工具、设备、原料等物品；违法生产经营的食品货值金额不足1万元的，并处2千元以上5万元以下罚款；货值金额1万元以上的，并处货值金额2倍以上5倍以下罚款；情节严重的，责令停产停业，直至吊销许可证 。

既是食品又是药品的物品名单（共87种）

B 八角茴香、白芷、白果、白扁豆、白扁豆花、百合、薄荷。

C 赤小豆。

D 丁香、刀豆、代代花、淡竹叶、淡豆豉。

E 阿胶。

F 佛手、茯苓、蜂蜜、榧子、蝮蛇、覆盆子。

G 甘草、枸杞子、高良姜、葛根。

H 花椒、荷叶、黄芥子、黄精、黑芝麻、黑胡椒、槐米、槐花、藿香。

J　决明子、鸡内金、金银花、姜（生姜、干姜）、橘红、桔梗、菊花、菊苣、橘皮。

K　昆布。

L　龙眼肉（桂圆）、罗汉果、莱菔子、莲子。

M　马齿苋、木瓜、火麻仁、牡蛎、麦芽。

P　胖大海、蒲公英。

Q　芡实、青果。

R　肉豆蔻、肉桂。

S　山药、山楂、沙棘、砂仁、桑叶、桑葚、酸枣仁。

T　桃仁。

W　乌梢蛇、乌梅。

X　小茴香、小蓟、杏仁（甜、苦）、香橼、香薷、鲜白茅根、鲜芦根、薤白。

Y　玉竹、余甘子、郁李仁、鱼腥草、益智仁、薏苡仁。

Z　枣（大枣、酸枣、黑枣）、枳椇子、栀子、紫苏、紫苏籽。

**第五十一条**　国家对声称具有特定保健功能的食品实行严格监管。有关监督管理部门应当依法履职，承担责任。具体管理办法由国务院规定。

声称具有特定保健功能的食品不得对人体产生急性、亚急性或者慢性危害，其标签、说明书不得涉及疾病预防、治疗功能，内容必须真实，应当载明适宜人群、不适宜人群、功效成分或者标志性成分及其含量等；产品的功能和成分必须与标签、说明书相一致。

**解读：**本条规定了国家对声称具有特定保健功能的食品实行严格监管以及对保健食品在功能声称、标签说明书、产品功能和成分等方面的要求。

**第五十三条** 国家建立食品召回制度。食品生产者发现其生产的食品不符合食品安全标准，应当立即停止生产，召回已经上市销售的食品，通知相关生产经营者和消费者，并记录召回和通知情况。

食品经营者发现其经营的食品不符合食品安全标准，应当立即停止经营，通知相关生产经营者和消费者，并记录停止经营和通知情况。食品生产者认为应当召回的，应当立即召回。

食品生产者应当对召回的食品采取补救、无害化处理、销毁等措施，并将食品召回和处理情况向县级以上质量监督部门报告。

食品生产经营者未依照本条规定召回或者停止经营不符合食品安全标准的食品的，县级以上质量监督、工商行政管理、食品药品监督管理部门可以责令其召回或者停止经营。

**解读：**本条是关于食品召回制度的规定。

食品召回制度是指对已经上市的食品，发现其不符合食品安全标准，可能威胁人体健康时，由食品生产者按照规定程序，将已售食品收回，及时消除或减少食品安全危害的制度。总局第98号令已制定《食品召回制度》。本条从三个方面确立了不安全食品召回制度。

一是主动召回。按规定程序召回已经上市销售的食品，记录召回和通知情况。同时，采取补救、无害化处理、销毁等措施，防止该食品再次流入市场，危害人民群众身体健康。要求将食品召回和处理情况向县级以上质量监督部门报告，接受监督。这体现了食品生产企业是第一责任人的思想。

二是通知召回。食品经营者通知食品生产者召回。食品经营者是直接面向广大消费者的。

三是责令召回。对于食品生产者不主动召回其所生产的不符合食品安全标准的食品的质量监督管理部门有权责令其立即召回，责令召回实质上是一种强制召回。

如违反本条规定，依据第85条进行处罚：由有关主管部门按照各自职责分工，没收违法所得、违法生产经营的食品和用于违法生产经营的工具、设备、原料等物品；违法生产经营的食品货值金额不足1万元的，并处2000元以上5万元以下罚款；货值金额1万元以上的，并处货值金额5倍以上10倍以下罚款；情节严重的，吊销许可证。

**第五十四条**　食品广告的内容应当真实合法，不得含有虚假、夸大的内容，不得涉及疾病预防、治疗功能。

食品安全监督管理部门或者承担食品检验职责的机构、食品行业协会、消费者协会不得以广告或者其他形式向消费者推荐食品。

**解读：**本条对食品广告内容的真实性和合法性以及有关单位不得向消费者推荐食品作了规定。

食品安全监督管理部门或者承担食品检验职责的机构都应当保持中立，依法、公正地实施监管或者检验。不得以广告或者其他形式向消费者推荐食品。

违反本条，依据《广告法》进行处罚。

## 第五章　食品检验

**第五十七条**　食品检验机构按照国家有关认证认可的规定取得资质认定后，方可从事食品检验活动。但是，法律另有规定的除外。

食品检验机构的资质认定条件和检验规范，由国务院卫生行政部门规定。

本法施行前经国务院有关主管部门批准设立或者经依法认定的食品检验机构，可以依照本法继续从事食品检验活动。

**解读：**本条是对食品检验机构应具备的资质条件的规定。

**第六十条**　食品安全监督管理部门对食品不得实施免检。县级以上质量监督、工商行政管理、食品药品监督管理部门应当对食品进行定期或者不定期的抽样检验。进行抽样检验，应当购买抽取的样品，不收取检验费和其他任何费用。

县级以上质量监督、工商行政管理、食品药品监督管理部门在执法工作中需要对食品进行检验的，应当委托符合本法规定的食品检验机构进行，并支付相关费用。对检验结论有异议的，可以依法进行复检。

**解读：**本条是对食品检验工作的具体规定。

**第六十一条**　食品生产经营企业可以自行对所生产的食品进行检验，也可以委托符合本法规定的食品检验机构进行检验。

**解读：**我国实行食品出厂检验制度，食品、食品添加剂和食品相关产品的生产者，应当按照食品安全标准对所生产的食品、食品添加剂和食品相关产品进行检验，检验合格后方可出厂或者销售，未经检验或者经检验不合格的，不得出厂销售。生产者进行食品检验时要么自检要么委托本法规定的检验机构，必须批批检验。自行检验要具备基本条件：独立行使职权的机构；有管理制度；符合要求的检测仪器；合格的人员等。发证细则对此会有基本要求，质检机构接受委托必须具有能力 。

违反本条规定，依据本法第 87 条的规定进行处罚，由有关主管部门按照各自职责分工，责令改正，给予警告；拒不改正的，处 2000 元以上 2 万元以下罚款；情节严重的，责令停产停业，直至吊销许可证。

## 第七章　食品安全事故处置

**第七十一条**　发生食品安全事故的单位应当立即予以处置，防止事故扩大。事故发生单位和接收病人进行治疗的单位应当及时向事故发生地县级卫生行政部门报告。农业行政、质量监督、工商行政管理、食品药品监督管理部门在日常监督管理中发现食品安全事故，或者接到有关食品安全事故的举报，应当立即向卫生行政部门通报。

发生重大食品安全事故的，接到报告的县级卫生行政部门应当按照规定向本级人民政府和上级人民政府卫生行政部门报告。县级人民政府和上级人民政府卫生行政部门应当按照规定上报。

任何单位或者个人不得对食品安全事故隐瞒、谎报、缓报，不得毁灭有关证据。

**解读：**本条是有关食品安全事故应急处置和报告的规定：

1. 事故发生单位的处置义务。

2. 事故发生单位的报告义务。事故发生单位应当在食品安全事故发生后 2 小时之内，向所在地县级人民政府卫生行政部门报告，并按照卫生行政部门的要求采取控制措施。

3. 监督部门的通报义务。

违反本条，依据第 95 条处罚。

## 第八章 监督管理

**第七十七条** 县级以上质量监督、工商行政管理、食品药品监督管理部门履行各自食品安全监督管理职责，有权采取下列措施：

（一）进入生产经营场所实施现场检查；

（二）对生产经营的食品进行抽样检验；

（三）查阅、复制有关合同、票据、账簿以及其他有关资料；

（四）查封、扣押有证据证明不符合食品安全标准的食品，违法使用的食品原料、食品添加剂、食品相关产品，以及用于违法生产经营或者被污染的工具、设备；

（五）查封违法从事食品生产经营活动的场所。

县级以上农业行政部门应当依照农产品质量安全法规定的职责，对食用农产品进行监督管理。

**解读：**本条是关于食品安全监督管理措施的规定。

本条规定的目的，一是，明确有关监管部门在食品安全监督检查中的执法权限，并将执法行为具体化；二是，赋予有关监管部门必要的行政措施，以加大执法力度和提高执法效率。本条在执行中应当注意有关行政措施的实施主体只能是县级以上的质量监督、工商行政管理和食品药品监督管理部门，包括国务院及省、市、县级质量监督、工商行政管理和食品药品监督管理部门。根据本条规定，有关监督部门具体有权采取的行政措施包括：

1. 进入生产经营场所实施现场检查。食品安全与食品生产的过程具有密切联系，而且食品成品很难直接反映生产过程的情况。所以，食品安全监管部门在对食品安全进行监督检查时，必须深入到企业的生产经营场所，包括生产车间、销售场所等。

按照本条规定，县级以上质量监督、工商行政管理和食品药品监督管理部门可以直接进入食品生产经营场所进行现场检查，有关食品生产经营者有义务给予配合。

2. 对生产经营的食品进行抽样检验。抽样检验是食品安全监管部门对食品安全进行动态跟踪监管的主要方式之一。由于食品安全监管部门人力、物力和财力有限，同时食品安全监管的范围非常广泛，要求监管部门对每一个食品进行检查是不可能的，从提高行政管理效率的角度看也不必要。在日常监管活动中，有关监管部门使用较多的方法是进行抽样检验。

3. 查阅、复制有关合同、票据、账薄以及其他有关资料。食品生产经营者从事食品生产经营活动，通常要按照自制的规划、计划、用料、技术标准、生产流程等文件资料进行，有关生产经营活动的企业内部文件资料可以在很大程度上反映食品安全情况，因此，有关行政机关查阅、复制食品生产经营者从事生产经营活动的相关资料，是进行监督检查的重要方式。本条规定，县级以上质量监督进行食品安全监督检查时，可以查阅、复制有关合同、票据、账薄以及其他有关资料。

4. 查封、扣押有证据证明不符合食品安全标准的食品，违法使用的食品原料、食品添加剂、食品相关产品，以及用于违法生产经营或者被污染的工具、设备。查封，是指行政机关对违法行为涉及的物品予以检查封存，禁止转移或者变卖的行为。扣押，是指行政机关对违法行为涉及的物品予以扣留，以确保其不被转移、变卖的行为。赋予有关行政执法机关采取查封、扣押措施的权利，一是可以防止有关的物品继续使用或者流入市场，给消费者造成损害；二是可以为进一步查处违法生产经营行为保留证据。

5. 查封违法从事食品生产经营活动的场所。查封违法从事食品生产经营活动的场所，是指行政机关对违法从事生产经营活动的场所予以检查封闭，禁止继续使用该场所从事生产经营活动的行为。赋予有关行政执法机关查封违法从事食品生产经营活动的场所的权力，一是可以防止食品生产经营者继续利用该场所从事违法活动，给消费者造成损害；二是可以为进一步查处违法生产经营行为保留证据。有关经管部门在采取查封场所的措施时，必须遵守法律规定的程序，如通知被执行人到场，由被执行人签字，对场所出入口粘贴封条等。

**第七十八条** 县级以上质量监督、工商行政管理、食品药品监督管理部门对食品生产经营者进行监督检查，应当记录监督检查的情况和处理结果。监督检查记录经监督检查人员和食品生产经营者签字后归档。

**解读：**本条是关于监督检查记录的规定。这一规定是将食品安全监督系统化、制度化的重要条件，有利于提高工作的责任心，有利于增强食品生产者的法律意识和道德意识，也有利于保证监督检查情况的真实性和规范性。

**第七十九条** 县级以上质量监督、工商行政管理、食品药品监督管理部门应当建立食品生产经营者食品安全信用档案，记录许可颁发、日常监督检查结果、违法行为查处等情况；根据食品安全信用档案的记录，对有不良信用记录的食品生产经营者增加监督检查频次。

**解读：**本条是关于食品安全信用档案的规定。

1. 食品安全事件屡屡发生，使消费者对食品安全产生了不信任感，归因于诚信缺失。

2. 加强诚信建设，构建诚信的道德基础、诚信的人格和诚信的制度。

3. 质量监督管理部门对食品生产者建立食品安全信用档案。

4. 对有不良信用记录的食品生产经营者增加监督检查频次。

## 第九章　法律责任

**第八十四条**　违反本法规定，未经许可从事食品生产经营活动，或者未经许可生产食品添加剂的，由有关主管部门按照各自职责分工，没收违法所得、违法生产经营的食品、食品添加剂和用于违法生产经营的工具、设备、原料等物品；违法生产经营的食品、食品添加剂货值金额不足一万元的，并处二千元以上五万元以下罚款；货值金额一万元以上的，并处货值金额五倍以上十倍以下罚款。

**解读：**本条是关于未经许可从事食品生产经营活动，或者未经许可生产食品添加剂的违法行为所应承担的法律责任的规定。

第一，关于执法部门，由县级以上质量监督部门负责。第二，关于处罚，是并处。

**第八十五条**　违反本法规定，有下列情形之一的，由有关主管部门按照各自职责分工，没收违法所得、违法生产经营的食品和用于违法生产经营的工具、设备、原料等物品；违法生产经营的食品货值金额不足一万元的，并处二千元以上五万元以下罚款；货值金额一万元以上的，并处货值金额五倍以上十倍以下罚款；情节严重的，吊销许可证：

（一）用非食品原料生产食品或者在食品中添加剂以外的化学物质，或者用回收食品作为原料生产食品；

（二）生产经营致病性微生物——限量的食品；

（三）生产经营营养成分不符合食品安全标准的专供婴幼儿和其他特定人群的主辅食品；

（四）经营腐败变质、油脂酸败、霉变生虫、污秽不洁、混有异物、掺假掺杂或者感官性状异常的食品；

（五）经营病死、毒死或者死因不明的禽、畜、兽、水产动物肉类，或者生产经营病死、毒死或者死因不明的禽、畜、兽、水产动物肉类的制品；

（六）经营未经动物卫生监督机构检疫或者检疫不合格的肉类，或者生产经营未经检验或者检验不合格的肉类制品；

（七）经营超过保质期的食品；

（八）生产经营国家为防病等特殊需要明令禁止生产经营的食品；

（九）利用新的食品原料从事食品生产或者从事食品添加剂新品种、食品相关产品新品种生产，未经过安全性评估；

（十）食品生产经营者在有关主管部门责令其召回或者停止经营不符合食品安全标准的食品后，仍拒不召回或者停止经营的。

**解读：**本条是关于违反本法规定，生产经营本法所禁止生产经营的食品的行为所应承担的法律责任的规定。本法第28条对禁止生产经营的食品作了规定；第44条对利用新的食品原料从事食品生产，或者从事食品添加剂新品种、食品相关产品新品种生产活动应当向国务院卫生行政部门提交相关产品的安全性评估材料，申请安全性评估作了规定；第53条对不安全食品的召回作了规定。如果违反这些规定，应当给予处罚。

吊销许可证。吊销许可证是行政处罚的一种，是指注销生产许可证，取消违法行为人的从事食品生产经营资格。吊销许可证是较为严厉的行政处罚，违法行为人被吊销许可证，意味着其丧失生产资格。根据本条规定，情节严重的，除没收违法所得、没收非法财物、罚款外，还应当吊销违法行为人食品生产许可证。情节严重一般是指货值金额特别巨大、多次被查处、造成重大人员伤亡或者财产损失或者其他恶劣社会影响等。《许可证管理条例》第55条规定企业被吊销生产许可证的，在3年内不得再次申请同一列入目录产品的生产许可证。

**第八十六条**　违反本法规定，有下列情形之一的，由有关主管部门按照各自职责分工，没收违法所得、违法生产经营的食品和用于违法生产经营的工具、设备、原料等物品；违法生产经营的食品货值金额不足一万元的，并处二千元以上五万元以下罚款；货值金额一万元以上的，并处货值金额两倍以上五倍以下罚款；情节严重的，责令停产停业，直至吊销许可证：

（一）经营被包装材料、容器、运输工具等污染的食品；

（二）生产经营无标签的预包装食品、食品添加剂或者标签、说明书不符合本法规定的食品、食品添加剂；

（三）食品生产者采购、使用不符合食品安全标准的食品原料、食品添加剂、食品相关产品；

（四）食品生产经营者在食品中添加药品。

**解读：**本条是关于违反本法规定的四种违法行为所应承担的法律责任的规定。

违反第 28 条、第 36 条、第 42 条、第 47 条有关规定的，依据该条进行处罚。

**第八十七条**　违反本法规定，有下列情形之一的，由有关主管部门按照各自职责分工，责令改正，给予警告；拒不改正的，处二千元以上二万元以下罚款；情节严重的，责令停产停业，直至吊销许可证：

（一）未对采购的食品原料和生产的食品、食品添加剂、食品相关产品进行检验；

（二）未建立并遵守查验记录制度、出厂检验记录制度；

（三）制定食品安全企业标准未依照本法规定备案；

（四）未按规定要求贮存、销售食品或者清理库存食品；

（五）进货时未查验许可证和相关证明文件；

（六）生产的食品、食品添加剂的标签、说明书涉及疾病预防、治疗功能；

（七）安排患有本法第三十四条所列疾病的人员从事接触直接入口食品的工作。

**解读：**本条是关于食品生产经营者违反本法规定的七种违法行为所应承担的法律责任的规定。注意的是：先责令改正，给予警告；拒不改正的给予罚款等处罚。责令而不改，是罚款的先决条件。

**第八十八条** 违反本法规定，事故单位在发生食品安全事故后未进行处置、报告的，由有关主管部门按照各自职责分工，责令改正，给予警告；毁灭有关证据的，责令停产停业，并处二千元以上十万元以下罚款；造成严重后果的，由原发证部门吊销许可证。

**解读：**本条是关于事故单位在发生食品安全事故后未进行处置、报告的违法行为所应承担的法律责任的规定。

违反本条规定，依据第88条进行处理：事故单位在发生食品安全事故后未进行处置、报告的，由有关主管部门按照各自职责分工，责令改正，给予警告；毁灭有关证据的，责令停产停业，并处2000元以上10万元以下罚款；造成严重后果的，由原发证部门吊销许可证。

**第九十二条** 被吊销食品生产、流通或者餐饮服务许可证的单位，其直接负责的主管人员自处罚决定作出之日起五年内不得从事食品生产经营管理工作。

食品生产经营者聘用不得从事食品生产经营管理工作的人员

从事管理工作的，由原发证部门吊销许可证。

**解读：**本条是关于被吊销许可证的食品生产经营单位的主管人员，以及食品生产经营者，聘用不得从事食品生产经营管理工作的人员从事管理工作的法律责任的规定。负有直接责任的食品生产经营单位负责人、管理人员，可以视为直接负责的主管人员。

**第九十六条** 违反本法规定，造成人身、财产或者其他损害的，依法承担赔偿责任。

生产不符合食品安全标准的食品或者销售明知是不符合食品安全标准的食品，消费者除要求赔偿损失外，还可以向生产者或者销售者要求支付价款十倍的赔偿金。

**解读：**本条是关于违反本法所应承担的民事责任的规定。违反本法规定，造成人身、财产或者其他损害的，应当依法承担赔偿责任。应当依照产品质量法、消费者权益保护法等有关法律规定，承担赔偿责任。

1. 关于赔偿范围。①受害人遭受人身损害，因就医治疗支出的各项费用以及因误工减少的收入，包括医疗费、误工费、护理费、交通费、住宿费、住院伙食补助费、必要的营养费。②受害人因伤致残的，其因增加生活上需要所支出的必要费用以及因丧失劳动能力导致的收入损失，包括残疾赔偿金、残疾辅助器具费、被扶养人生活费以及因康复护理、继续治疗实际发生的必要康复费、护理费、后续治疗费。③受害人死亡的，除应当根据抢救治疗情况赔偿相关费用外，还应当赔偿丧葬费、被扶养人生活费、死亡补偿费以及受害人亲属办理丧葬事宜支出的交通费、住宿费和误工损失等其他合理费用。受害人或者近亲属遭受精神损害，赔偿权利人向人民法院请求赔偿精神损害抚慰金的，适用最高人民法院《关于确定民事侵权精神损害赔偿责任若干问题的解释》

予以确定。

2. 生产不符合食品安全标准的食品或者销售明知不符合食品安全标准的食品的惩罚性赔偿。

第一，生产者或者销售者的过错方面为明知，即明知的心理状态。所谓明知，一般是指知道（实际知晓）或者应当知道。实践中，对于明知特别是“应当知道”的认定，应当根据实际情况以及行为的社会危害性程度判定。

第二，惩罚性赔偿金为食品价款的10倍。本条明确规定惩罚性赔偿金为食品价款的10倍，且根据本条规定，惩罚性赔偿金不包含依法应当赔偿消费者的损失的赔偿。

第三，消费者有权向生产者和销售者任何一方要求支付赔偿金。

**第九十八条** 违反本法规定，构成犯罪的，依法追究刑事责任。

**解读：**本条是关于违反本法所应承担的刑事责任的规定。

我国《刑法》第139条之一对不报、谎报安全事故罪，第140条对生产、销售伪劣产品罪，第143条对生产、销售不符合卫生标准的食品罪，第144条对生产、销售有毒、有害食品罪进行了规定。违反本法有关规定，构成犯罪的，应当依照我国刑法上述有关规定追究其刑事责任。

**第一百条** 食品生产经营者在本法施行前已经取得相应许可证的，该许可证继续有效。

**解读：**本条是关于食品安全法施行的过渡性条款。

**第一百零一条** 乳品、转基因食品、生猪屠宰、酒类和食盐

**的食品安全管理，适用本法；法律、行政法规另有规定的，依照其规定。**

**解读：**本条是关于乳品、转基因食品、生猪屠宰、酒类和食盐的食品安全管理的特别规定。乳品：《乳品质量安全监督管理条例》；转基因食品：《农业转基因生物安全管理条例》；生猪屠宰：《生猪屠宰条例》；食盐：《食盐管理条例》。

本法所涉及的下列用语的含义：

1. 食品，指各种供人食用或者饮用的成品和原料以及按照传统既是食品又是药品的物品，但是不包括以治疗为目的的物品。

2. 食品安全，指食品无毒、无害，符合应当有的营养要求，对人体健康不造成任何急性、亚急性或者慢性危害。

3. 预包装食品，指预先定量包装或者制作在包装材料和容器中的食品。

4. 食品添加剂，指为改善食品品质和色、香、味以及为防腐、保鲜和加工工艺的需要而加入食品中的人工合成或者天然物质。

5. 用于食品的包装材料和容器，指包装、盛放食品或者食品添加剂用的纸、竹、木、金属、搪瓷、陶瓷、塑料、橡胶、天然纤维、化学纤维、玻璃等制品和直接接触食品或者食品添加剂的涂料。

6. 用于食品生产经营的工具、设备，指在食品或者食品添加剂生产、流通、使用过程中直接接触食品或者食品添加剂的机械、管道、传送带、容器、用具、餐具等。

7. 用于食品的洗涤剂、消毒剂，指直接用于洗涤或者消毒食品、餐饮具以及直接接触食品的工具、设备或者食品包装材料和容器的物质。

8. 保质期，指预包装食品在标签指明的贮存条件下保持品质的期限。

9. 食源性疾病，指食品中致病因素进入人体引起的感染性、中毒性等疾病。

10. 食物中毒，指食用了被有毒有害物质污染的食品或者食用了含有毒有害物质的食品后出现的急性、亚急性疾病。

11. 食品安全事故，指食物中毒、食源性疾病、食品污染等源于食品，对人体健康有危害或者可能有危害的事故。

# 2. 中华人民共和国食品安全法

## 第一章 总 则

**第一条** 为保证食品安全，保障公众身体健康和生命安全，制定本法。

**第二条** 在中华人民共和国境内从事下列活动，应当遵守本法：

（一）食品生产和加工（以下称食品生产），食品流通和餐饮服务（以下称食品经营）；

（二）食品添加剂的生产经营；

（三）用于食品的包装材料、容器、洗涤剂、消毒剂和用于食品生产经营的工具、设备（以下称食品相关产品）的生产经营；

（四）食品生产经营者使用食品添加剂、食品相关产品；

（五）对食品、食品添加剂和食品相关产品的安全管理。

供食用的源于农业的初级产品（以下称食用农产品）的质量安全管理，遵守《中华人民共和国农产品质量安全法》的规定。但是，制定有关食用农产品的质量安全标准、公布食用农产品安全有关信息，应当遵守本法的有关规定。

**第三条** 食品生产经营者应当依照法律、法规和食品安全标准从事生产经营活动，对社会和公众负责，保证食品安全，接受社会监督，承担社会责任。

**第四条** 国务院设立食品安全委员会，其工作职责由国务院规定。

国务院卫生行政部门承担食品安全综合协调职责，负责食品安全风险评估、食品安全标准制定、食品安全信息公布、食品检验机构的资质认定条件和检验规范的制定，组织查处食品安全重大事故。

国务院质量监督、工商行政管理和国家食品药品监督管理部门依照本法和国务院规定的职责，分别对食品生产、食品流通、餐饮服务活动实施监督管理。

**第五条** 县级以上地方人民政府统一负责、领导、组织、协调本行政区域的食品安全监督管理工作，建立健全食品安全全程监督管理的工作机制；统一领导、指挥食品安全突发事件应对工作；完善、落实食品安全监督管理责任制，对食品安全监督管理部门进行评议、考核。

县级以上地方人民政府依照本法和国务院的规定确定本级卫生行政、农业行政、质量监督、工商行政管理、食品药品监督管理部门的食品安全监督管理职责。有关部门在各自职责范围内负责本行政区域的食品安全监督管理工作。

上级人民政府所属部门在下级行政区域设置的机构应当在所在地人民政府的统一组织、协调下，依法做好食品安全监督管理工作。

**第六条** 县级以上卫生行政、农业行政、质量监督、工商行政管理、食品药品监督管理部门应当加强沟通、密切配合，按照各自职责分工，依法行使职权，承担责任。

**第七条** 食品行业协会应当加强行业自律，引导食品生产经营者依法生产经营，推动行业诚信建设，宣传、普及食品安全知识。

**第八条** 国家鼓励社会团体、基层群众性自治组织开展食品安全法律、法规以及食品安全标准和知识的普及工作，倡导健康的饮食方式，增强消费者食品安全意识和自我保护能力。

新闻媒体应当开展食品安全法律、法规以及食品安全标准和知识的公益宣传，并对违反本法的行为进行舆论监督。

**第九条**　国家鼓励和支持开展与食品安全有关的基础研究和应用研究，鼓励和支持食品生产经营者为提高食品安全水平采用先进技术和先进管理规范。

**第十条**　任何组织或者个人有权举报食品生产经营中违反本法的行为，有权向有关部门了解食品安全信息，对食品安全监督管理工作提出意见和建议。

## 第二章　食品安全风险监测和评估

**第十一条**　国家建立食品安全风险监测制度，对食源性疾病、食品污染以及食品中的有害因素进行监测。

国务院卫生行政部门会同国务院有关部门制定、实施国家食品安全风险监测计划。省、自治区、直辖市人民政府卫生行政部门根据国家食品安全风险监测计划，结合本行政区域的具体情况，组织制定、实施本行政区域的食品安全风险监测方案。

**第十二条**　国务院农业行政、质量监督、工商行政管理和国家食品药品监督管理等有关部门获知有关食品安全风险信息后，应当立即向国务院卫生行政部门通报。国务院卫生行政部门会同有关部门对信息核实后，应当及时调整食品安全风险监测计划。

**第十三条**　国家建立食品安全风险评估制度，对食品、食品添加剂中生物性、化学性和物理性危害进行风险评估。

国务院卫生行政部门负责组织食品安全风险评估工作，成立由医学、农业、食品、营养等方面的专家组成的食品安全风险评估专家委员会进行食品安全风险评估。

对农药、肥料、生长调节剂、兽药、饲料和饲料添加剂等的安全性评估，应当有食品安全风险评估专家委员会的专家参加。

食品安全风险评估应当运用科学方法，根据食品安全风险监测信息、科学数据以及其他有关信息进行。

**第十四条** 国务院卫生行政部门通过食品安全风险监测或者接到举报发现食品可能存在安全隐患的，应当立即组织进行检验和食品安全风险评估。

**第十五条** 国务院农业行政、质量监督、工商行政管理和国家食品药品监督管理等有关部门应当向国务院卫生行政部门提出食品安全风险评估的建议，并提供有关信息和资料。

国务院卫生行政部门应当及时向国务院有关部门通报食品安全风险评估的结果。

**第十六条** 食品安全风险评估结果是制定、修订食品安全标准和对食品安全实施监督管理的科学依据。

食品安全风险评估结果得出食品不安全结论的，国务院质量监督、工商行政管理和国家食品药品监督管理部门应当依据各自职责立即采取相应措施，确保该食品停止生产经营，并告知消费者停止食用；需要制定、修订相关食品安全国家标准的，国务院卫生行政部门应当立即制定、修订。

**第十七条** 国务院卫生行政部门应当会同国务院有关部门，根据食品安全风险评估结果、食品安全监督管理信息，对食品安全状况进行综合分析。对经综合分析表明可能具有较高程度安全风险的食品，国务院卫生行政部门应当及时提出食品安全风险警示，并予以公布。

## 第三章 食品安全标准

**第十八条** 制定食品安全标准，应当以保障公众身体健康为宗旨，做到科学合理、安全可靠。

**第十九条** 食品安全标准是强制执行的标准。除食品安全标准外，不得制定其他的食品强制性标准。

**第二十条** 食品安全标准应当包括下列内容：

（一）食品、食品相关产品中的致病性微生物、农药残留、兽药残留、重金属、污染物质以及其他危害人体健康物质的限量规定；

（二）食品添加剂的品种、使用范围、用量；

（三）专供婴幼儿和其他特定人群的主辅食品的营养成分要求；

（四）对与食品安全、营养有关的标签、标识、说明书的要求；

（五）食品生产经营过程的卫生要求；

（六）与食品安全有关的质量要求；

（七）食品检验方法与规程；

（八）其他需要制定为食品安全标准的内容。

**第二十一条** 食品安全国家标准由国务院卫生行政部门负责制定、公布，国务院标准化行政部门提供国家标准编号。

食品中农药残留、兽药残留的限量规定及其检验方法与规程由国务院卫生行政部门、国务院农业行政部门制定。

屠宰畜、禽的检验规程由国务院有关主管部门会同国务院卫生行政部门制定。

有关产品国家标准涉及食品安全国家标准规定内容的，应当与食品安全国家标准相一致。

**第二十二条** 国务院卫生行政部门应当对现行的食用农产品质量安全标准、食品卫生标准、食品质量标准和有关食品的行业标准中强制执行的标准予以整合，统一公布为食品安全国家标准。

本法规定的食品安全国家标准公布前，食品生产经营者应当按照现行食用农产品质量安全标准、食品卫生标准、食品质量标准和有关食品的行业标准生产经营食品。

**第二十三条** 食品安全国家标准应当经食品安全国家标准审评委员会审查通过。食品安全国家标准审评委员会由医学、农业、食品、营养等方面的专家以及国务院有关部门的代表组成。

制定食品安全国家标准，应当依据食品安全风险评估结果并充分考虑食用农产品质量安全风险评估结果，参照相关的国际标准和国际食品安全风险评估结果，并广泛听取食品生产经营者和消费者的意见。

**第二十四条** 没有食品安全国家标准的，可以制定食品安全地方标准。

省、自治区、直辖市人民政府卫生行政部门组织制定食品安全地方标准，应当参照执行本法有关食品安全国家标准制定的规定，并报国务院卫生行政部门备案。

**第二十五条** 企业生产的食品没有食品安全国家标准或者地方标准的，应当制定企业标准，作为组织生产的依据。国家鼓励食品生产企业制定严于食品安全国家标准或者地方标准的企业标准。企业标准应当报省级卫生行政部门备案，在本企业内部适用。

**第二十六条** 食品安全标准应当使公众免费查阅。

## 第四章 食品生产经营

**第二十七条** 食品生产经营应当符合食品安全标准，并符合下列要求：

（一）具有与生产经营的食品品种、数量相适应的食品原料处理和食品加工、包装、贮存等场所，保持该场所环境整洁，并与有毒、有害场所以及其他污染源保持规定的距离；

（二）具有与生产经营的食品品种、数量相适应的生产经营设备或者设施，有相应的消毒、更衣、盥洗、采光、照明、通风、防腐、防尘、防蝇、防鼠、防虫、洗涤以及处理废水、存放垃圾和废弃物的设备或者设施；

（三）有食品安全专业技术人员、管理人员和保证食品安全的规章制度；

（四）具有合理的设备布局和工艺流程，防止待加工食品与直接入口食品、原料与成品交叉污染，避免食品接触有毒物、不洁物；

（五）餐具、饮具和盛放直接入口食品的容器，使用前应当洗净、消毒，炊具、用具用后应当洗净，保持清洁；

（六）贮存、运输和装卸食品的容器、工具和设备应当安全、无害，保持清洁，防止食品污染，并符合保证食品安全所需的温度等特殊要求，不得将食品与有毒、有害物品一同运输；

（七）直接入口的食品应当有小包装或者使用无毒、清洁的包装材料、餐具；

（八）食品生产经营人员应当保持个人卫生，生产经营食品时，应当将手洗净，穿戴清洁的工作衣、帽；销售无包装的直接入口食品时，应当使用无毒、清洁的售货工具；

（九）用水应当符合国家规定的生活饮用水卫生标准；

（十）使用的洗涤剂、消毒剂应当对人体安全、无害；

（十一）法律、法规规定的其他要求。

**第二十八条**　禁止生产经营下列食品：

（一）用非食品原料生产的食品或者添加食品添加剂以外的化学物质和其他可能危害人体健康物质的食品，或者用回收食品作为原料生产的食品；

（二）致病性微生物、农药残留、兽药残留、重金属、污染物质以及其他危害人体健康的物质含量超过食品安全标准限量的食品；

（三）营养成分不符合食品安全标准的专供婴幼儿和其他特定

人群的主辅食品；

（四）腐败变质、油脂酸败、霉变生虫、污秽不洁、混有异物、掺假掺杂或者感官性状异常的食品；

（五）病死、毒死或者死因不明的禽、畜、兽、水产动物肉类及其制品；

（六）未经动物卫生监督机构检疫或者检疫不合格的肉类，或者未经检验或者检验不合格的肉类制品；

（七）被包装材料、容器、运输工具等污染的食品；

（八）超过保质期的食品；

（九）无标签的预包装食品；

（十）国家为防病等特殊需要明令禁止生产经营的食品；

（十一）其他不符合食品安全标准或者要求的食品。

**第二十九条** 国家对食品生产经营实行许可制度。从事食品生产、食品流通、餐饮服务，应当依法取得食品生产许可、食品流通许可、餐饮服务许可。

取得食品生产许可的食品生产者在其生产场所销售其生产的食品，不需要取得食品流通的许可；取得餐饮服务许可的餐饮服务提供者在其餐饮服务场所出售其制作加工的食品，不需要取得食品生产和流通的许可；农民个人销售其自产的食用农产品，不需要取得食品流通的许可。

食品生产加工小作坊和食品摊贩从事食品生产经营活动，应当符合本法规定的与其生产经营规模、条件相适应的食品安全要求，保证所生产经营的食品卫生、无毒、无害，有关部门应当对其加强监督管理，具体管理办法由省、自治区、直辖市人民代表大会常务委员会依照本法制定。

**第三十条** 县级以上地方人民政府鼓励食品生产加工小作坊改进生产条件；鼓励食品摊贩进入集中交易市场、店铺等固定场所经营。

**第三十一条**　县级以上质量监督、工商行政管理、食品药品监督管理部门应当依照《中华人民共和国行政许可法》的规定，审核申请人提交的本法第二十七条第一项至第四项规定要求的相关资料，必要时对申请人的生产经营场所进行现场核查；对符合规定条件的，决定准予许可；对不符合规定条件的，决定不予许可并书面说明理由。

**第三十二条**　食品生产经营企业应当建立健全本单位的食品安全管理制度，加强对职工食品安全知识的培训，配备专职或者兼职食品安全管理人员，做好对所生产经营食品的检验工作，依法从事食品生产经营活动。

**第三十三条**　国家鼓励食品生产经营企业符合良好生产规范要求，实施危害分析与关键控制点体系，提高食品安全管理水平。

对通过良好生产规范、危害分析与关键控制点体系认证的食品生产经营企业，认证机构应当依法实施跟踪调查；对不再符合认证要求的企业，应当依法撤销认证，及时向有关质量监督、工商行政管理、食品药品监督管理部门通报，并向社会公布。认证机构实施跟踪调查不收取任何费用。

**第三十四条**　食品生产经营者应当建立并执行从业人员健康管理制度。患有痢疾、伤寒、病毒性肝炎等消化道传染病的人员，以及患有活动性肺结核、化脓性或者渗出性皮肤病等有碍食品安全的疾病的人员，不得从事接触直接入口食品的工作。

食品生产经营人员每年应当进行健康检查，取得健康证明后方可参加工作。

**第三十五条**　食用农产品生产者应当依照食品安全标准和国家有关规定使用农药、肥料、生长调节剂、兽药、饲料和饲料添加剂等农业投入品。食用农产品的生产企业和农民专业合作经济组织应当建立食用农产品生产记录制度。

县级以上农业行政部门应当加强对农业投入品使用的管理和

指导，建立健全农业投入品的安全使用制度。

**第三十六条** 食品生产者采购食品原料、食品添加剂、食品相关产品，应当查验供货者的许可证和产品合格证明文件；对无法提供合格证明文件的食品原料，应当依照食品安全标准进行检验；不得采购或者使用不符合食品安全标准的食品原料、食品添加剂、食品相关产品。

食品生产企业应当建立食品原料、食品添加剂、食品相关产品进货查验记录制度，如实记录食品原料、食品添加剂、食品相关产品的名称、规格、数量、供货者名称及联系方式、进货日期等内容。

食品原料、食品添加剂、食品相关产品进货查验记录应当真实，保存期限不得少于二年。

**第三十七条** 食品生产企业应当建立食品出厂检验记录制度，查验出厂食品的检验合格证和安全状况，并如实记录食品的名称、规格、数量、生产日期、生产批号、检验合格证号、购货者名称及联系方式、销售日期等内容。

食品出厂检验记录应当真实，保存期限不得少于二年。

**第三十八条** 食品、食品添加剂和食品相关产品的生产者，应当依照食品安全标准对所生产的食品、食品添加剂和食品相关产品进行检验，检验合格后方可出厂或者销售。

**第三十九条** 食品经营者采购食品，应当查验供货者的许可证和食品合格的证明文件。

食品经营企业应当建立食品进货查验记录制度，如实记录食品的名称、规格、数量、生产批号、保质期、供货者名称及联系方式、进货日期等内容。

食品进货查验记录应当真实，保存期限不得少于二年。

实行统一配送经营方式的食品经营企业，可以由企业总部统一查验供货者的许可证和食品合格的证明文件，进行食品进货查验记录。

**第四十条**　食品经营者应当按照保证食品安全的要求贮存食品，定期检查库存食品，及时清理变质或者超过保质期的食品。

**第四十一条**　食品经营者贮存散装食品，应当在贮存位置标明食品的名称、生产日期、保质期、生产者名称及联系方式等内容。

食品经营者销售散装食品，应当在散装食品的容器、外包装上标明食品的名称、生产日期、保质期、生产经营者名称及联系方式等内容。

**第四十二条**　预包装食品的包装上应当有标签。标签应当标明下列事项：

（一）名称、规格、净含量、生产日期；

（二）成分或者配料表；

（三）生产者的名称、地址、联系方式；

（四）保质期；

（五）产品标准代号；

（六）贮存条件；

（七）所使用的食品添加剂在国家标准中的通用名称；

（八）生产许可证编号；

（九）法律、法规或者食品安全标准规定必须标明的其他事项。

专供婴幼儿和其他特定人群的主辅食品，其标签还应当标明主要营养成分及其含量。

**第四十三条**　国家对食品添加剂的生产实行许可制度。申请食品添加剂生产许可的条件、程序，按照国家有关工业产品生产许可证管理的规定执行。

**第四十四条**　申请利用新的食品原料从事食品生产或者从事食品添加剂新品种、食品相关产品新品种生产活动的单位或者个人，应当向国务院卫生行政部门提交相关产品的安全性评估材料。国务院卫生行政部门应当自收到申请之日起六十日内组织对相关产品的安全性评估材料进行审查；对符合食品安全要求的，依法决定准予许可并予以公布；对不符合食品安全要求的，决定不予许可并书面说明理由。

**第四十五条** 食品添加剂应当在技术上确有必要且经过风险评估证明安全可靠，方可列入允许使用的范围。国务院卫生行政部门应当根据技术必要性和食品安全风险评估结果，及时对食品添加剂的品种、使用范围、用量的标准进行修订。

**第四十六条** 食品生产者应当依照食品安全标准关于食品添加剂的品种、使用范围、用量的规定使用食品添加剂；不得在食品生产中使用食品添加剂以外的化学物质和其他可能危害人体健康的物质。

**第四十七条** 食品添加剂应当有标签、说明书和包装。标签、说明书应当载明本法第四十二条第一款第一项至第六项、第八项、第九项规定的事项，以及食品添加剂的使用范围、用量、使用方法，并在标签上载明“食品添加剂”字样。

**第四十八条** 食品和食品添加剂的标签、说明书，不得含有虚假、夸大的内容，不得涉及疾病预防、治疗功能。生产者对标签、说明书上所载明的内容负责。

食品和食品添加剂的标签、说明书应当清楚、明显，容易辨识。

食品和食品添加剂与其标签、说明书所载明的内容不符的，不得上市销售。

**第四十九条** 食品经营者应当按照食品标签标示的警示标志、警示说明或者注意事项的要求，销售预包装食品。

**第五十条** 生产经营的食品中不得添加药品，但是可以添加按照传统既是食品又是中药材的物质。按照传统既是食品又是中药材的物质的目录由国务院卫生行政部门制定、公布。

**第五十一条**　国家对声称具有特定保健功能的食品实行严格监管。有关监督管理部门应当依法履职，承担责任。具体管理办法由国务院规定。

声称具有特定保健功能的食品不得对人体产生急性、亚急性或者慢性危害，其标签、说明书不得涉及疾病预防、治疗功能，内容必须真实，应当载明适宜人群、不适宜人群、功效成分或者标志性成分及其含量等；产品的功能和成分必须与标签、说明书相一致。

**第五十二条**　集中交易市场的开办者、柜台出租者和展销会举办者，应当审查入场食品经营者的许可证，明确入场食品经营者的食品安全管理责任，定期对入场食品经营者的经营环境和条件进行检查，发现食品经营者有违反本法规定的行为的，应当及时制止并立即报告所在地县级工商行政管理部门或者食品药品监督管理部门。

集中交易市场的开办者、柜台出租者和展销会举办者未履行前款规定义务，本市场发生食品安全事故的，应当承担连带责任。

**第五十三条**　国家建立食品召回制度。食品生产者发现其生产的食品不符合食品安全标准，应当立即停止生产，召回已经上市销售的食品，通知相关生产经营者和消费者，并记录召回和通知情况。

食品经营者发现其经营的食品不符合食品安全标准，应当立即停止经营，通知相关生产经营者和消费者，并记录停止经营和通知情况。食品生产者认为应当召回的，应当立即召回。

食品生产者应当对召回的食品采取补救、无害化处理、销毁等措施，并将食品召回和处理情况向县级以上质量监督部门报告。

食品生产经营者未依照本条规定召回或者停止经营不符合食品安全标准的食品的，县级以上质量监督、工商行政管理、食品药品监督管理部门可以责令其召回或者停止经营。

**第五十四条** 食品广告的内容应当真实合法，不得含有虚假、夸大的内容，不得涉及疾病预防、治疗功能。

食品安全监督管理部门或者承担食品检验职责的机构、食品行业协会、消费者协会不得以广告或者其他形式向消费者推荐食品。

**第五十五条** 社会团体或者其他组织、个人在虚假广告中向消费者推荐食品，使消费者的合法权益受到损害的，与食品生产经营者承担连带责任。

**第五十六条** 地方各级人民政府鼓励食品规模化生产和连锁经营配送。

## 第五章 食品检验

**第五十七条** 食品检验机构按照国家有关认证认可的规定取得资质认定后，方可从事食品检验活动。但是，法律另有规定的除外。

食品检验机构的资质认定条件和检验规范，由国务院卫生行政部门规定。

本法施行前经国务院有关主管部门批准设立或者经依法认定的食品检验机构，可以依照本法继续从事食品检验活动。

**第五十八条** 食品检验由食品检验机构指定的检验人独立进行。

检验人应当依照有关法律、法规的规定，并依照食品安全标准和检验规范对食品进行检验，尊重科学，恪守职业道德，保证出具的检验数据和结论客观、公正，不得出具虚假的检验报告。

**第五十九条** 食品检验实行食品检验机构与检验人负责制。食品检验报告应当加盖食品检验机构公章，并有检验人的签名或者盖章。食品检验机构和检验人对出具的食品检验报告负责。

**第六十条**　食品安全监督管理部门对食品不得实施免检。

县级以上质量监督、工商行政管理、食品药品监督管理部门应当对食品进行定期或者不定期的抽样检验。进行抽样检验，应当购买抽取的样品，不收取检验费和其他任何费用。

县级以上质量监督、工商行政管理、食品药品监督管理部门在执法工作中需要对食品进行检验的，应当委托符合本法规定的食品检验机构进行，并支付相关费用。对检验结论有异议的，可以依法进行复检。

**第六十一条**　食品生产经营企业可以自行对所生产的食品进行检验，也可以委托符合本法规定的食品检验机构进行检验。

食品行业协会等组织、消费者需要委托食品检验机构对食品进行检验的，应当委托符合本法规定的食品检验机构进行。

## 第六章　食品进出口

**第六十二条**　进口的食品、食品添加剂以及食品相关产品应当符合我国食品安全国家标准。

进口的食品应当经出入境检验检疫机构检验合格后，海关凭出入境检验检疫机构签发的通关证明放行。

**第六十三条**　进口尚无食品安全国家标准的食品，或者首次进口食品添加剂新品种、食品相关产品新品种，进口商应当向国务院卫生行政部门提出申请并提交相关的安全性评估材料。国务院卫生行政部门依照本法第四十四条的规定作出是否准予许可的决定，并及时制定相应的食品安全国家标准。

**第六十四条**　境外发生的食品安全事件可能对我国境内造成影响，或者在进口食品中发现严重食品安全问题的，国家出入境检验检疫部门应当及时采取风险预警或者控制措施，并向国务院卫生行政、农业行政、工商行政管理和国家食品药品监督管理部门通报。接到通报的部门应当及时采取相应措施。

**第六十五条** 向我国境内出口食品的出口商或者代理商应当向国家出入境检验检疫部门备案。向我国境内出口食品的境外食品生产企业应当经国家出入境检验检疫部门注册。

国家出入境检验检疫部门应当定期公布已经备案的出口商、代理商和已经注册的境外食品生产企业名单。

**第六十六条** 进口的预包装食品应当有中文标签、中文说明书。标签、说明书应当符合本法以及我国其他有关法律、行政法规的规定和食品安全国家标准的要求，载明食品的原产地以及境内代理商的名称、地址、联系方式。预包装食品没有中文标签、中文说明书或者标签、说明书不符合本条规定的，不得进口。

**第六十七条** 进口商应当建立食品进口和销售记录制度，如实记录食品的名称、规格、数量、生产日期、生产或者进口批号、保质期、出口商和购货者名称及联系方式、交货日期等内容。

食品进口和销售记录应当真实，保存期限不得少于二年。

**第六十八条** 出口的食品由出入境检验检疫机构进行监督、抽检，海关凭出入境检验检疫机构签发的通关证明放行。

出口食品生产企业和出口食品原料种植、养殖场应当向国家出入境检验检疫部门备案。

**第六十九条** 国家出入境检验检疫部门应当收集、汇总进出口食品安全信息，并及时通报相关部门、机构和企业。

国家出入境检验检疫部分应当建立进出口食品的进口商、出口商和出口食品生产企业的信誉记录，并予以公布，对有不良记录的进口商、出口商和出口食品生产企业，应当加强对其进出口食品的检验检疫。

## 第七章 食品安全事故处置

**第七十条** 国务院组织制定国家食品安全事故应急预案。

县级以上地方人民政府应当根据有关法律、法规的规定和上级人民政府的食品安全事故应急预案以及本地区的实际情况，制定本行政区域的食品安全事故应急预案，并报上一级人民政府备案。

食品生产经营企业应当制定食品安全事故处置方案，定期检查本企业各项食品安全防范措施的落实情况，及时消除食品安全事故隐患。

**第七十一条** 发生食品安全事故的单位应当立即予以处置，防止事故扩大。事故发生单位和接收病人进行治疗的单位应当及时向事故发生地县级卫生行政部门报告。

农业行政、质量监督、工商行政管理、食品药品监督管理部门在日常监督管理中发现食品安全事故，或者接到有关食品安全事故的举报，应当立即向卫生行政部门通报。

发生重大食品安全事故的，接到报告的县级卫生行政部门应当按照规定向本级人民政府和上级人民政府卫生行政部门报告。县级人民政府和上级人民政府卫生行政部门应当按照规定上报。

任何单位或者个人不得对食品安全事故隐瞒、谎报、缓报，不得毁灭有关证据。

**第七十二条** 县级以上卫生行政部门接到食品安全事故的报告后，应当立即会同有关农业行政、质量监督、工商行政管理、食品药品监督管理部门进行调查处理，并采取下列措施，防止或者减轻社会危害：

（一）开展应急救援工作，对因食品安全事故导致人身伤害的人员，卫生行政部门应当立即组织救治；

（二）封存可能导致食品安全事故的食品及其原料，并立即进行检验；对确认属于被污染的食品及其原料，责令食品生产经营者依照本法第五十三条的规定予以召回、停止经营并销毁；

（三）封存被污染的食品用工具及用具，并责令进行清洗消毒；

（四）做好信息发布工作，依法对食品安全事故及其处理情况进行发布，并对可能产生的危害加以解释、说明。

发生重大食品安全事故的，县级以上人民政府应当立即成立食品安全事故处置指挥机构，启动应急预案，依照前款规定进行处置。

**第七十三条** 发生重大食品安全事故，设区的市级以上人民政府卫生行政部门应当立即会同有关部门进行事故责任调查，督促有关部门履行职责，向本级人民政府提出事故责任调查处理报告。

重大食品安全事故涉及两个以上省、自治区、直辖市的，由国务院卫生行政部门依照前款规定组织事故责任调查。

**第七十四条** 发生食品安全事故，县级以上疾病预防控制机构应当协助卫生行政部门和有关部门对事故现场进行卫生处理，并对与食品安全事故有关的因素开展流行病学调查。

**第七十五条** 调查食品安全事故，除了查明事故单位的责任，还应当查明负有监督管理和认证职责的监督管理部门、认证机构的工作人员失职、渎职情况。

## 第八章 监督管理

**第七十六条** 县级以上地方人民政府组织本级卫生行政、农业行政、质量监督、工商行政管理、食品药品监督管理部门制定本行政区域的食品安全年度监督管理计划，并按照年度计划组织开展工作。

**第七十七条** 县级以上质量监督、工商行政管理、食品药品监督管理部门履行各自食品安全监督管理职责，有权采取下列措施：

（一）进入生产经营场所实施现场检查；

（二）对生产经营的食品进行抽样检验；

（三）查阅、复制有关合同、票据、账簿以及其他有关资料；

（四）查封、扣押有证据证明不符合食品安全标准的食品，违法使用的食品原料、食品添加剂、食品相关产品，以及用于违法生产经营或者被污染的工具、设备；

（五）查封违法从事食品生产经营活动的场所。

县级以上农业行政部门应当依照《中华人民共和国农产品质量安全法》规定的职责，对食用农产品进行监督管理。

**第七十八条** 县级以上质量监督、工商行政管理、食品药品监督管理部门对食品生产经营者进行监督检查，应当记录监督检查的情况和处理结果。监督检查记录经监督检查人员和食品生产经营者签字后归档。

**第七十九条** 县级以上质量监督、工商行政管理、食品药品监督管理部门应当建立食品生产经营者食品安全信用档案，记录许可颁发、日常监督检查结果、违法行为查处等情况；根据食品安全信用档案的记录，对有不良信用记录的食品生产经营者增加监督检查频次。

**第八十条** 县级以上卫生行政、质量监督、工商行政管理、食品药品监督管理部门接到咨询、投诉、举报，对属于本部门职责的，应当受理，并及时进行答复、核实、处理；对不属于本部门职责的，应当书面通知并移交有权处理的部门处理。有权处理的部门应当及时处理，不得推诿；属于食品安全事故的，依照本法第七章有关规定进行处置。

**第八十一条** 县级以上卫生行政、质量监督、工商行政管理、食品药品监督管理部门应当按照法定权限和程序履行食品安全监督管理职责；对生产经营者的同一违法行为，不得给予二次以上罚款的行政处罚；涉嫌犯罪的，应当依法向公安机关移送。

**第八十二条** 国家建立食品安全信息统一公布制度。下列信息由国务院卫生行政部门统一公布：

（一）国家食品安全总体情况；

（二）食品安全风险评估信息和食品安全风险警示信息；

（三）重大食品安全事故及其处理信息；

（四）其他重要的食品安全信息和国务院确定的需要统一公布的信息。

前款第二项、第三项规定的信息，其影响限于特定区域的，也可以由有关省、自治区、直辖市人民政府卫生行政部门公布。县级以上农业行政、质量监督、工商行政管理、食品药品监督管理部门依据各自职责公布食品安全日常监督管理信息。

食品安全监督管理部门公布信息，应当做到准确、及时、客观。

**第八十三条** 县级以上地方卫生行政、农业行政、质量监督、工商行政管理、食品药品监督管理部门获知本法第八十二条第一款规定的需要统一公布的信息，应当向上级主管部门报告，由上级主管部门立即报告国务院卫生行政部门；必要时，可以直接向国务院卫生行政部门报告。

县级以上卫生行政、农业行政、质量监督、行政管理、食品药品监督管理部门应当互相通报获知的食品安全信息。

## 第九章 法律责任

**第八十四条** 违反本法规定，未经许可从事食品生产经营活动，或者未经许可生产食品添加剂的，由有关主管部门按照各自职责分工，没收违法所得、违法生产经营的食品、食品添加剂和用于违法生产经营的工具、设备、原料等物品；违法生产经营的食品、食品添加剂货值金额不足一万元的，并处二千元以上五万元以下罚款；货值金额一万元以上的，并处货值金额五倍以上十倍以下罚款。

**第八十五条** 违反本法规定，有下列情形之一的，由有关主管部门按照各自职责分工，没收违法所得、违法生产经营的食品和用于违法生产经营的工具、设备、原料等物品；违法生产经营的食品货值金额不足一万元的，并处二千元以上五万元以下罚款；货值金额一万元以上的，并处货值金额五倍以上十倍以下罚款；情节严重的，吊销许可证：

（一）用非食品原料生产食品或者在食品中添加食品添加剂以外的化学物质和其他可能危害人体健康的物质，或者用回收食品作为原料生产食品；

（二）生产经营致病性微生物、农药残留、兽药残留、重金属、污染物质以及其他危害人体健康的物质含量超过食品安全标准限量的食品；

（三）生产经营营养成分不符合食品安全标准的专供婴幼儿和其他特定人群的主辅食品；

（四）经营腐败变质、油脂酸败、霉变生虫、污秽不洁、混有异物、掺假掺杂或者感官性状异常的食品；

（五）经营病死、毒死或者死因不明的禽、畜、兽、水产动物肉类，或者生产经营病死、毒死或者死因不明的禽、畜、兽、水产动物肉类的制品；

（六）经营未经动物卫生监督机构检疫或者检疫不合格的肉类，或者生产经营未经检验或者检验不合格的肉类制品；

（七）经营超过保质期的食品；

（八）生产经营国家为防病等特殊需要明令禁止生产经营的食品；

（九）利用新的食品原料从事食品生产或者从事食品添加剂新品种、食品相关产品新品种生产，未经过安全性评估；

（十）食品生产经营者在有关主管部门责令其召回或者停止经营不符合食品安全标准的食品后，仍拒不召回或者停止经营的。

**第八十六条** 违反本法规定，有下列情形之一的，由有关主管部门按照各自职责分工，没收违法所得、违法生产经营的食品和用于违法生产经营的工具、设备、原料等物品；违法生产经营的食品货值金额不足一万元的，并处二千元以上五万元以下罚款；货值金额一万元以上的，并处货值金额两倍以上五倍以下罚款；情节严重的，责令停产停业，直至吊销许可证：

（一）经营被包装材料、容器、运输工具等污染的食品；

（二）生产经营无标签的预包装食品、食品添加剂或者标签、说明书不符合本法规定的食品、食品添加剂；

（三）食品生产者采购、使用不符合食品安全标准的食品原料、食品添加剂、食品相关产品；

（四）食品生产经营者在食品中添加药品。

**第八十七条** 违反本法规定，有下列情形之一的，由有关主管部门按照各自职责分工，责令改正，给予警告；拒不改正的，处二千元以上二万元以下罚款；情节严重的，责令停产停业，直至吊销许可证：

（一）未对采购的食品原料和生产的食品、食品添加剂、食品相关产品进行检验；

（二）未建立并遵守查验记录制度、出厂检验记录制度；

（三）制定食品安全企业标准未依照本法规定备案；

（四）未按规定要求贮存、销售食品或者清理库存食品；

（五）进货时未查验许可证和相关证明文件；

（六）生产的食品、食品添加剂的标签、说明书涉及疾病预防、治疗功能；

（七）安排患有本法第三十四条所列疾病的人员从事接触直接入口食品的工作。

**第八十八条**　违反本法规定，事故单位在发生食品安全事故后未进行处置、报告的，由有关主管部门按照各自职责分工，责令改正，给予警告；毁灭有关证据的，责令停产停业，并处二千元以上十万元以下罚款；造成严重后果的，由原发证部门吊销许可证。

**第八十九条**　违反本法规定，有下列情形之一的，依照本法第八十五条的规定给予处罚：

（一）进口不符合我国食品安全国家标准的食品；

（二）进口尚无食品安全国家标准的食品，或者首次进口食品添加剂新品种、食品相关产品新品种，未经过安全性评估；

（三）出口商未遵守本法的规定出口食品。

违反本法规定，进口商未建立并遵守食品进口和销售记录制度的，依照本法第八十七条的规定给予处罚。

**第九十条**　违反本法规定，集中交易市场的开办者、柜台出租者、展销会的举办者允许未取得许可的食品经营者进入市场销售食品，或者未履行检查、报告等义务的，由有关主管部门按照各自职责分工，处二千元以上五万元以下罚款；造成严重后果的，责令停业，由原发证部门吊销许可证。

**第九十一条**　违反本法规定，未按照要求进行食品运输的，由有关主管部门按照各自职责分工，责令改正，给予警告；拒不改正的，责令停产停业，并处二千元以上五万元以下罚款；情节严重的，由原发证部门吊销许可证。

**第九十二条**　被吊销食品生产、流通或者餐饮服务许可证的单位，其直接负责的主管人员自处罚决定作出之日起五年内不得从事食品生产经营管理工作。

食品生产经营者聘用不得从事食品生产经营管理工作的人员从事管理工作的，由原发证部门吊销许可证。

**第九十三条** 违反本法规定，食品检验机构、食品检验人员出具虚假检验报告的，由授予其资质的主管部门或者机构撤销该检验机构的检验资格；依法对检验机构直接负责的主管人员和食品检验人员给予撤职或者开除的处分。

违反本法规定，受到刑事处罚或者开除处分的食品检验机构人员，自刑罚执行完毕或者处分决定作出之日起十年内不得从事食品检验工作。食品检验机构聘用不得从事食品检验工作的人员的，由授予其资质的主管部门或者机构撤销该检验机构的检验资格。

**第九十四条** 违反本法规定，在广告中对食品质量作虚假宣传，欺骗消费者的，依照《中华人民共和国广告法》的规定给予处罚。

违反本法规定，食品安全监督管理部门或者承担食品检验职责的机构、食品行业协会、消费者协会以广告或者其他形式向消费者推荐食品的，由有关主管部门没收违法所得，依法对直接负责的主管人员和其他直接责任人员给予记大过、降级或者撤职的处分。

**第九十五条** 违反本法规定，县级以上地方人民政府在食品安全监督管理中未履行职责，本行政区域出现重大食品安全事故、造成严重社会影响的，依法对直接负责的主管人员和其他直接责任人员给予记大过、降级、撤职或者开除的处分。

违反本法规定，县级以上卫生行政、农业行政、质量监督、工商行政管理、食品药品监督管理部门或者其他有关行政部门不履行本法规定的职责或者滥用职权、玩忽职守、徇私舞弊的，依法对直接负责的主管人员和其他直接责任人员给予记大过或者降级的处分；造成严重后果的，给予撤职或者开除的处分；其主要负责人应当引咎辞职。

**第九十六条** 违反本法规定，造成人身、财产或者其他损害的，依法承担赔偿责任。

生产不符合食品安全标准的食品或者销售明知是不符合食品安全标准的食品，消费者除要求赔偿损失外，还可以向生产者或者销售者要求支付价款十倍的赔偿金。

**第九十七条** 违反本法规定，应当承担民事赔偿责任和缴纳罚款、罚金，其财产不足以同时支付时，先承担民事赔偿责任。

**第九十八条** 违反本法规定，构成犯罪的，依法追究刑事责任。

## 第十章 附 则

**第九十九条** 本法下列用语的含义：

食品，指各种供人食用或者饮用的成品和原料以及按照传统既是食品又是药品的物品，但是不包括以治疗为目的的物品。

食品安全，指食品无毒、无害，符合应当有的营养要求，对人体健康不造成任何急性、亚急性或者慢性危害。

预包装食品，指预先定量包装或者制作在包装材料和容器中的食品。

食品添加剂，指为改善食品品质和色、香、味以及为防腐、保鲜和加工工艺的需要而加入食品中的人工合成或者天然物质。

用于食品的包装材料和容器，指包装、盛放食品或者食品添加剂用的纸、竹、木、金属、搪瓷、陶瓷、塑料、橡胶、天然纤维、化学纤维、玻璃等制品和直接接触食品或者食品添加剂的涂料。

用于食品生产经营的工具、设备，指在食品或者食品添加剂生产、流通、使用过程中直接接触食品或者食品添加剂的机械、管道、传送带、容器、用具、餐具等。

用于食品的洗涤剂、消毒剂，指直接用于洗涤或者消毒食品、餐饮具以及直接接触食品的工具、设备或者食品包装材料和容器的物质。

保质期，指预包装食品在标签指明的贮存条件下保持品质的期限。

食源性疾病，指食品中致病因素进入人体引起的感染性、中毒性等疾病。

食物中毒，指食用了被有毒有害物质污染的食品或者食用了含有毒有害物质的食品后出现的急性、亚急性疾病。

食品安全事故，指食物中毒、食源性疾病、食品污染等源于食品，对人体健康有危害或者可能有危害的事故。

**第一百条** 食品生产经营者在本法施行前已经取得相应许可证的，该许可证继续有效。

**第一百零一条** 乳品、转基因食品、生猪屠宰、酒类和食盐的食品安全管理，适用本法；法律、行政法规另有规定的，依照其规定。

**第一百零二条** 铁路运营中食品安全的管理办法由国务院卫生行政部门会同国务院有关部门依照本法制定。

军队专用食品和自供食品的食品安全管理办法由中央军事委员会依照本法制定。

**第一百零三条** 国务院根据实际需要，可以对食品安全监督管理体制作出调整。

**第一百零四条** 本法自2009年6月1日起施行。《中华人民共和国食品卫生法》同时废止。

# 3. 中华人民共和国食品安全法实施条例

## 第一章　总　则

**第一条**　根据《中华人民共和国食品安全法》（以下简称食品安全法），制定本条例。

**第二条**　县级以上地方人民政府应当履行食品安全法规定的职责；加强食品安全监督管理能力建设，为食品安全监督管理工作提供保障；建立健全食品安全监督管理部门的协调配合机制，整合、完善食品安全信息网络，实现食品安全信息共享和食品检验等技术资源的共享。

**第三条**　食品生产经营者应当依照法律、法规和食品安全标准从事生产经营活动，建立健全食品安全管理制度，采取有效管理措施，保证食品安全。

食品生产经营者对其生产经营的食品安全负责，对社会和公众负责，承担社会责任。

**第四条**　食品安全监督管理部门应当依照食品安全法和本条例的规定公布食品安全信息，为公众咨询、投诉、举报提供方便；任何组织和个人有权向有关部门了解食品安全信息。

## 第二章　食品安全风险监测和评估

**第五条**　食品安全法第十一条规定的国家食品安全风险监测计划，由国务院卫生行政部门会同国务院质量监督、工商行政管理和国家食品药品监督管理以及国务院商务、工业和信息化等部门，根据食品安全风险评估、食品安全标准制定与修订、食品安全监督管理等工作的需要制定。

**第六条** 省、自治区、直辖市人民政府卫生行政部门应当组织同级质量监督、工商行政管理、食品药品监督管理、商务、工业和信息化等部门，依照食品安全法第十一条的规定，制定本行政区域的食品安全风险监测方案，报国务院卫生行政部门备案。

国务院卫生行政部门应当将备案情况向国务院质量监督、工商行政管理和国家食品药品监督管理以及国务院商务、工业和信息化等部门通报。

**第七条** 国务院卫生行政部门会同有关部门除依照食品安全法第十二条的规定对国家食品安全风险监测计划作出调整外，必要时，还应当依据医疗机构报告的有关疾病信息调整国家食品安全风险监测计划。

国家食品安全风险监测计划作出调整后，省、自治区、直辖市人民政府卫生行政部门应当结合本行政区域的具体情况，对本行政区域的食品安全风险监测方案作出相应调整。

**第八条** 医疗机构发现其接收的病人属于食源性疾病病人、食物中毒病人，或者疑似食源性疾病病人、疑似食物中毒病人的，应当及时向所在地县级人民政府卫生行政部门报告有关疾病信息。

接到报告的卫生行政部门应当汇总、分析有关疾病信息，及时向本级人民政府报告，同时报告上级卫生行政部门；必要时，可以直接向国务院卫生行政部门报告，同时报告本级人民政府和上级卫生行政部门。

**第九条** 食品安全风险监测工作由省级以上人民政府卫生行政部门会同同级质量监督、工商行政管理、食品药品监督管理等部门确定的技术机构承担。

承担食品安全风险监测工作的技术机构应当根据食品安全风

险监测计划和监测方案开展监测工作，保证监测数据真实、准确，并按照食品安全风险监测计划和监测方案的要求，将监测数据和分析结果报送省级以上人民政府卫生行政部门和下达监测任务的部门。

食品安全风险监测工作人员采集样品、收集相关数据，可以进入相关食用农产品种植养殖、食品生产、食品流通或者餐饮服务场所。采集样品，应当按照市场价格支付费用。

**第十条** 食品安全风险监测分析结果表明可能存在食品安全隐患的，省、自治区、直辖市人民政府卫生行政部门应当及时将相关信息通报本行政区域设区的市级和县级人民政府及其卫生行政部门。

**第十一条** 国务院卫生行政部门应当收集、汇总食品安全风险监测数据和分析结果，并向国务院质量监督、工商行政管理和国家食品药品监督管理以及国务院商务、工业和信息化等部门通报。

**第十二条** 有下列情形之一的，国务院卫生行政部门应当组织食品安全风险评估工作：

（一）为制定或者修订食品安全国家标准提供科学依据需要进行风险评估的；

（二）为确定监督管理的重点领域、重点品种需要进行风险评估的；

（三）发现新的可能危害食品安全的因素的；

（四）需要判断某一因素是否构成食品安全隐患的；

（五）国务院卫生行政部门认为需要进行风险评估的其他情形。

**第十三条** 国务院农业行政、质量监督、工商行政管理和国家食品药品监督管理等有关部门依照食品安全法第十五条规定向国务院卫生行政部门提出食品安全风险评估建议，应当提供下列信息和资料：

（一）风险的来源和性质；

（二）相关检验数据和结论；

（三）风险涉及范围；

（四）其他有关信息和资料。

县级以上地方农业行政、质量监督、工商行政管理、食品药品监督管理等有关部门应当协助收集前款规定的食品安全风险评估信息和资料。

**第十四条** 省级以上人民政府卫生行政、农业行政部门应当及时相互通报食品安全风险监测和食用农产品质量安全风险监测的相关信息。

国务院卫生行政、农业行政部门应当及时相互通报食品安全风险评估结果和食用农产品质量安全风险评估结果等相关信息。

## 第三章 食品安全标准

**第十五条** 国务院卫生行政部门会同国务院农业行政、质量监督、工商行政管理和国家食品药品监督管理以及国务院商务、工业和信息化等部门制定食品安全国家标准规划及其实施计划。制定食品安全国家标准规划及其实施计划，应当公开征求意见。

**第十六条** 国务院卫生行政部门应当选择具备相应技术能力的单位起草食品安全国家标准草案。提倡由研究机构、教育机构、学术团体、行业协会等单位，共同起草食品安全国家标准草案。

国务院卫生行政部门应当将食品安全国家标准草案向社会公布，公开征求意见。

**第十七条** 食品安全法第二十三条规定的食品安全国家标准审评委员会由国务院卫生行政部门负责组织。

食品安全国家标准审评委员会负责审查食品安全国家标准草

案的科学性和实用性等内容。

**第十八条**　省、自治区、直辖市人民政府卫生行政部门应当将企业依照食品安全法第二十五条规定报送备案的企业标准，向同级农业行政、质量监督、工商行政管理、食品药品监督管理、商务、工业和信息化等部门通报。

**第十九条**　国务院卫生行政部门和省、自治区、直辖市人民政府卫生行政部门应当会同同级农业行政、质量监督、工商行政管理、食品药品监督管理、商务、工业和信息化等部门，对食品安全国家标准和食品安全地方标准的执行情况分别进行跟踪评价，并应当根据评价结果适时组织修订食品安全标准。

国务院和省、自治区、直辖市人民政府的农业行政、质量监督、工商行政管理、食品药品监督管理、商务、工业和信息化等部门应当收集、汇总食品安全标准在执行过程中存在的问题，并及时向同级卫生行政部门通报。

食品生产经营者、食品行业协会发现食品安全标准在执行过程中存在问题的，应当立即向食品安全监督管理部门报告。

## 第四章　食品生产经营

**第二十条**　设立食品生产企业，应当预先核准企业名称，依照食品安全法的规定取得食品生产许可后，办理工商登记。县级以上质量监督管理部门依照有关法律、行政法规规定审核相关资料、核查生产场所、检验相关产品；对相关资料、场所符合规定要求以及相关产品符合食品安全标准或者要求的，应当作出准予许可的决定。

其他食品生产经营者应当在依法取得相应的食品生产许可、食品流通许可、餐饮服务许可后，办理工商登记。法律、法规对食品生产加工小作坊和食品摊贩另有规定的，依照其规定。

食品生产许可、食品流通许可和餐饮服务许可的有效期为3年。

**第二十一条** 食品生产经营者的生产经营条件发生变化，不符合食品生产经营要求的，食品生产经营者应当立即采取整改措施；有发生食品安全事故的潜在风险的，应当立即停止食品生产经营活动，并向所在地县级质量监督、工商行政管理或者食品药品监督管理部门报告；需要重新办理许可手续的，应当依法办理。

县级以上质量监督、工商行政管理、食品药品监督管理部门应当加强对食品生产经营者生产经营活动的日常监督检查；发现不符合食品生产经营要求情形的，应当责令立即纠正，并依法予以处理；不再符合生产经营许可条件的，应当依法撤销相关许可。

**第二十二条** 食品生产经营企业应当依照食品安全法第三十二条的规定组织职工参加食品安全知识培训，学习食品安全法律、法规、规章、标准和其他食品安全知识，并建立培训档案。

**第二十三条** 食品生产经营者应当依照食品安全法第三十四条的规定建立并执行从业人员健康检查制度和健康档案制度。从事接触直接入口食品工作的人员患有痢疾、伤寒、甲型病毒性肝炎、戊型病毒性肝炎等消化道传染病，以及患有活动性肺结核、化脓性或者渗出性皮肤病等有碍食品安全的疾病的，食品生产经营者应当将其调整到其他不影响食品安全的工作岗位。

食品生产经营人员依照食品安全法第三十四条第二款规定进行健康检查，其检查项目等事项应当符合所在地省、自治区、直辖市的规定。

**第二十四条** 食品生产经营企业应当依照食品安全法第三十六条第二款、第三十七条第一款、第三十九条第二款的规定建立进货查验记录制度、食品出厂检验记录制度，如实记录法律规定记录的事项，或者保留载有相关信息的进货或者销售票据。记录、票据的保存期限不得少于2年。

**第二十五条**　实行集中统一采购原料的集团性食品生产企业，可以由企业总部统一查验供货者的许可证和产品合格证明文件，进行进货查验记录；对无法提供合格证明文件的食品原料，应当依照食品安全标准进行检验。

**第二十六条**　食品生产企业应当建立并执行原料验收、生产过程安全管理、贮存管理、设备管理、不合格产品管理等食品安全管理制度，不断完善食品安全保障体系，保证食品安全。

**第二十七条**　食品生产企业应当就下列事项制定并实施控制要求，保证出厂的食品符合食品安全标准：

（一）原料采购、原料验收、投料等原料控制；

（二）生产工序、设备、贮存、包装等生产关键环节控制；

（三）原料检验、半成品检验、成品出厂检验等检验控制；

（四）运输、交付控制。

食品生产过程中有不符合控制要求情形的，食品生产企业应当立即查明原因并采取整改措施。

**第二十八条**　食品生产企业除依照食品安全法第三十六条、第三十七条规定进行进货查验记录和食品出厂检验记录外，还应当如实记录食品生产过程的安全管理情况。记录的保存期限不得少于2年。

**第二十九条**　从事食品批发业务的经营企业销售食品，应当如实记录批发食品的名称、规格、数量、生产批号、保质期、购货者名称及联系方式、销售日期等内容，或者保留载有相关信息的销售票据。记录、票据的保存期限不得少于2年。

**第三十条**　国家鼓励食品生产经营者采用先进技术手段，记录食品安全法和本条例要求记录的事项。

**第三十一条**　餐饮服务提供者应当制定并实施原料采购控制要求，确保所购原料符合食品安全标准。

餐饮服务提供者在制作加工过程中应当检查待加工的食品及

原料，发现有腐败变质或者其他感官性状异常的，不得加工或者使用。

**第三十二条** 餐饮服务提供企业应当定期维护食品加工、贮存、陈列等设施、设备；定期清洗、校验保温设施及冷藏、冷冻设施。

餐饮服务提供者应当按照要求对餐具、饮具进行清洗、消毒，不得使用未经清洗和消毒的餐具、饮具。

**第三十三条** 对依照食品安全法第五十三条规定被召回的食品，食品生产者应当进行无害化处理或者予以销毁，防止其再次流入市场。对因标签、标识或者说明书不符合食品安全标准而被召回的食品，食品生产者在采取补救措施且能保证食品安全的情况下可以继续销售；销售时应当向消费者明示补救措施。

县级以上质量监督、工商行政管理、食品药品监督管理部门应当将食品生产者召回不符合食品安全标准的食品的情况，以及食品经营者停止经营不符合食品安全标准的食品的情况，记入食品生产经营者食品安全信用档案。

## 第五章　食品检验

**第三十四条** 申请人依照食品安全法第六十条第三款规定向承担复检工作的食品检验机构（以下称复检机构）申请复检，应当说明理由。

复检机构名录由国务院认证认可监督管理、卫生行政、农业行政等部门共同公布。复检机构出具的复检结论为最终检验结论。

复检机构由复检申请人自行选择。复检机构与初检机构不得为同一机构。

**第三十五条** 食品生产经营者对依照食品安全法第六十条规定进行的抽样检验结论有异议申请复检，复检结论表明食品合格的，复检费用由抽样检验的部门承担；复检结论表明食品不合格的，复检费用由食品生产经营者承担。

## 第六章 食品进出口

**第三十六条** 进口食品的进口商应当持合同、发票、装箱单、提单等必要的凭证和相关批准文件，向海关报关地的出入境检验检疫机构报检。进口食品应当经出入境检验检疫机构检验合格。海关凭出入境检验检疫机构签发的通关证明放行。

**第三十七条** 进口尚无食品安全国家标准的食品，或者首次进口食品添加剂新品种、食品相关产品新品种，进口商应当向出入境检验检疫机构提交依照食品安全法第六十三条规定取得的许可证明文件，出入境检验检疫机构应当按照国务院卫生行政部门的要求进行检验。

**第三十八条** 国家出入境检验检疫部门在进口食品中发现食品安全国家标准未规定且可能危害人体健康的物质，应当按照食品安全法第十二条的规定向国务院卫生行政部门通报。

**第三十九条** 向我国境内出口食品的境外食品生产企业依照食品安全法第六十五条规定进行注册，其注册有效期为4年。已经注册的境外食品生产企业提供虚假材料，或者因境外食品生产企业的原因致使相关进口食品发生重大食品安全事故的，国家出入境检验检疫部门应当撤销注册，并予以公告。

**第四十条** 进口的食品添加剂应当有中文标签、中文说明书。标签、说明书应当符合食品安全法和我国其他有关法律、行政法规的规定以及食品安全国家标准的要求，载明食品添加剂的原产地和境内代理商的名称、地址、联系方式。食品添加剂没有中文标签、中文说明书或者标签、说明书不符合本条规定的，不得进口。

**第四十一条** 出入境检验检疫机构依照食品安全法第六十二条规定对进口食品实施检验，依照食品安全法第六十八条规定对出口食品实施监督、抽检，具体办法由国家出入境检验检疫部门制定。

**第四十二条** 国家出入境检验检疫部门应当建立信息收集网络，依照食品安全法第六十九条的规定，收集、汇总、通报下列信息：

（一）出入境检验检疫机构对进出口食品实施检验检疫发现的食品安全信息；

（二）行业协会、消费者反映的进口食品安全信息；

（三）国际组织、境外政府机构发布的食品安全信息、风险预警信息，以及境外行业协会等组织、消费者反映的食品安全信息；

（四）其他食品安全信息。

接到通报的部门必要时应当采取相应处理措施。

食品安全监督管理部门应当及时将获知的涉及进出口食品安全的信息向国家出入境检验检疫部门通报。

## 第七章 食品安全事故处置

**第四十三条** 发生食品安全事故的单位对导致或者可能导致食品安全事故的食品及原料、工具、设备等，应当立即采取封存等控制措施，并自事故发生之时起2小时内向所在地县级人民政府卫生行政部门报告。

**第四十四条** 调查食品安全事故，应当坚持实事求是、尊重科学的原则，及时、准确查清事故性质和原因，认定事故责任，提出整改措施。

参与食品安全事故调查的部门应当在卫生行政部门的统一组织协调下分工协作、相互配合，提高事故调查处理的工作效率。

食品安全事故的调查处理办法由国务院卫生行政部门会同国务院有关部门制定。

**第四十五条**　参与食品安全事故调查的部门有权向有关单位和个人了解与事故有关的情况，并要求提供相关资料和样品。

有关单位和个人应当配合食品安全事故调查处理工作，按照要求提供相关资料和样品，不得拒绝。

**第四十六条**　任何单位或者个人不得阻挠、干涉食品安全事故的调查处理。

## 第八章　监督管理

**第四十七条**　县级以上地方人民政府依照食品安全法第七十六条规定制定的食品安全年度监督管理计划，应当包含食品抽样检验的内容。对专供婴幼儿、老年人、病人等特定人群的主辅食品，应当重点加强抽样检验。

县级以上农业行政、质量监督、工商行政管理、食品药品监督管理部门应当按照食品安全年度监督管理计划进行抽样检验。抽样检验购买样品所需费用和检验费等，由同级财政列支。

**第四十八条**　县级人民政府应当统一组织、协调本级卫生行政、农业行政、质量监督、工商行政管理、食品药品监督管理部门，依法对本行政区域内的食品生产经营者进行监督管理；对发生食品安全事故风险较高的食品生产经营者，应当重点加强监督管理。

在国务院卫生行政部门公布食品安全风险警示信息，或者接到所在地省、自治区、直辖市人民政府卫生行政部门依照本条例第十条规定通报的食品安全风险监测信息后，设区的市级和县级人民政府应当立即组织本级卫生行政、农业行政、质量监督、工商行政管理、食品药品监督管理部门采取有针对性的措施，防止发生食品安全事故。

**第四十九条** 国务院卫生行政部门应当根据疾病信息和监督管理信息等，对发现的添加或者可能添加到食品中的非食品用化学物质和其他可能危害人体健康的物质的名录及检测方法予以公布；国务院质量监督、工商行政管理和国家食品药品监督管理部门应当采取相应的监督管理措施。

**第五十条** 质量监督、工商行政管理、食品药品监督管理部门在食品安全监督管理工作中可以采用国务院质量监督、工商行政管理和国家食品药品监督管理部门认定的快速检测方法对食品进行初步筛查；对初步筛查结果表明可能不符合食品安全标准的食品，应当依照食品安全法第六十条第三款的规定进行检验。初步筛查结果不得作为执法依据。

**第五十一条** 食品安全法第八十二条第二款规定的食品安全日常监督管理信息包括：

（一）依照食品安全法实施行政许可的情况；

（二）责令停止生产经营的食品、食品添加剂、食品相关产品的名录；

（三）查处食品生产经营违法行为的情况；

（四）专项检查整治工作情况；

（五）法律、行政法规规定的其他食品安全日常监督管理信息。

前款规定的信息涉及两个以上食品安全监督管理部门职责的，由相关部门联合公布。

**第五十二条** 食品安全监督管理部门依照食品安全法第八十二条规定公布信息，应当同时对有关食品可能产生的危害进行解释、说明。

**第五十三条** 卫生行政、农业行政、质量监督、工商行政管理、食品药品监督管理等部门应当公布本单位的电子邮件地址或者电话，接受咨询、投诉、举报；对接到的咨询、投诉、举报，应当依照食品安全法第八十条的规定进行答复、核实、处理，并对咨询、投诉、举报和答复、核实、处理的情况予以记录、保存。

**第五十四条**　国务院工业和信息化、商务等部门依据职责制定食品行业的发展规划和产业政策，采取措施推进产业结构优化，加强对食品行业诚信体系建设的指导，促进食品行业健康发展。

## 第九章　法律责任

**第五十五条**　食品生产经营者的生产经营条件发生变化，未依照本条例第二十一条规定处理的，由有关主管部门责令改正，给予警告；造成严重后果的，依照食品安全法第八十五条的规定给予处罚。

**第五十六条**　餐饮服务提供者未依照本条例第三十一条第一款规定制定、实施原料采购控制要求的，依照食品安全法第八十六条的规定给予处罚。

餐饮服务提供者未依照本条例第三十一条第二款规定检查待加工的食品及原料，或者发现有腐败变质或者其他感官性状异常仍加工、使用的，依照食品安全法第八十五条的规定给予处罚。

**第五十七条**　有下列情形之一的，依照食品安全法第八十七条的规定给予处罚：

（一）食品生产企业未依照本条例第二十六条规定建立、执行食品安全管理制度的；

（二）食品生产企业未依照本条例第二十七条规定制定、实施生产过程控制要求，或者食品生产过程中有不符合控制要求的情形未依照规定采取整改措施的；

（三）食品生产企业未依照本条例第二十八条规定记录食品生产过程的安全管理情况并保存相关记录的；

（四）从事食品批发业务的经营企业未依照本条例第二十九条规定记录、保存销售信息或者保留销售票据的；

（五）餐饮服务提供企业未依照本条例第三十二条第一款规定定期维护、清洗、校验设施、设备的；

（六）餐饮服务提供者未依照本条例第三十二条第二款规定对餐具、饮具进行清洗、消毒，或者使用未经清洗和消毒的餐具、饮具的。

**第五十八条** 进口不符合本条例第四十条规定的食品添加剂的，由出入境检验检疫机构没收违法进口的食品添加剂；违法进口的食品添加剂货值金额不足1万元的，并处2000元以上5万元以下罚款；货值金额1万元以上的，并处货值金额2倍以上5倍以下罚款。

**第五十九条** 医疗机构未依照本条例第八条规定报告有关疾病信息的，由卫生行政部门责令改正，给予警告。

**第六十条** 发生食品安全事故的单位未依照本条例第四十三条规定采取措施并报告的，依照食品安全法第八十八条的规定给予处罚。

**第六十一条** 县级以上地方人民政府不履行食品安全监督管理法定职责，本行政区域出现重大食品安全事故、造成严重社会影响的，依法对直接负责的主管人员和其他直接责任人员给予记大过、降级、撤职或者开除的处分。

县级以上卫生行政、农业行政、质量监督、工商行政管理、食品药品监督管理部门或者其他有关行政部门不履行食品安全监督管理法定职责、日常监督检查不到位或者滥用职权、玩忽职守、徇私舞弊的，依法对直接负责的主管人员和其他直接责任人员给予记大过或者降级的处分；造成严重后果的，给予撤职或者开除的处分；其主要负责人应当引咎辞职。

## 第十章 附 则

**第六十二条** 本条例下列用语的含义：

食品安全风险评估，指对食品、食品添加剂中生物性、化学性和物理性危害对人体健康可能造成的不良影响所进行的科学评估，包括危害识别、危害特征描述、暴露评估、风险特征描述等。

餐饮服务，指通过即时制作加工、商业销售和服务性劳动等，向消费者提供食品和消费场所及设施的服务活动。

**第六十三条** 食用农产品质量安全风险监测和风险评估由县级以上人民政府农业行政部门依照《中华人民共和国农产品质量安全法》的规定进行。

国境口岸食品的监督管理由出入境检验检疫机构依照食品安全法和本条例以及有关法律、行政法规的规定实施。

食品药品监督管理部门对声称具有特定保健功能的食品实行严格监管，具体办法由国务院另行制定。

**第六十四条** 本条例自公布之日起施行。

# 4. 中华人民共和国农产品质量安全法

## 第一章 总 则

**第一条** 为保障农产品质量安全，维护公众健康，促进农业和农村经济发展，制定本法。

**第二条** 本法所称农产品，是指来源于农业的初级产品，即在农业活动中获得的植物、动物、微生物及其产品。

本法所称农产品质量安全，是指农产品质量符合保障人的健康、安全的要求。

**第三条** 县级以上人民政府农业行政主管部门负责农产品质量安全的监督管理工作；县级以上人民政府有关部门按照职责分工，负责农产品质量安全的有关工作。

**第四条** 县级以上人民政府应当将农产品质量安全管理工作纳入本级国民经济和社会发展规划，并安排农产品质量安全经费，用于开展农产品质量安全工作。

**第五条** 县级以上地方人民政府统一领导、协调本行政区域内的农产品质量安全工作，并采取措施，建立健全农产品质量安全服务体系，提高农产品质量安全水平。

**第六条** 国务院农业行政主管部门应当设立由有关方面专家组成的农产品质量安全风险评估专家委员会，对可能影响农产品质量安全的潜在危害进行风险分析和评估。

国务院农业行政主管部门应当根据农产品质量安全风险评估

结果采取相应的管理措施，并将农产品质量安全风险评估结果及时通报国务院有关部门。

**第七条**　国务院农业行政主管部门和省、自治区、直辖市人民政府农业行政主管部门应当按照职责权限，发布有关农产品质量安全状况信息。

**第八条**　国家引导、推广农产品标准化生产，鼓励和支持生产优质农产品，禁止生产、销售不符合国家规定的农产品质量安全标准的农产品。

**第九条**　国家支持农产品质量安全科学技术研究，推行科学的质量安全管理方法，推广先进安全的生产技术。

**第十条**　各级人民政府及有关部门应当加强农产品质量安全知识的宣传，提高公众的农产品质量安全意识，引导农产品生产者、销售者加强质量安全管理，保障农产品消费安全。

## 第二章　农产品质量安全标准

**第十一条**　国家建立健全农产品质量安全标准体系。农产品质量安全标准是强制性的技术规范。

农产品质量安全标准的制定和发布，依照有关法律、行政法规的规定执行。

**第十二条**　制定农产品质量安全标准应当充分考虑农产品质量安全风险评估结果，并听取农产品生产者、销售者和消费者的意见，保障消费安全。

**第十三条**　农产品质量安全标准应当根据科学技术发展水平以及农产品质量安全的需要，及时修订。

**第十四条**　农产品质量安全标准由农业行政主管部门商有关部门组织实施。

## 第三章　农产品产地

**第十五条**　县级以上地方人民政府农业行政主管部门按照保障农产品质量安全的要求，根据农产品品种特性和生产区域大气、土壤、水体中有毒有害物质状况等因素，认为不适宜特定农产品生产的，提出禁止生产的区域，报本级人民政府批准后公布。具体办法由国务院农业行政主管部门商国务院环境保护行政主管部门制定。

农产品禁止生产区域的调整，依照前款规定的程序办理。

**第十六条**　县级以上人民政府应当采取措施，加强农产品基地建设，改善农产品的生产条件。

县级以上人民政府农业行政主管部门应当采取措施，推进保障农产品质量安全的标准化生产综合示范区、示范农场、养殖小区和无规定动植物疫病区的建设。

**第十七条**　禁止在有毒有害物质超过规定标准的区域生产、捕捞、采集食用农产品和建立农产品生产基地。

**第十八条**　禁止违反法律、法规的规定向农产品产地排放或者倾倒废水、废气、固体废物或者其他有毒有害物质。

农业生产用水和用作肥料的固体废物，应当符合国家规定的标准。

**第十九条**　农产品生产者应当合理使用化肥、农药、兽药、农用薄膜等化工产品，防止对农产品产地造成污染。

## 第四章　农产品生产

**第二十条**　国务院农业行政主管部门和省、自治区、直辖市人民政府农业行政主管部门应当制定保障农产品质量安全的生产技术要求和操作规程。县级以上人民政府农业行政主管部门应当加强对农产品生产的指导。

**第二十一条**　对可能影响农产品质量安全的农药、兽药、饲料和饲料添加剂、肥料、兽医器械，依照有关法律、行政法规的规定实行许可制度。

国务院农业行政主管部门和省、自治区、直辖市人民政府农业行政主管部门应当定期对可能危及农产品质量安全的农药、兽药、饲料和饲料添加剂、肥料等农业投入品进行监督抽查，并公布抽查结果。

**第二十二条**　县级以上人民政府农业行政主管部门应当加强对农业投入品使用的管理和指导，建立健全农业投入品的安全使用制度。

**第二十三条**　农业科研教育机构和农业技术推广机构应当加强对农产品生产者质量安全知识和技能的培训。

**第二十四条**　农产品生产企业和农民专业合作经济组织应当建立农产品生产记录，如实记载下列事项：

（一）使用农业投入品的名称、来源、用法、用量和使用、停用的日期；

（二）动物疫病、植物病虫草害的发生和防治情况；

（三）收获、屠宰或者捕捞的日期。

农产品生产记录应当保存二年。禁止伪造农产品生产记录。

国家鼓励其他农产品生产者建立农产品生产记录。

**第二十五条**　农产品生产者应当按照法律、行政法规和国务院农业行政主管部门的规定，合理使用农业投入品，严格执行农业投入品使用安全间隔期或者休药期的规定，防止危及农产品质量安全。

禁止在农产品生产过程中使用国家明令禁止使用的农业投入品。

**第二十六条**　农产品生产企业和农民专业合作经济组织，应当自行或者委托检测机构对农产品质量安全状况进行检测；经检测不符合农产品质量安全标准的农产品，不得销售。

**第二十七条** 农民专业合作经济组织和农产品行业协会对其成员应当及时提供生产技术服务，建立农产品质量安全管理制度，健全农产品质量安全控制体系，加强自律管理。

## 第五章 农产品包装和标识

**第二十八条** 农产品生产企业、农民专业合作经济组织以及从事农产品收购的单位或者个人销售的农产品，按照规定应当包装或者附加标识的，须经包装或者附加标识后方可销售。包装物或者标识上应当按照规定标明产品的品名、产地、生产者、生产日期、保质期、产品质量等级等内容；使用添加剂的，还应当按照规定标明添加剂的名称。具体办法由国务院农业行政主管部门制定。

**第二十九条** 农产品在包装、保鲜、贮存、运输中所使用的保鲜剂、防腐剂、添加剂等材料，应当符合国家有关强制性的技术规范。

**第三十条** 属于农业转基因生物的农产品，应当按照农业转基因生物安全管理的有关规定进行标识。

**第三十一条** 依法需要实施检疫的动植物及其产品，应当附具检疫合格标志、检疫合格证明。

**第三十二条** 销售的农产品必须符合农产品质量安全标准，生产者可以申请使用无公害农产品标志。农产品质量符合国家规定的有关优质农产品标准的，生产者可以申请使用相应的农产品质量标志。

禁止冒用前款规定的农产品质量标志。

## 第六章　监督检查

**第三十三条**　有下列情形之一的农产品，不得销售：

（一）含有国家禁止使用的农药、兽药或者其他化学物质的；

（二）农药、兽药等化学物质残留或者含有的重金属等有毒有害物质不符合农产品质量安全标准的；

（三）含有的致病性寄生虫、微生物或者生物毒素不符合农产品质量安全标准的；

（四）使用的保鲜剂、防腐剂、添加剂等材料不符合国家有关强制性的技术规范的；

（五）其他不符合农产品质量安全标准的。

**第三十四条**　国家建立农产品质量安全监测制度。县级以上人民政府农业行政主管部门应当按照保障农产品质量安全的要求，制定并组织实施农产品质量安全监测计划，对生产中或者市场上销售的农产品进行监督抽查。监督抽查结果由国务院农业行政主管部门或者省、自治区、直辖市人民政府农业行政主管部门按照权限予以公布。

监督抽查检测应当委托符合本法第三十五条规定条件的农产品质量安全检测机构进行，不得向被抽查人收取费用，抽取的样品不得超过国务院农业行政主管部门规定的数量。上级农业行政主管部门监督抽查的农产品，下级农业行政主管部门不得另行重复抽查。

**第三十五条**　农产品质量安全检测应当充分利用现有的符合条件的检测机构。

从事农产品质量安全检测的机构，必须具备相应的检测条件和能力，由省级以上人民政府农业行政主管部门或者其授权的部门考核合格。具体办法由国务院农业行政主管部门制定。

农产品质量安全检测机构应当依法经计量认证合格。

**第三十六条** 农产品生产者、销售者对监督抽查检测结果有异议的，可以自收到检测结果之日起五日内，向组织实施农产品质量安全监督抽查的农业行政主管部门或者其上级农业行政主管部门申请复检。

采用国务院农业行政主管部门会同有关部门认定的快速检测方法进行农产品质量安全监督抽查检测，被抽查人对检测结果有异议的，可以自收到检测结果时起四小时内申请复检。复检不得采用快速检测方法。

因检测结果错误给当事人造成损害的，依法承担赔偿责任。

**第三十七条** 农产品批发市场应当设立或者委托农产品质量安全检测机构，对进场销售的农产品质量安全状况进行抽查检测；发现不符合农产品质量安全标准的，应当要求销售者立即停止销售，并向农业行政主管部门报告。

农产品销售企业对其销售的农产品，应当建立健全进货检查验收制度；经查验不符合农产品质量安全标准的，不得销售。

**第三十八条** 国家鼓励单位和个人对农产品质量安全进行社会监督。任何单位和个人都有权对违反本法的行为进行检举、揭发和控告。有关部门收到相关的检举、揭发和控告后，应当及时处理。

**第三十九条** 县级以上人民政府农业行政主管部门在农产品质量安全监督检查中，可以对生产、销售的农产品进行现场检查，调查了解农产品质量安全的有关情况，查阅、复制与农产品质量安全有关的记录和其他资料；对经检测不符合农产品质量安全标准的农产品，有权查封、扣押。

**第四十条** 发生农产品质量安全事故时，有关单位和个人应当采取控制措施，及时向所在地乡级人民政府和县级人民政府农业行政主管部门报告；收到报告的机关应当及时处理并报上一级人民政府和有关部门。发生重大农产品质量安全事故时，农业行政主管部门应当及时通报同级食品药品监督管理部门。

**第四十一条** 县级以上人民政府农业行政主管部门在农产品质量安全监督管理中，发现有本法第三十三条所列情形之一的农产品，应当按照农产品质量安全责任追究制度的要求，查明责任人，依法予以处理或者提出处理建议。

**第四十二条** 进口的农产品必须按照国家规定的农产品质量安全标准进行检验；尚未制定有关农产品质量安全标准的，应当依法及时制定，未制定之前，可以参照国家有关部门指定的国外有关标准进行检验。

## 第七章 法律责任

**第四十三条** 农产品质量安全监督管理人员不依法履行监督职责，或者滥用职权的，依法给予行政处分。

**第四十四条** 农产品质量安全检测机构伪造检测结果的，责令改正，没收违法所得，并处五万元以上十万元以下罚款，对直接负责的主管人员和其他直接责任人员处一万元以上五万元以下罚款；情节严重的，撤销其检测资格；造成损害的，依法承担赔偿责任。

农产品质量安全检测机构出具检测结果不实，造成损害的，依法承担赔偿责任；造成重大损害的，并撤销其检测资格。

**第四十五条** 违反法律、法规规定，向农产品产地排放或者倾倒废水、废气、固体废物或者其他有毒有害物质的，依照有关环境保护法律、法规的规定处罚；造成损害的，依法承担赔偿责任。

**第四十六条** 使用农业投入品违反法律、行政法规和国务院农业行政主管部门的规定的，依照有关法律、行政法规的规定处罚。

**第四十七条** 农产品生产企业、农民专业合作经济组织未建立或者未按照规定保存农产品生产记录的，或者伪造农产品生产记录的，责令限期改正；逾期不改正的，可以处二千元以下罚款。

**第四十八条** 违反本法第二十八条规定，销售的农产品未按照规定进行包装、标识的，责令限期改正；逾期不改正的，可以处二千元以下罚款。

**第四十九条** 有本法第三十三条第四项规定情形，使用的保鲜剂、防腐剂、添加剂等材料不符合国家有关强制性的技术规范的，责令停止销售，对被污染的农产品进行无害化处理，对不能进行无害化处理的予以监督销毁；没收违法所得，并处二千元以上二万元以下罚款。

**第五十条** 农产品生产企业、农民专业合作经济组织销售的农产品有本法第三十三条第一项至第三项或者第五项所列情形之一的，责令停止销售，追回已经销售的农产品，对违法销售的农产品进行无害化处理或者予以监督销毁；没收违法所得，并处二千元以上二万元以下罚款。

农产品销售企业销售的农产品有前款所列情形的，依照前款规定处理、处罚。

农产品批发市场中销售的农产品有第一款所列情形的，对违法销售的农产品依照第一款规定处理，对农产品销售者依照第一款规定处罚。

农产品批发市场违反本法第三十七条第一款规定的，责令改正，处二千元以上二万元以下罚款。

**第五十一条** 违反本法第三十二条规定，冒用农产品质量标志的，责令改正，没收违法所得，并处二千元以上二万元以下罚款。

**第五十二条** 本法第四十四条、第四十七条至第四十九条、

第五十条第一款、第四款和第五十一条规定的处理、处罚，由县级以上人民政府农业行政主管部门决定；第五十条第二款、第三款规定的处理、处罚，由工商行政管理部门决定。

法律对行政处罚及处罚机关有其他规定的，从其规定。但是，对同一违法行为不得重复处罚。

**第五十三条**　违反本法规定，构成犯罪的，依法追究刑事责任。

**第五十四条**　生产、销售本法第三十三条所列农产品，给消费者造成损害的，依法承担赔偿责任。

农产品批发市场中销售的农产品有前款规定情形的，消费者可以向农产品批发市场要求赔偿；属于生产者、销售者责任的，农产品批发市场有权追偿。消费者也可以直接向农产品生产者、销售者要求赔偿。

## 第八章　附　则

**第五十五条**　生猪屠宰的管理按照国家有关规定执行。

**第五十六条**　本法自2006年11月1日起施行。

## 5. 流通环节食品安全监督管理办法

### 第一章　总　则

**第一条**　为了加强流通环节食品安全监督管理，维护食品市场秩序，根据《中华人民共和国食品安全法》（以下简称《食品安全法》）、《中华人民共和国食品安全法实施条例》（以下简称《食品安全法实施条例》）等法律、法规的规定，制定本办法。

**第二条**　在中华人民共和国境内从事流通环节食品经营，应当遵守本办法。

**第三条**　食品经营者应当依照法律、法规和食品安全标准从事食品经营活动，建立健全食品安全管理制度，采取有效管理措施，保证食品安全。

食品经营者对其经营的食品安全负责，对社会和公众负责，承担社会责任。

**第四条**　工商行政管理机关依照法律、法规和国务院规定的职责以及本办法的规定，对流通环节食品安全进行监督管理。

**第五条**　县级及其以上地方工商行政管理机关在当地人民政府的统一领导下，负责本辖区内流通环节食品安全监督管理。

**第六条**　县级及其以上地方工商行政管理机关应当与其他食品监督管理部门加强沟通、密切配合，按照职责分工，依法行使职权，承担责任。

**第七条**　鼓励和支持食品经营者为提高食品安全水平采用先

进技术和先进管理规范。

**第八条**　县级及其以上地方工商行政管理机关应当依照法律、法规和本办法的规定公布食品安全信息，为公众咨询、投诉、举报提供方便；任何组织或者个人有权向工商行政管理机关举报食品经营中违反本办法的行为，有权了解食品流通安全信息，对流通环节食品安全监督管理工作提出意见和建议。

## 第二章　食品经营

**第九条**　禁止食品经营者经营下列食品：

（一）用非食品原料生产的食品或者添加食品添加剂以外的化学物质和其他可能危害人体健康物质的食品，或者用回收食品作为原料生产的食品；

（二）致病性微生物、农药残留、兽药残留、重金属、污染物质以及其他危害人体健康的物质含量超过食品安全标准限量的食品；

（三）营养成分不符合食品安全标准的专供婴幼儿和其他特定人群的主辅食品；

（四）腐败变质、油脂酸败、霉变生虫、污秽不洁、混有异物、掺假掺杂或者感官性状异常的食品；

（五）病死、毒死或者死因不明的禽、畜、兽、水产动物肉类及其制品；

（六）未经动物卫生监督机构检疫或者检疫不合格的肉类，或者未经检验或者检验不合格的肉类制品；

（七）被包装材料、容器、运输工具等污染的食品；

（八）超过保质期的食品；

（九）无标签的预包装食品；

（十）国家为防病等特殊需要明令禁止经营的食品；

（十一）食品的标签、说明书不符合《食品安全法》第四十八条第三款规定的食品；

（十二）没有中文标签、中文说明书或者中文标签、中文说明书不符合《食品安全法》第六十六条规定的进口的预包装食品；

（十三）其他不符合食品安全标准或者要求的食品。

对因标签、标识或者说明书不符合食品安全标准而被停止经营的食品，在食品生产者采取补救措施且能保证食品安全的情况下可以继续销售；销售时应当向消费者明示生产者采取的补救措施。

**第十条** 从事食品经营，应当依法取得《食品流通许可证》，凭《食品流通许可证》办理工商登记，领取营业执照。未取得《食品流通许可证》和营业执照的，不得从事食品经营。

食品经营者的经营条件发生变化，不符合食品经营要求的，食品经营者应当立即采取整改措施；有发生食品安全事故的潜在风险的，应当立即停止食品经营活动，并向所在地县级工商行政管理机关报告；需要重新办理许可手续的，应当依法办理。

**第十一条** 食品经营企业应当建立健全本单位的食品安全管理制度，组织职工参加食品安全知识培训，学习食品安全法律、法规、规章、标准和其他食品安全知识，并建立培训档案；配备专职或者兼职食品安全管理人员，做好对所经营食品的检验工作，依法从事食品经营活动。

**第十二条** 食品经营者应当建立并执行从业人员健康检查制度和健康档案制度。食品经营从业人员每年应当进行健康检查，取得健康证明后方可从事食品经营，其检查项目等事项应当符合所在地省、自治区、直辖市的规定。患有《食品安全法》、《食品安全法实施条例》规定的不得从事接触直接入口食品工作疾病的从业人员，不得从事接触直接入口食品的工作。

**第十三条** 食品经营者采购食品，应当查验供货者的许可证、营业执照和食品合格的证明文件。

食品经营企业应当建立食品进货查验记录制度，如实记录食品的名称、规格、数量、生产批号、保质期、供货者名称及联系方式、进货日期等内容。

鼓励其他食品经营者按照前款规定建立进货查验记录制度。

实行统一配送经营方式的食品经营企业，可以由企业总部统一查验供货者的许可证、营业执照和食品合格的证明文件，进行食品进货查验记录，可将有关资料复印件留存所属相关经营企业备查，也可以采用信息化技术，联网备查。

**第十四条**　从事食品批发业务的经营企业销售食品，应当如实记录批发食品的名称、规格、数量、生产批号、保质期、购货者名称及联系方式、销售日期等内容，或者保留载有上述信息的销售票据。

从事批发业务的食品经营企业应当向购货者开具载有前款规定信息的销售票据或者清单，同时加盖印章或者签字。

**第十五条**　食品进货查验记录、批发记录或者票据应当真实，保存期限不得少于二年。

**第十六条**　鼓励食品经营者采用先进技术手段，记录法律、法规及本办法要求记录的事项。

**第十七条**　食品经营者贮存、运输和装卸食品的容器、工具和设备应当安全、无害，保持清洁，防止食品污染，并符合保证食品安全所需的温度等特殊要求，不得将食品与有毒、有害物品一同运输。

**第十八条**　食品经营者对贮存、销售的食品应当定期进行检查，查验食品的生产日期和保质期，及时清理变质、超过保质期及其他不符合食品安全标准的食品，主动将其退出市场，并做好相关记录。

**第十九条**　食品经营者贮存散装食品，应当在贮存位置标明食品的名称、生产日期、保质期、生产者名称及联系方式等内容。

食品经营者销售散装食品，应当在散装食品的容器、外包装上标明食品的名称、生产日期、保质期、生产经营者名称及联系方式等内容。

食品经营者销售生鲜食品和熟食制品，应当符合食品安全所需要的温度、空间隔离等特殊要求，防止交叉污染。

**第二十条** 食品经营者销售的预包装食品的包装上，应当有标签。标签内容应当符合《食品安全法》第四十二条的规定。

食品的标签、说明书，不得含有虚假、夸大的内容，不得涉及疾病预防、治疗功能。

食品的标签、说明书应当清楚、明显，容易辨识。

食品经营者应当按照食品标签标示的警示标志、警示说明或者注意事项的要求，销售预包装食品。

**第二十一条** 食品经营者应当主动向消费者提供销售凭证，对不符合食品安全标准的食品履行更换、退货等义务。

鼓励食品经营者在其销售食品的包装上附加特殊身份标记，将其销售的食品与其他食品经营者销售的食品相区分。

**第二十二条** 食品集中交易市场的开办者、食品经营柜台的出租者和食品展销会的举办者，应当依法履行下列管理义务：

（一）审查入场食品经营者的《食品流通许可证》和营业执照；

（二）明确入场食品经营者的食品安全管理责任；

（三）定期对入场食品经营者的经营环境和条件进行检查；

（四）建立食品经营者档案，记载市场内食品经营者的基本情况、主要进货渠道、经营品种、品牌和供货商状况等信息；

（五）建立和完善食品经营管理制度，加强对食品经营者的培训；

（六）设置食品信息公示媒介，及时公开市场内或者行政机关公布的相关食品信息；

（七）其他应当履行的食品安全管理义务。

食品集中交易市场的开办者、食品经营柜台的出租者和食品展销会的举办者发现食品经营者不具备经营资格的，应当禁止其入场销售；发现食品经营者不具备与所经营食品相适应的经营环境和条件的，可以暂停或者取消其入场经营资格；发现经营不符合食品安全标准的食品或者有其他违法行为的，应当及时制止，并立即将有关情况报告辖区工商行政管理机关。

**第二十三条** 食品经营者应当建立并执行食品退市制度。食品经营者发现其经营的食品不符合食品安全标准，应当立即停止经营，下架单独存放，通知相关生产经营者和消费者，并记录停止经营和通知情况，将有关情况报告辖区工商行政管理机关。

食品经营者未依照前款规定停止经营不符合食品安全标准的食品的，工商行政管理机关可以责令其停止经营。

**第二十四条** 食品广告的内容应当真实合法，不得含有虚假或者夸大的内容，不得涉及疾病预防、治疗功能。

食品广告中不得含有食品安全监督管理部门或者承担食品检验职责的机构、食品行业协会、消费者协会向消费者推荐食品的内容。

**第二十五条** 社会团体或者其他组织、个人在虚假广告中向消费者推荐食品，使消费者的合法权益受到损害的，与食品生产经营者承担连带责任。

**第二十六条** 食品经营企业应当制定食品安全事故处置方案，定期检查本企业各项食品安全防范措施的落实情况，及时消除食品安全事故隐患。

发生食品安全事故的食品经营者对导致或者可能导致食品安全事故的食品及原料、工具、设备等，应当立即采取封存等控制措施，并自事故发生之时起2小时内向所在地县级人民政府卫生行政部门报告。

**第二十七条** 鼓励食品集中交易市场的开办者、食品经营柜台的出租者、食品展销会的举办者和有条件的食品经营企业配备必要的检测设备，对食品进行自检或者送检。

## 第三章 监督管理

**第二十八条** 县级及其以上地方工商行政管理机关应当按照当地人民政府组织制定的本行政区域的食品安全年度监督管理计划开展工作。

**第二十九条** 县级及其以上地方工商行政管理机关履行流通环节食品安全监督管理职责，有权采取《食品安全法》第七十七条规定的监督管理措施。

**第三十条** 县级及其以上地方工商行政管理机关应当严格落实监管责任，开展食品市场监督检查。食品经营者应当接受和配合工商行政管理机关的监督检查。

**第三十一条** 县级及其以上地方工商行政管理机关进行监督检查时，应当记录监督检查的情况，发现有违法行为的，应当如实记录，经监督检查人员和食品经营者签字后归档，并依法查处；对依法应当立案查处或者移送其他机关依法处理的，应当在监督检查记录中载明。

监督检查记录保存期限应当符合档案管理相关规定。

**第三十二条** 县级及其以上地方工商行政管理机关应当建立食品经营者食品安全信用档案，记录许可证照颁发、日常监督检查结果、违法行为的查处和食品经营者停止经营不符合食品安全标准的食品等情况。依托金信工程，将食品经营者的食品安全信用情况作为企业信用分类监管、个体工商户分层分类监管、市场信用分类监管制度的重要内容，对有不良信用记录的食品经营者增加监督检查频次，加强监督管理。

**第三十三条** 县级及其以上地方工商行政管理机关应当加强对食品经营者经营活动的日常监督检查；发现不符合食品经营要求情形的，应当责令立即纠正，并依法予以处理；不再符合经营许可条件的，应当依法撤销相关许可。

**第三十四条** 县级及其以上地方工商行政管理机关应当对国务院卫生行政部门公布的添加或者可能添加到食品中的非食品用化学物质和其他可能危害人体健康的物质采取相应的监督管理措施。

县级及其以上地方工商行政管理机关在监督检查中发现不符合食品安全标准的食品，责令食品经营者停止经营的，应当及时追查食品来源和流向；涉及其他地区的，应当及时报告上级工商行政管理机关，书面通报相关地工商行政管理机关依法查处。

**第三十五条** 县级及其以上地方工商行政管理机关在监督检查中发现食品经营者经营不符合食品安全标准的食品，其原因是由其他环节引起的，应当及时书面通报有关主管部门。

**第三十六条** 县级及其以上地方工商行政管理机关应当公布本单位的电子邮件地址或者电话，接受咨询、投诉、举报；对接到的咨询、投诉、举报，应当依照《食品安全法》第八十条的规定进行答复、核实、处理，并对咨询、投诉、举报和答复、核实、处理的情况予以记录、保存。

**第三十七条** 县级及其以上地方工商行政管理机关应当依照《食品安全法》的有关规定和当地人民政府的食品监测计划，对流通环节食品进行定期或者不定期的抽样检验。

县级及其以上地方工商行政管理机关对当地人民政府制定的本行政区域的食品安全年度监督管理计划中确定的重点食品、消费者申（投）诉及举报比较多的食品、市场监督检查中发现问题比较集中的食品，以及根据查办案件、有关部门通报的情况，对流通环节的食品是否符合食品安全标准进行不定期抽样检验。

**第三十八条** 县级及其以上地方工商行政管理机关在执法工作中需要对食品进行检验的，应当委托符合《食品安全法》规定的食品检验机构进行检验，并支付相关费用。

**第三十九条** 县级及其以上地方工商行政管理机关实施食品抽样检验以及快速检测工作，应当购买样品，支付相关费用；不收取食品经营者的检验费和其他任何费用，所需经费由同级财政列支。

**第四十条** 县级及其以上地方工商行政管理机关对食品进行抽样检验时，应当制作抽样检验工作记录，现场检查所抽检食品的相关票证、货源、数量、存货量、销售量等；应当要求检验机构按照国家规定的采样规则进行取样，并将抽样检验结果通知标称的食品生产者。

**第四十一条** 县级及其以上地方工商行政管理机关依法开展抽样检验时，被抽样检验的经营者应当配合抽样检验工作，如实提供被抽样检验食品的相关票证、货源、数量、存货地点、存货量、销售量等信息。

**第四十二条** 对检验结论有异议的，可以依法进行复检。被抽样检验的经营者或者标称的生产者，应当向承担复检工作的食品检验机构申请复检，并说明理由。

复检机构名录由国务院认证认可监督管理、卫生行政、农业行政等部门共同公布。复检机构出具的复检结论为最终检验结论。

复检机构由复检申请人自行选择。复检机构与初检机构不得为同一机构。

复检结论表明食品合格的，复检费用由抽样检验的部门承担；复检结论表明食品不合格的，复检费用由食品生产经营者承担。

**第四十三条** 组织实施抽样检验的县级及其以上地方工商行政管理机关应当自收到检验结果五个工作日内，将抽样检验结果通知被抽样检验人，责令其停止销售不符合食品安全标准的食品，监督其他食品经营者对同一批次的食品下架退市，并按照有关规定，准确、及时、客观地公布食品安全抽样检验信息。

**第四十四条**　组织实施抽样检验的县级及其以上地方工商行政管理机关对抽样检验中发现的不属于自己管辖的食品安全案件线索，应当及时书面通报有管辖权的工商行政管理机关或者移送有关执法机关处理。

**第四十五条**　县级及其以上地方工商行政管理机关在食品安全监督管理工作中可以采用《食品安全法实施条例》第五十条的规定认定的快速检测方法对食品进行初步筛查；对初步筛查结果表明可能不符合食品安全标准的食品，应当依照《食品安全法》第六十条第三款的规定进行检验。初步筛查结果不得作为执法依据。

**第四十六条**　境外发生的食品安全事件可能对我国境内造成影响，或者在进口食品中发现严重食品安全问题的，县级及其以上地方工商行政管理机关接到国家出入境检验检疫部门有关通报后，应当采取相应处理措施。

县级及其以上地方工商行政管理机关接到国家出入境检验检疫部门通报的有关进出口食品安全信息，必要时应当采取相应处理措施。

县级及其以上地方工商行政管理机关在监督检查中发现进口食品存在安全问题的，应当及时将获知的涉及进出口食品安全的信息向国家出入境检验检疫部门通报。

**第四十七条**　鼓励县级及其以上地方工商行政管理机关建立食品经营主体数据库、监督检查数据库、典型案例数据库，依托12315行政执法网络，运用先进技术手段加强食品监督检查工作，提高食品安全监督管理水平。

**第四十八条**　县级及其以上地方工商行政管理机关在日常监

督管理中发现食品安全事故，或者接到有关食品安全事故的举报，应当立即向当地卫生行政部门通报。

发生食品安全事故的，事发地工商行政管理机关应当按照国务院有关部门制定的食品安全事故调查处理办法，在当地人民政府统一领导下，配合卫生行政等相关部门，及时做出反应，采取措施控制事态发展，并及时向上级工商行政管理机关报告。

调查食品安全事故，应当坚持实事求是、尊重科学的原则，及时、准确查清事故性质和原因。认定事故责任，提出整改措施。

任何单位或者个人不得对食品安全事故隐瞒、谎报、缓报，不得毁灭有关证据。

**第四十九条** 县级及其以上地方工商行政管理机关参与食品安全事故调查时，有权向有关单位和个人了解与食品安全事故有关的情况，要求提供相关资料和样品；有关单位和个人应当配合食品安全事故调查处理工作，按照要求提供相关资料和样品，不得拒绝。

任何单位或者个人不得阻挠、干涉食品安全的调查处理。

**第五十条** 县级及其以上地方工商行政管理机关可以向社会公布下列食品安全日常监督管理信息：

（一）依照《食品安全法》实施行政许可的情况；

（二）责令停止经营的食品、食品添加剂、食品相关产品的名录；

（三）查处食品经营者违法行为的情况；

（四）专项检查整治工作情况；

（五）法律、行政法规规定的其他食品安全日常监督管理信息。

县级及其以上地方工商行政管理机关依据职责公布食品安全日常监督管理信息；涉及其他食品安全监督管理部门职责的，应当联合公布。

公布食品安全日常监督管理信息，应当做到准确、及时、客观，同时对有关食品可能产生的危害进行解释、说明。

具体日常监督管理信息公布制度由省级工商行政管理机关依照本办法制定。

**第五十一条**　县级及其以上地方工商行政管理机关获知《食品安全法》第八十二条第一款规定的需要统一公布的信息，应当向上级工商行政管理机关报告，由上级机关立即报告国务院卫生行政部门；必要时，可以直接向国务院卫生行政部门报告。

县级及其以上地方工商行政管理机关应当与其他食品安全监督管理部门相互通报获知的食品安全信息。

**第五十二条**　省、自治区、直辖市工商行政管理机关应当配合同级卫生行政部门制定本行政区域的食品安全风险监测方案。

县级及其以上地方工商行政管理机关应当协助收集《食品安全法实施条例》第十三条第一款规定的食品安全风险评估信息和资料。

省、自治区、直辖市工商行政管理机关应当配合同级卫生行政部门对食品安全国家标准和食品安全地方标准的执行情况分别进行跟踪评价。

省、自治区、直辖市工商行政管理机关应当收集、汇总食品安全标准在执行过程中存在的问题，并及时向同级卫生行政部门通报。

## 第四章　法律责任

**第五十三条**　违反本办法第九条第一款第（一）、（二）、（三）、（四）、（五）、（六）、（八）、（十）、（十三）项，第二十三条第二款的规定的，没收违法所得、违法经营的食品和用于违法经营的工具、设备、原料等物品；违法经营的食品货值金额不足一万元的，并处二千元以上五万元以下罚款；货值金额一万元以上的，并处货值金额五倍以上十倍以下罚款；情节严重的，吊销许可证。

**第五十四条** 违反本办法第十条的规定，未经许可从事食品经营活动的，没收违法所得、违法经营的食品和用于违法经营的工具、设备等物品；违法经营的食品货值金额不足一万元的，并处二千元以上五万元以下罚款；货值金额一万元以上的，并处货值金额五倍以上十倍以下罚款。

**第五十五条** 违反本办法第十二条的规定，安排患有《食品安全法》第三十四条以及《食品安全法实施条例》第二十三条所列疾病的人员从事接触直接入口食品的工作，或者违反本办法第十三条第一款、第二款，第十四条第一款，第十五条，第十八条，第十九条，第二十条第二款的规定的，责令改正，给予警告；拒不改正的，处二千元以上二万元以下罚款；情节严重的，责令停产停业，直至吊销许可证。

**第五十六条** 违反本办法第九条第一款第（七）、（九）、（十一）、（十二）项，第二十条第一款的规定的，没收违法所得、违法经营的食品和用于违法经营的工具、设备等物品；违法经营的食品货值金额不足一万元的，并处二千元以上五万元以下罚款；货值金额一万元以上的，并处货值金额两倍以上五倍以下罚款；情节严重的，责令停产停业，直至吊销许可证。

**第五十七条** 违反本办法第十七条的规定，食品经营企业未按照要求进行食品运输的，责令改正，给予警告；拒不改正的，责令停产停业，并处二千元以上五万元以下罚款；情节严重的，由原发证部门吊销许可证。

**第五十八条** 违反本办法第二十二条第一款第（一）、（二）、（三）项及第二款的规定的，处二千元以上五万元以下罚款；造成严重后果的，责令停业，由原发证部门吊销许可证。

**第五十九条**　违反本办法第二十四条第一款的规定的，责令广告主停止发布广告，并以等额广告费用在相应范围内公开更正清除影响，并处广告费用一倍以上五倍以下的罚款。违反本办法第二十四条第二款的规定的，没收违法所得，依法对直接负责的主管人员和其他直接责任人员给予记大过、降级或者撤职的处分。

**第六十条**　违反本办法第二十六条第二款的规定，食品经营企业在发生食品安全事故后未进行处置、报告的，按照工商行政管理机关职责分工，责令改正，给予警告；毁灭有关证据的，责令停业，并处二千元以上十万元以下罚款；造成严重后果的，由原发证部门吊销许可证。

**第六十一条**　食品经营者的经营条件发生变化，未依照本办法第十条第二款规定处理的，责令改正，给予警告；造成严重后果的，依照《食品安全法》第八十五条的规定给予处罚。

**第六十二条**　有下列行为之一的，责令改正，拒不改正的，处以一万元以下罚款：

（一）食品经营者聘用未取得健康证明的人员从事食品经营的；

（二）食品经营者未主动向消费者提供销售凭证，或者拒不履行不符合食品安全标准的食品更换、退货等义务的；

（三）食品经营者拒绝工商行政管理机关依法开展监督检查的。

**第六十三条**　违反本办法的规定，有下列行为之一的，责令改正，拒不改正的，处以一万元以下罚款；情节严重的，处以一万元以上三万元以下罚款：

（一）从事批发业务的食品经营企业没有向购货者开具销售票据或者清单的；

（二）食品集中交易市场的开办者、食品经营柜台的出租者和食品展销会的举办者没有建立食品经营者档案、记载市场内食品经营者的基本情况、主要进货渠道、经营品种、品牌和供货商状况等信息；没有设置食品信息公示媒介，及时公开市场内或者行政机关公布的相关食品信息的。

**第六十四条** 食品经营者主动消除或者减轻违法行为危害后果，或者有其他法定情形的，应当从轻、减轻处罚。

违法行为轻微并及时纠正，没有造成危害后果的，不予处罚。

**第六十五条** 县级及其以上地方工商行政管理机关在监督检查中发现食品经营者违反本办法规定涉嫌犯罪的，应当依法移送公安机关。

**第六十六条** 县级及其以上地方工商行政管理机关不履行食品安全监督管理法定职责、日常监督检查不到位或者滥用职权、玩忽职守、徇私舞弊的，依法对直接负责的主管人员和其他直接责任人员给予记大过或者降级的处分；造成严重后果的，给予撤职或者开除的处分；其主要负责人应当引咎辞职。

## 第五章 附 则

**第六十七条** 食用农产品的监督管理适用《中华人民共和国农产品质量安全法》。

**第六十八条** 本办法由国家工商行政管理总局负责解释。

**第六十九条** 本办法自公布之日起施行。

# 6. 食品标识管理规定

## 第一章　总　则

**第一条**　为了加强对食品标识的监督管理，规范食品标识的标注，防止质量欺诈，保护企业和消费者合法权益，根据《中华人民共和国食品安全法》《中华人民共和国产品质量法》、《国务院关于加强食品等产品安全监督管理的特别规定》等法律法规，制定本规定。

**第二条**　在中华人民共和国境内生产（含分装）、销售的食品的标识标注和管理，适用本规定。

**第三条**　本规定所称食品标识是指粘贴、印刷、标记在食品或者其包装上，用以表示食品名称、质量等级、商品量、食用或者使用方法、生产者或者销售者等相关信息的文字、符号、数字、图案以及其他说明的总称。

**第四条**　国家质量监督检验检疫总局（以下简称国家质检总局）在其职权范围内负责组织全国食品标识的监督管理工作。

县级以上地方质量技术监督部门在其职权范围内负责本行政区域内食品标识的监督管理工作。

## 第二章　食品标识的标注内容

**第五条**　食品或者其包装上应当附加标识，但是按法律、行政法规规定可以不附加标识的食品除外。

食品标识的内容应当真实准确、通俗易懂、科学合法。

**第六条** 食品标识应当标注食品名称。

食品名称应当表明食品的真实属性，并符合下列要求：

（一）国家标准、行业标准对食品名称有规定的，应当采用国家标准、行业标准规定的名称；

（二）国家标准、行业标准对食品名称没有规定的，应当使用不会引起消费者误解和混淆的常用名称或者俗名；

（三）标注“新创名称”、“奇特名称”、“音译名称”、“牌号名称”、“地区俚语名称”或者“商标名称”等易使人误解食品属性的名称时，应当在所示名称的邻近部位使用同一字号标注本条（一）、（二）项规定的一个名称或者分类（类属）名称；

（四）由两种或者两种以上食品通过物理混合而成且外观均匀一致难以相互分离的食品，其名称应当反映该食品的混合属性和分类（类属）名称；

（五）以动、植物食物为原料，采用特定的加工工艺制作，用以模仿其他生物的个体、器官、组织等特征的食品，应当在名称前冠以“人造”、“仿”或者“素”等字样，并标注该食品真实属性的分类（类属）名称。

**第七条** 食品标识应当标注食品的产地。

食品产地应当按照行政区划标注到地市级地域。

**第八条** 食品标识应当标注生产者的名称、地址和联系方式。生产者名称和地址应当是依法登记注册、能够承担产品质量责任的生产者的名称、地址。

有下列情形之一的，按照下列规定相应予以标注：

（一）依法独立承担法律责任的公司或者其子公司，应当标注各自的名称和地址；

（二）依法不能独立承担法律责任的公司分公司或者公司的生产基地，应当标注公司和分公司或者生产基地的名称、地址，或者仅标注公司的名称、地址；

（三）受委托生产加工食品且不负责对外销售的，应当标注委托企业的名称和地址；对于实施生产许可证管理的食品，委托企业具有其委托加工的食品生产许可证的，应当标注委托企业的名称、地址和被委托企业的名称，或者仅标注委托企业的名称和地址；

（四）分装食品应当标注分装者的名称及地址，并注明分装字样。

**第九条** 食品标识应当清晰地标注食品的生产日期、保质期，并按照有关规定要求标注贮存条件。

乙醇含量10%以上（含10%）的饮料酒、食醋、食用盐、固态食糖类，可以免除标注保质期。

日期的标注方法应当符合国家标准规定或者采用“年、月、日”表示。

**第十条** 定量包装食品标识应当标注净含量，并按照有关规定要求标注规格。对含有固、液两相物质的食品，除标示净含量外，还应当标示沥干物（固形物）的含量。

净含量应当与食品名称排在食品包装的同一展示版面。净含量的标注应当符合《定量包装商品计量监督管理办法》的规定。

**第十一条** 食品标识应当标注食品的成分或者配料清单。

配料清单中各种配料应当按照生产加工食品时加入量的递减顺序进行标注，具体标注方法按照国家标准的规定执行。

在食品中直接使用甜味剂、防腐剂、着色剂的，应当在配料清单食品添加剂项下标注具体名称；使用其他食品添加剂的，可以标注具体名称、种类或者代码。食品添加剂的使用范围和使用量应当按照国家标准的规定执行。

专供婴幼儿和其他特定人群的主辅食品，其标识还应该标注主要营养成分及其含量。

**第十二条** 食品标识应当标注企业所执行的产品标准代号。

**第十三条** 食品执行的标准明确要求标注食品的质量等级、加工工艺的，应当相应地予以标明。

**第十四条** 实施生产许可证管理的食品，食品标识应当标注食品生产许可证编号及 QS 标志。

委托生产加工实施生产许可证管理的食品，委托企业具有其委托加工食品生产许可证的，可以标注委托企业或者被委托企业的生产许可证编号。

**第十五条** 混装非食用产品易造成误食，使用不当，容易造成人身伤害的，应当在其标识上标注警示标志或者中文警示说明。

**第十六条** 食品有以下情形之一的，应当在其标识上标注中文说明：

（一）医学临床证明对特殊群体易造成危害的；

（二）经过电离辐射或者电离能量处理过的；

（三）属于转基因食品或者含法定转基因原料的；

（四）按照法律、法规和国家标准等规定，应当标注其他中文说明的。

**第十七条** 食品在其名称或者说明中标注“营养”、“强化”字样的，应当按照国家标准有关规定，标注该食品的营养素和热量，并符合国家标准规定的定量标示。

**第十八条** 食品标识不得标注下列内容：

（一）明示或者暗示具有预防、治疗疾病作用的；

（二）非保健食品明示或者暗示具有保健作用的；

（三）以欺骗或者误导的方式描述或者介绍食品的；

（四）附加的产品说明无法证实其依据的；

（五）文字或者图案不尊重民族习俗，带有歧视性描述的；

（六）使用国旗、国徽或者人民币等进行标注的；

（七）其他法律、法规和标准禁止标注的内容。

**第十九条** 禁止下列食品标识违法行为：

（一）伪造或者虚假标注生产日期和保质期；

（二）伪造食品产地，伪造或者冒用其他生产者的名称、地址；

（三）伪造、冒用、变造生产许可证标志及编号；

（四）法律、法规禁止的其他行为。

## 第三章 食品标识的标注形式

**第二十条** 食品标识不得与食品或者其包装分离。

**第二十一条** 食品标识应当直接标注在最小销售单元的食品或者其包装上。

**第二十二条** 在一个销售单元的包装中含有不同品种、多个独立包装的食品，每件独立包装的食品标识应当按照本规定进行标注。

透过销售单元的外包装，不能清晰地识别各独立包装食品的所有或者部分强制标注内容的，应当在销售单元的外包装上分别予以标注，但外包装易于开启识别的除外；能够清晰地识别各独立包装食品的所有或者部分强制标注内容的，可以不在外包装上重复标注相应内容。

**第二十三条** 食品标识应当清晰醒目，标识的背景和底色应当采用对比色，使消费者易于辨认、识读。

**第二十四条** 食品标识所用文字应当为规范的中文，但注册商标除外。

食品标识可以同时使用汉语拼音或者少数民族文字，也可以同时使用外文，但应当与中文有对应关系，所用外文不得大于相应的中文，但注册商标除外。

**第二十五条** 食品或者其包装最大表面面积大于20平方厘米

时，食品标识中强制标注内容的文字、符号、数字的高度不得小于1.8毫米。

食品或者其包装最大表面面积小于10平方厘米时，其标识可以仅标注食品名称、生产者名称和地址、净含量以及生产日期和保质期。但是，法律、行政法规规定应当标注的，依照其规定。

## 第四章法律责任

**第二十六条** 违反本规定构成《中华人民共和国食品安全法》及其实施条例等法律法规规定的违法行为的，依照有关法律法规的规定予以处罚。

**第二十七条** 违反本规定第六条至第八条、第十一条至第十三条，未按规定标注应当标注内容的，责令限期改正；逾期不改的，处以500元以上1万元以下罚款。

**第二十八条** 违反本规定第十五条，未按规定标注警示标志或中文警示说明的，依照《中华人民共和国产品质量法》第五十四条规定进行处罚。

**第二十九条** 违反本规定第十条，未按规定标注净含量的，依照《定量包装商品计量监督管理办法》规定进行处罚。

**第三十条** 违反本规定第十七条，未按规定标注食品营养素、热量以及定量标示的，责令限期改正；逾期不改的，处以5000元以下罚款。

**第三十一条** 违反本规定第十八条，食品标识标注禁止性内容的，责令限期改正；逾期不改的，处以1万元以下罚款；违反有关法律法规规定的，按有关法律法规规定处理。

**第三十二条** 伪造或者虚假标注食品生产日期和保质期的，责令限期改正，处以500元以上1万元以下罚款；情节严重，造成后果的，依照有关法律、行政法规规定进行处罚。

**第三十三条**　伪造食品产地，伪造或者冒用其他生产者的名称、地址的，依照《中华人民共和国产品质量法》第五十三条规定进行处罚。

**第三十四条**　违反本规定第二十条，食品标识与食品或者其包装分离的，责令限期改正，处以5000元以下罚款。

**第三十五条**　违反本规定第二十一条、第二十二条第二款、第二十四条、第二十五条的，责令限期改正；逾期不改的，处以1万元以下罚款。

**第三十六条**　违反本规定第二十二条第一款的，依照本章有关规定处罚。

**第三十七条**　从事食品标识监督管理的工作人员，玩忽职守、滥用职权、包庇放纵违法行为的，依法给予行政处分；构成犯罪的，依法追究刑事责任。

**第三十八条**　本规定规定的行政处罚由县级以上地方质量技术监督部门在职权范围内依法实施。

法律、行政法规对行政处罚另有规定的，依照其规定。

## 第五章　附　则

**第三十九条**　进出口食品标识的管理，由出入境检验检疫机构按照国家质检总局有关规定执行。

**第四十条**　本规定由国家质检总局负责解释。

**第四十一条**　本规定自2008年9月1日起施行。原国家技术监督局公布的《查处食品标签违法行为规定》同时废止。

# 7. 食品生产许可管理办法

## 第一章 总 则

**第一条** 为了保障食品安全，加强食品生产监管，规范食品生产许可活动，根据《中华人民共和国食品安全法》和其实施条例以及产品质量、生产许可等法律法规的规定，制定本办法。

**第二条** 在中华人民共和国境内，企业从事食品生产活动以及质量技术监督部门实施食品生产许可，必须遵守本办法。

**第三条** 企业未取得食品生产许可，不得从事食品生产活动。

**第四条** 国家质量监督检验检疫总局（以下简称国家质检总局）在职责范围内负责全国食品生产许可管理工作。

县级以上地方质量技术监督部门在职责范围内负责本行政区域内的食品生产许可管理工作。

**第五条** 食品生产许可必须严格按照法律、法规和规章规定的程序和要求实施，遵循公开、公平、公正、便民原则。

## 第二章 程 序

**第六条** 设立食品生产企业，应当在工商部门预先核准名称后依照食品安全法律法规和本办法有关要求取得食品生产许可。

**第七条** 县级以上地方质量技术监督部门是食品生产许可的实施机关，但按照有关规定由国家质检总局实施的食品生产许可除外。

省级质量技术监督部门按照有关法律法规和国家质检总局有关规定要求，确定本行政区域内质量技术监督部门分别实施许可的品种范围。

**第八条** 取得食品生产许可，应当符合食品安全标准，并符合下列要求：

（一）具有与申请生产许可的食品品种、数量相适应的食品原料处理和食品加工、包装、贮存等场所，保持该场所环境整洁，并与有毒、有害场所以及其他污染源保持规定的距离；

（二）具有与申请生产许可的食品品种、数量相适应的生产设备或者设施，有相应的消毒、更衣、盥洗、采光、照明、通风、防腐、防尘、防蝇、防鼠、防虫、洗涤以及处理废水、存放垃圾和废弃物的设备或者设施；

（三）具有与申请生产许可的食品品种、数量相适应的合理的设备布局、工艺流程，防止待加工食品与直接入口食品、原料与成品交叉污染，避免食品接触有毒物、不洁物；

（四）具有与申请生产许可的食品品种、数量相适应的食品安全专业技术人员和管理人员；

（五）具有与申请生产许可的食品品种、数量相适应的保证食品安全的培训、从业人员健康检查和健康档案等健康管理、进货查验记录、出厂检验记录、原料验收、生产过程等食品安全管理制度。法律法规和国家产业政策对生产食品有其他要求的，应当符合该要求。

**第九条** 拟设立食品生产企业申请食品生产许可的，应当向生产所在地质量技术监督部门（以下简称许可机关）提出，并提交下列材料：

（一）食品生产许可申请书；

（二）申请人的身份证（明）或资格证明复印件；

（三）拟设立食品生产企业的《名称预先核准通知书》；

（四）食品生产加工场所及其周围环境平面图和生产加工各功能区间布局平面图；

（五）食品生产设备、设施清单；

（六）食品生产工艺流程图和设备布局图；

（七）食品安全专业技术人员、管理人员名单；

（八）食品安全管理规章制度文本；

（九）产品执行的食品安全标准；执行企业标准的，须提供经卫生行政部门备案的企业标准；

（十）相关法律法规规定应当提交的其他证明材料。

申请食品生产许可所提交的材料，应当真实、合法、有效。申请人应在食品生产许可申请书等材料上签字确认。

**第十条** 许可机关对收到的申请，应当依照《中华人民共和国行政许可法》第三十二条等有关规定进行处理。

对申请决定予以受理的，应当出具《受理决定书》。决定不予受理的，应当出具《不予受理决定书》，并说明不予受理的理由，告知申请人享有依法申请行政复议或者提起行政诉讼的权利。

**第十一条** 许可机关受理申请后，应当依照有关规定组织对申请的资料和生产场所进行核查（以下简称现场核查）。

现场核查应当由许可机关指派二至四名核查人员组成核查组并按照国家质检总局有关规定进行，企业应予以配合。

**第十二条** 许可机关应当根据核查结果，在法律法规规定的期限内作出如下处理：

（一）经现场核查，生产条件符合要求的，依法作出准予生产的决定，向申请人发出《准予食品生产许可决定书》，并于作出决定之日起十日内颁发设立食品生产企业食品生产许可证书。

（二）经现场核查，生产条件不符合要求的，依法作出不予生产许可的决定，向申请人发出《不予食品生产许可决定书》，并说明理由。

除不可抗力外，由于申请人的原因导致现场核查无法在规定期限内实施的，按现场核查不合格处理。

**第十三条** 拟设立的食品生产企业必须在取得食品生产许可证书并依法办理营业执照工商登记手续后，方可根据生产许可检验的需要组织试产食品。

**第十四条** 新设立的食品生产企业应当按规定实施许可的食品品种申请生产许可检验。

许可机关接到生产许可检验申请后，应当及时按照有关规定抽取和封存样品，并告知申请企业在封样后七日内将样品送交具有相应资质的检验机构

**第十五条** 检验机构收到样品后，应当按照规定要求和标准进行检验，并准确、及时地出具检验报告。

**第十六条** 检验结论合格的，许可机关根据检验报告确定食品生产许可的品种范围，并在食品生产许可证副页中予以载明。

在未经许可机关确定食品生产许可的品种范围之前，禁止出厂销售试产食品。

**第十七条** 检验结论为不合格的，可以按照有关规定申请复检。

复检结论为部分食品品种不合格的，不予确定该类食品的生产许可范围，在食品生产许可证副页中不予载明；禁止出厂销售该类食品。

复检结论为全部食品品种不合格的，应当按照有关规定注销食品生产许可；禁止出厂销售全部品种的食品。

**第十八条** 已经设立的企业申请取得食品生产许可的，应当持合法有效的营业执照，按照本章规定的有关条件和要求办理许可申请手续。

许可机关按照本章规定的有关条件和要求，受理已经设立的企业从事食品生产的许可申请，并根据现场核查结果和检验报告

决定是否准予许可以及确定食品生产许可的品种范围，颁发食品生产许可证书。

**第十九条** 食品生产许可证有效期为三年。

有效期届满，取得食品生产许可证的企业需要继续生产的，应当在食品生产许可证有效期届满六个月前，向原许可机关提出换证申请；准予换证的，食品生产许可证编号不变。

期满未换证的，视为无证；拟继续生产食品的，应当重新申请，重新发证，重新编号，有效期自许可之日起重新计算。

**第二十条** 食品生产许可证有效期内，有以下情形之一的，企业应当向原许可机关提出变更申请：

（一）企业名称发生变化的；

（二）住所、生产地址名称发生变化的；

（三）生产场所迁址的；

（四）生产场所周围环境发生变化的；

（五）设备布局和工艺流程发生变化的；

（六）生产设备、设施发生变化的；

（七）法律法规规定的应当申请变更的其他情形。

有前款第（三）项至第（六）项情形之一的，原许可机关应当按照本办法的规定组织进行核查和检验；符合条件的，依法办理变更手续。

**第二十一条** 企业提出变更食品生产许可申请，应当提交下列申请材料：

（一）变更食品生产许可申请书；

（二）食品生产许可证书正、副本；

（三）与变更食品生产许可事项有关的证明材料。

申请变更食品生产许可所提交的材料，应当真实、合法、有效，符合相关法律法规的规定。申请人应当在变更食品生产许可申请书等材料上签字确认，并对其内容的合法性、真实性负责。

**第二十二条** 食品生产许可有效期内，有关法律法规、食品安全标准或技术要求发生变化的，原许可机关可以根据国家有关规定重新组织核查和检验。

**第二十三条** 有下列情形之一的，原许可机关应当依法办理食品生产许可证书注销手续：

（一）生产许可被依法撤回、撤销，或者生产许可证书被依法吊销的；

（二）企业申请注销的或者生产许可证有效期满未换证的；

（三）企业依法终止的；

（四）因不可抗力导致生产许可事项无法实施的；

（五）法律法规规定的应当注销生产许可证书的其他情形。

**第二十四条** 企业申请注销食品生产许可证书的，应当向原许可机关提交下列申请材料：

（一）注销食品生产许可申请书；

（二）食品生产许可证书正、副本；

（三）与注销食品生产许可事项相关的证明材料。

## 第三章 证书与标识

**第二十五条** 食品生产许可证书分为正本和副本，证书及其副页式样由国家质检总局统一规定。

**第二十六条** 企业应当妥善保管食品生产许可证书，并在生产场所显著位置予以悬挂或者摆放。

食品生产许可证书遗失或者损毁的，企业应当及时在省级以上媒体声明，并及时申请补证。

**第二十七条** 企业应当在其食品或者其包装上标注食品生产许可证编号和标志；没有食品生产许可证编号和标志的，不得出厂销售。

**第二十八条** 食品生产许可证编号和标志均属企业获得食品生产许可的标识。食品生产许可证编号规则和标志式样由国家质检总局统一规定。

**第二十九条** 企业不得出租、出借或者以其他形式转让食品生产许可证书和编号。禁止伪造、变造食品生产许可证书、食品生产许可证编号和食品生产许可证标志。

## 第四章 监督检查

**第三十条** 企业应当在食品生产许可的品种范围内从事食品生产活动，不得超出许可的品种范围生产食品。

**第三十一条** 企业应当保证生产条件持续符合规定要求，并对其生产的食品安全负责。

**第三十二条** 各级质量技术监督部门在各自职责范围内依法对企业食品生产活动进行定期或不定期的监督检查。

**第三十三条** 各级质量技术监督部门应当建立食品生产许可和监督检查档案管理制度。档案保存期限按国家有关规定执行。

**第三十四条** 各级质量技术监督部门应当建立食品生产许可和监督检查信息平台，便于公民、法人和其他社会组织查询。

## 第五章 法律责任

**第三十五条** 违反本办法第三条、第十六条第二款、第十七条第二款、第十七条第三款、第三十条等规定，或者已取得食品生产许可但被依法注销的，按照《中华人民共和国食品安全法》第八十四条规定处罚。

**第三十六条** 违反本办法第二十条、第二十七条、第二十九条等规定，构成有关法律法规规定的违法行为的，按照有关法律法规的规定实施行政处罚。

**第三十七条**　各级质量技术监督部门及有关工作人员、核查人员、检验机构及检验人员在食品生产许可管理工作中，滥用职权、玩忽职守、徇私舞弊的，依法追究相关法律责任。

**第三十八条**　本办法规定的行政处罚由县级以上地方质量技术监督部门在职权范围内决定并实施。决定吊销食品生产许可证的，应当在作出行政处罚决定之前逐级上报许可机关核准。

**第三十九条**　当事人对依据本办法所实施的行政许可和行政处罚不服的，可以依法提出行政复议或者行政诉讼。

## 第六章　附　则

**第四十条**　本办法所称食品是指《中华人民共和国食品安全法》第九十九条等规定的食品，但不包括食用农产品、声称具有保健功能的食品。

法律、行政法规对乳品、转基因食品、生猪屠宰、酒类和食盐的食品生产许可另有规定的，依照其规定。

**第四十一条**　本办法规定的实施生产许可的食品品种的划分，按照法律法规和国家质检总局有关规定执行。

**第四十二条**　取得餐饮服务许可的餐饮服务提供者在其餐饮服务场所制作加工食品，不需要取得本办法规定的食品生产许可。

**第四十三条**　小作坊等其他食品生产者从事食品生产活动，按照有关法律法规的规定执行。

**第四十四条**　本办法所规定的核查人员、检验机构资质及其管理，按照有关规定执行。

**第四十五条**　本办法由国家质检总局负责解释。

**第四十六条**　本办法自 2010 年 6 月 1 日起施行。国家质检总局在本办法施行前公布的有关食品生产许可的规章、规范性文件与本办法不一致的，以本办法为准。

# 8. 餐饮服务许可管理办法

## 第一章　总　则

**第一条**　为规范餐饮服务许可工作，加强餐饮服务监督管理，维护正常的餐饮服务秩序，保护消费者健康，根据《中华人民共和国食品安全法》（以下简称《食品安全法》）、《中华人民共和国行政许可法》（以下简称《行政许可法》）、《中华人民共和国食品安全法实施条例》（以下简称《食品安全法实施条例》）等有关法律法规的规定，制定本办法。

**第二条**　本办法适用于从事餐饮服务的单位和个人（以下简称餐饮服务提供者），不适用于食品摊贩和为餐饮服务提供者提供食品半成品的单位和个人。

餐饮服务实行许可制度。餐饮服务提供者应当取得《餐饮服务许可证》，并依法承担餐饮服务的食品安全责任。

集体用餐配送单位纳入餐饮服务许可管理的范围。

**第三条**　国家食品药品监督管理局主管全国餐饮服务许可管理工作，地方各级食品药品监督管理部门负责本行政区域内的餐饮服务许可管理工作。

**第四条**　餐饮服务许可按照餐饮服务提供者的业态和规模实施分类管理。餐饮服务分类许可的审查规范由国家食品药品监督管理局制定。

《餐饮服务许可证》受理和审批的许可机关由各省、自治区、直辖市食品药品监督管理部门规定。

**第五条**　食品药品监督管理部门实施餐饮服务许可应当符合法律、法规和规章规定的权限、范围、条件与程序，遵循公开、公平、公正、便民原则。

**第六条**　食品药品监督管理部门应当建立餐饮服务许可信息和档案管理制度，定期公告取得或者注销餐饮服务许可的餐饮服务提供者名录。

**第七条**　食品药品监督管理部门应当加强对实施餐饮服务许可的监督检查。

**第八条**　任何单位和个人有权举报餐饮服务许可实施过程中的违法行为，食品药品监督管理部门应当及时核实、处理。

## 第二章　申请与受理

**第九条**　申请人向食品药品监督管理部门提出餐饮服务许可申请应当具备以下基本条件：

（一）具有与制作供应的食品品种、数量相适应的食品原料处理和食品加工、贮存等场所，保持该场所环境整洁，并与有毒、有害场所以及其他污染源保持规定的距离；

（二）具有与制作供应的食品品种、数量相适应的经营设备或者设施，有相应的消毒、更衣、洗手、采光、照明、通风、冷冻冷藏、防尘、防蝇、防鼠、防虫、洗涤以及处理废水、存放垃圾和废弃物的设备或者设施；

（三）具有经食品安全培训、符合相关条件的食品安全管理人员，以及与本单位实际相适应的保证食品安全的规章制度；

（四）具有合理的布局和加工流程，防止待加工食品与直接入口食品、原料与成品交叉污染，避免食品接触有毒物、不洁物；

（五）国家食品药品监督管理局或者省、自治区、直辖市食品药品监督管理部门规定的其他条件。

餐饮服务食品安全管理人员的条件和食品安全培训的有关要求由国家食品药品监督管理局制定。

**第十条** 申请《餐饮服务许可证》应当提交以下材料：

（一）《餐饮服务许可证》申请书；

（二）名称预先核准证明（已从事其他经营的可提供营业执照复印件）；

（三）餐饮服务经营场所和设备布局、加工流程、卫生设施等示意图；

（四）法定代表人（负责人或者业主）的身份证明（复印件），以及不属于本办法第三十六条、第三十七条情形的说明材料；

（五）食品安全管理人员符合本办法第九条有关条件的材料；

（六）保证食品安全的规章制度；

（七）国家食品药品监督管理局或者省、自治区、直辖市食品药品监督管理部门规定的其他材料。

**第十一条** 申请人提交的材料应当真实、完整，并对材料的真实性负责。

**第十二条** 食品药品监督管理部门依据《行政许可法》，对申请人提出的餐饮服务许可申请分别做出以下处理：

（一）申请事项依法不需要取得餐饮服务许可，或者依法不属于食品药品监督管理部门职权范围的，应当即时告知申请人不接收申请的原因；

（二）申请材料存在可以当场更正的错误的，应当允许申请人当场更正，申请人应当对更正内容签章确认；

（三）申请材料不齐全或者不符合法定形式的，应当当场或者在5个工作日内一次性告知申请人需要补正的全部内容，逾期不告知的，自收到申请材料之日起即为受理；

（四）申请事项属于食品药品监督管理部门职权范围，申请材料齐全且符合法定形式的，应当做出受理决定。

## 第三章　审核与决定

**第十三条**　食品药品监督管理部门受理申请人提交的申请材料后，应当审核申请人按照本办法第十条规定提交的相关资料，并对申请人的餐饮服务经营场所进行现场核查。

上级食品药品监督管理部门受理的餐饮服务许可申请，可以委托下级食品药品监督管理部门进行现场核查。

**第十四条**　食品药品监督管理部门应当根据申请材料和现场核查的情况，对符合条件的，做出准予行政许可的决定；对不符合规定条件的，做出不予行政许可的决定并书面说明理由，同时告知申请人享有依法申请行政复议或者提起行政诉讼的权利。

**第十五条**　食品药品监督管理部门应当自受理申请之日起20个工作日内做出行政许可决定。因特殊原因需要延长许可期限的，经本机关负责人批准，可以延长10个工作日，并应当将延长期限的理由告知申请人。

**第十六条**　食品药品监督管理部门做出准予行政许可决定的，应当自做出决定之日起10个工作日内向申请人颁发《餐饮服务许可证》。

**第十七条**　对于已办结的餐饮服务许可事项，食品药品监督管理部门应当将有关许可材料及时归档。

## 第四章　变更、延续、补发和注销

**第十八条**　餐饮服务提供者的名称、法定代表人（负责人或者业主）或者地址门牌号改变（实际经营场所未改变）的，应当向原发证部门提出办理《餐饮服务许可证》记载内容变更申请，并提供有关部门出具的有关核准证明。

餐饮服务提供者的许可类别、备注项目以及布局流程、主要卫生设施需要改变的，应当向原发证部门申请办理《餐饮服务许可证》变更手续。原发证部门应当以申请变更内容为重点进行审核。

食品药品监督管理部门根据本条第一款、第二款规定，准予变更《餐饮服务许可证》记载内容或者准予办理变更手续的，颁发新的《餐饮服务许可证》，原《餐饮服务许可证》证号和有效期限不变。

**第十九条** 餐饮服务提供者需要延续《餐饮服务许可证》的，应当在《餐饮服务许可证》有效期届满30日前向原发证部门书面提出延续申请。逾期提出延续申请的，按照新申请《餐饮服务许可证》办理。

**第二十条** 申请延续《餐饮服务许可证》应当提供以下材料：

（一）《餐饮服务许可证》延续申请书；

（二）原《餐饮服务许可证》复印件；

（三）原《餐饮服务许可证》的经营场所、布局流程、卫生设施等内容有变化或者无变化的说明材料；

（四）省、自治区、直辖市食品药品监督管理部门规定的其他材料。

**第二十一条** 原发证部门受理《餐饮服务许可证》延续申请后，应当重点对原许可的经营场所、布局流程、卫生设施等是否有变化，以及是否符合本办法第九条的规定进行审核。准予延续的，颁发新的《餐饮服务许可证》，原《餐饮服务许可证》证号不变。

**第二十二条** 《餐饮服务许可证》变更、延续的程序按照本办法第二章、第三章的有关规定执行。

**第二十三条** 餐饮服务提供者在领取变更、延续后的新《餐饮服务许可证》时，应当将原《餐饮服务许可证》交回发证部门。

**第二十四条**　餐饮服务提供者遗失《餐饮服务许可证》的，应当于遗失后60日内公开声明《餐饮服务许可证》遗失，向原发证部门申请补发。《餐饮服务许可证》毁损的，凭毁损的原证向原发证部门申请补发。

**第二十五条**　有下列情形之一的，发证部门应当依法注销《餐饮服务许可证》：

（一）《餐饮服务许可证》有效期届满未申请延续的，或者延续申请未被批准的；

（二）餐饮服务提供者依法终止的；

（三）《餐饮服务许可证》依法被撤销、撤回或者被吊销的；

（四）餐饮服务提供者主动申请注销的；

（五）依法应当注销《餐饮服务许可证》的其他情形。

**第二十六条**　《餐饮服务许可证》被注销的，原持证者应当及时将《餐饮服务许可证》原件交回食品药品监督管理部门。食品药品监督部门应当及时做好注销《餐饮服务许可证》的有关登记工作。

## 第五章　许可证的管理

**第二十七条**　《餐饮服务许可证》应当载明单位名称、地址、法定代表人（负责人或者业主）、类别、备注、许可证号、发证机关（加盖公章）、发证日期、有效期限等内容。

**第二十八条**　《餐饮服务许可证》样式由国家食品药品监督管理局统一规定。

许可证号格式为：省、自治区、直辖市简称＋餐证字＋4位年份数＋6位行政区域代码＋6位行政区域发证顺序编号。

**第二十九条**　《餐饮服务许可证》有效期为3年。临时从事餐饮服务活动的,《餐饮服务许可证》有效期不超过6个月。

**第三十条** 同一餐饮服务提供者在不同地点或者场所从事餐饮服务活动的,应当分别办理《餐饮服务许可证》。

餐饮服务经营地点或者场所改变的,应当重新申请办理《餐饮服务许可证》。

**第三十一条** 餐饮服务提供者取得的《餐饮服务许可证》,不得转让、涂改、出借、倒卖、出租。

餐饮服务提供者应当按照许可范围依法经营,并在就餐场所醒目位置悬挂或者摆放《餐饮服务许可证》。

## 第六章 监督检查

**第三十二条** 上级食品药品监督管理部门发现下级食品药品监督管理部门违反规定实施餐饮服务许可的,应当责令下级食品药品监督管理部门限期纠正或者直接予以纠正。

**第三十三条** 食品药品监督管理部门及其工作人员履行餐饮服务许可职责,应当自觉接受餐饮服务提供者以及社会的监督。

食品药品监督管理部门接到有关违反规定实施餐饮服务许可的举报,应当及时进行核实;情况属实的,应当立即纠正。

**第三十四条** 食品药品监督管理部门及其工作人员违反本办法规定实施餐饮服务许可的,由上级食品药品监督管理部门责令限期整改,并通报批评;对有关工作人员追究行政责任,给予批评教育、离岗培训、调离执法岗位或者取消执法资格等处理。

追究有关人员行政责任时,按照下列原则:

(一)申请人不符合餐饮服务许可条件,承办人出具申请人符合餐饮服务许可条件的意见的,追究承办人行政责任;

(二)承办人认为申请人不符合餐饮服务许可条件,主管领导仍然批准发放《餐饮服务许可证》的,追究主管领导的行政责任;

（三）承办人和主管领导均有过错的，主要追究主管领导的行政责任。

**第三十五条**　有下列情形之一的，作出发放《餐饮服务许可证》决定的食品药品监督管理部门或者其上级食品药品监督管理部门，可以撤销《餐饮服务许可证》：

（一）食品药品监督管理部门工作人员滥用职权，玩忽职守，给不符合条件的申请人发放《餐饮服务许可证》的；

（二）食品药品监督管理部门工作人员超越法定职权发放《餐饮服务许可证》的；

（三）食品药品监督管理部门工作人员违反法定程序发放《餐饮服务许可证》的；

（四）依法可以撤销发放《餐饮服务许可证》决定的其他情形。

食品药品监督管理部门依照前款规定撤销《餐饮服务许可证》，对餐饮服务提供者的合法权益造成损害的，应当依法予以赔偿。

## 第七章　法律责任

**第三十六条**　申请人隐瞒有关情况或者提供虚假材料的，食品药品监督管理部门发现后不予受理或者不予许可，并给予警告；该申请人在 1 年内不得再次申请餐饮服务许可。

申请人以欺骗、贿赂等不正当手段取得《餐饮服务许可证》的，食品药品监督管理部门应当予以撤销；该申请人在 3 年内不得再次申请餐饮服务许可。

**第三十七条**　申请人被吊销《餐饮服务许可证》的，其直接负责的主管人员自处罚决定作出之日起 5 年内不得从事餐饮服务管理工作。

餐饮服务提供者违反《食品安全法》规定，聘用不得从事餐饮服务管理工作的人员从事管理工作的，由原发证部门吊销许可证。

**第三十八条** 食品药品监督管理部门发现已取得《餐饮服务许可证》的餐饮服务提供者不符合餐饮经营要求的，应当责令立即纠正，并依法予以处理；不再符合餐饮服务许可条件的，应当依法撤销《餐饮服务许可证》。

## 第八章 附 则

**第三十九条** 本办法下列用语的含义：

餐饮服务，指通过即时制作加工、商业销售和服务性劳动等，向消费者提供食品和消费场所及设施的服务活动。

经营场所，指与食品加工经营直接或者间接相关的场所，包括食品加工处理和就餐场所。

餐饮服务提供者的业态，指各种餐饮服务经营形态，包括餐馆、快餐店、小吃店、饮品店、食堂等。

集体用餐配送单位，指根据服务对象订购要求，集中加工、分送食品但不提供就餐场所的单位。

**第四十条** 国境口岸范围内的餐饮服务活动的监督管理由出入境检验检疫机构依照《食品安全法》和《中华人民共和国国境卫生检疫法》以及相关行政法规的规定实施。

铁路运营中餐饮服务许可的管理参照本办法。

根据《食品安全法》，食品摊贩的具体管理办法由省、自治区、直辖市人民代表大会常务委员会依法制定。

**第四十一条** 省、自治区、直辖市食品药品监督管理部门可以结合本地实际情况，根据本办法的规定制定实施细则。

**第四十二条** 本办法自2010年5月1日起施行，卫生部2005

年 12 月 15 日发布的《食品卫生许可证管理办法》同时废止。餐饮服务提供者在本办法施行前已经取得《食品卫生许可证》的，该许可证在有效期内继续有效。

# 9. 食品添加剂生产监督管理规定

## 第一章　总　则

**第一条**　为了保障食品安全、加强对食品添加剂生产的监督管理，根据《中华人民共和国产品质量法》、《中华人民共和国食品安全法》及其实施条例和《中华人民共和国工业产品生产许可证管理条例》等有关法律法规，制定本规定。

**第二条**　在中华人民共和国境内从事食品添加剂生产、实施生产许可和监督管理，适用本规定。

本规定所称食品添加剂是指经国务院卫生行政部门批准并以标准、公告等方式公布的可以作为改善食品品质和色、香、味以及为防腐、保鲜和加工工艺的需要而加入食品的人工合成或者天然物质。

前款规定之外的其他物质，不得作为食品添加剂进行生产，不得作为食品添加剂实施生产许可。

**第三条**　国家质量监督检验检疫总局（以下简称国家质检总局）主管全国范围内生产食品添加剂的质量监督管理工作。

省级质量技术监督部门主管本行政区域内生产食品添加剂的质量监督管理工作，负责实施食品添加剂生产许可。

市、县级质量技术监督部门负责本行政区域内生产食品添加剂的质量监督管理工作。

**第四条**　生产者应当依照法律、法规、规章和有关标准的要求从事食品添加剂生产活动，保证产品质量持续稳定合格，对社会和公众负责，接受社会监督。

**第五条** 食品添加剂生产监督管理，应当遵循科学公正、便民高效的原则。

## 第二章 生产许可

**第六条** 生产者必须在取得生产许可后，方可从事食品添加剂的生产。

取得生产许可，应当具备下列条件：

（一）合法有效的营业执照；

（二）与生产食品添加剂相适应的专业技术人员；

（三）与生产食品添加剂相适应的生产场所、厂房设施；其卫生管理符合卫生安全要求；

（四）与生产食品添加剂相适应的生产设备或者设施等生产条件；

（五）与生产食品添加剂相适应的符合有关要求的技术文件和工艺文件；

（六）健全有效的质量管理和责任制度；

（七）与生产食品添加剂相适应的出厂检验能力；产品符合相关标准以及保障人体健康和人身安全的要求；

（八）符合国家产业政策的规定，不存在国家明令淘汰和禁止投资建设的工艺落后、耗能高、污染环境、浪费资源的情况；

（九）法律法规规定的其他条件。

**第七条** 生产食品添加剂的，申请人应当向生产所在地省级质量技术监督部门（以下简称许可机关）提交生产许可申请。

**第八条** 申请食品添加剂生产许可，应当提交下列材料：

（一）食品添加剂生产许可申请书；

（二）申请人营业执照复印件；

（三）申请生产许可的食品添加剂有关生产工艺文本；

（四）与申请生产许可的食品添加剂相适应的生产场所的合法使用权证明材料，及其周围环境平面图和厂房设施、设备布局平面图复印件；

（五）与申请生产许可的食品添加剂相适应的生产设备、设施的合法使用权证明材料及清单，检验设备的合法使用权证明材料及清单；

（六）与申请生产许可的食品添加剂相适应的质量管理和责任制度文本；

（七）与申请生产许可的食品添加剂相适应的专业技术人员名单；

（八）生产所执行的食品添加剂标准文本；

（九）法律法规规定的其他材料。

**第九条** 许可机关对申请人提出的许可申请，应当根据下列情况分别作出处理：

（一）申请事项依法不需要取得生产许可的，应当即时告知申请人不受理；

（二）申请事项依法不属于质量技术监督部门管理范围的，应当即时作出不予受理的决定，并告知申请人向有关行政机关申请；

（三）有《中华人民共和国行政许可法》第七十八条、第七十九条等规定情形的，应当即时作出不予受理的决定；

（四）申请材料存在可以当场更正的错误的，应当允许申请人当场更正；

（五）申请材料不完整或不符合法定形式的，应当当场或者五日内一次性告知予以补正的材料及要求，并向申请人发出许可申请材料补正告知书；逾期不告知的，视为受理；

（六）申请事项属于质量技术监督部门职权范围，申请材料齐全、符合法定形式，或者申请人按要求提交全部补正申请材料的，应当受理生产许可申请，并向申请人发出行政许可申请受理决定书。

许可机关受理或者不予受理许可申请，应当出具加盖本机关专用印章和注明日期的书面凭证。

**第十条**　许可机关受理申请后，应当组织对申请人是否具备持续生产合格产品的必备生产条件进行审查。

审查内容包括对申请的资料、生产场所进行实地核查以及产品质量检验。

**第十一条**　许可机关组织对申请人进行实地核查，应当组织核查组。核查组由二至四名有资质的核查人员组成，核查组工作实行组长负责制，并按照有关规定接受所在地质量技术监督部门的监督。

**第十二条**　许可机关组织对申请人进行实地核查应当制定实地核查计划，并于核查五日前向申请人发出实地核查通知书。

实地核查工作一般不超过二日。

**第十三条**　核查人员进行实地核查，不得刁难企业，不得索取、收受财物，不得谋取其他不正当利益。

申请人应当配合核查组的实地核查，因不可抗力等原因需要延长核查时间的，应当及时向许可机关提出延期申请。

**第十四条**　核查组应当按照核查计划以及规定的许可条件、程序等要求对申请人进行实地核查，并根据核查结果做出如下处理：

（一）实地核查合格的，按照规定抽取和封存样品，由申请人依法送交符合规定要求的检验机构进行检验；

（二）实地核查不合格的，不再进行产品抽样。

拒绝核查或无正当理由不予配合，导致实地核查无法在规定期限内实施的，视为实地核查不合格。

**第十五条** 实地核查工作应当由核查组组长填写实地核查记录，由核查人员签字并经申请人确认。

**第十六条** 许可机关应当自受理申请之日起三十日内，完成对申请人的实地核查和产品抽样工作，并向申请人发出实地核查结论告知书。核查不合格的，应当说明理由。

**第十七条** 承担发证检验工作的检验机构应当依据相关标准对食品添加剂进行检验，并在规定的时间内完成检验工作。

承担食品添加剂生产许可发证检验工作的检验机构，应当具备法定资质并由国家质检总局统一发布名录。

**第十八条** 检验机构完成检验工作后，应当出具产品检验报告。检验报告一式三份，一份送申请人，一份送许可机关，一份检验机构存档。

**第十九条** 对检验结果有异议的，申请人可以自接到检验报告之日起五日内向原许可机关提出复检申请。

复检应在原检验机构以外的符合规定要求的检验机构进行，复检结论为最终结论。

复检结论与原检验结论一致的，复检费用由申请人承担；复检结论与原检验结论不一致的，复检费用由原检验机构承担。

**第二十条** 许可机关应当自受理申请之日起六十日内，根据审查结果作出如下处理：

（一）申请人符合发证条件的，依法作出准予生产许可的书面决定，并于作出决定之日起十日内向申请人颁发食品添加剂生产许可证书；

（二）申请人不符合发证条件的，依法作出不予生产许可的书面决定，并说明理由，告知申请人享有依法申请行政复议或者提起行政诉讼的权利。

产品检验时间不计入许可期限。

**第二十一条** 省级质量技术监督部门应当及时将获得食品添

加剂生产许可证书的生产者名单向国家质检总局备案，并向社会公布。

**第二十二条**　获得食品添加剂生产许可证书的生产者需要增加产品品种的，应当依照本规定提出申请。原许可机关应当依照本规定对申请增加的产品品种组织审查。

**第二十三条**　在食品添加剂生产许可证书有效期内，生产者生产条件、检验手段、生产技术或者工艺发生较大变化的，生产者应当及时向原许可机关提出审查申请，原许可机关应当依照本规定重新组织审查。

**第二十四条**　生产者名称等发生变化而生产者生产条件、检验手段、生产技术或者工艺未发生较大变化的，食品添加剂生产者应当在变更后一个月内向原许可机关提出生产许可变更申请。原许可机关按照有关规定办理变更手续。

**第二十五条**　在生产许可证有效期内，国家有关法律法规、产品标准及技术要求发生较大改变的，国家质检总局可以根据需要作出相应的规定，原许可机关根据规定重新组织审查。

**第二十六条**　许可机关应当将办理食品添加剂生产许可的有关资料及时归档。档案材料的保存期限为五年。

**第二十七条**　食品添加剂生产许可证有效期为五年。

有效期届满，生产者需要继续生产的，应当在生产许可证有效期届满六个月前向原许可机关提出换证申请。

逾期未申请换证或申请不予批准的，食品添加剂生产许可证自有效期届满之日起失效。

**第二十八条**　食品添加剂生产许可证书分为正本和副本。

证书应当载明生产者名称、住所、生产地址、食品添加剂名称、证书编号、发证日期、有效期、发证机关（加盖公章）等内容。

**第二十九条**　食品添加剂生产许可证书格式和编号规则由国

家质检总局统一规定。

**第三十条** 食品添加剂生产许可证书遗失或者损毁，生产者应当及时向原许可机关提出补领生产许可证申请，并同时在省级以上媒体发布原生产许可证书遗失和作废声明。原许可机关按照有关规定办理补证手续。

**第三十一条** 许可决定作出前，申请人要求退回食品添加剂生产许可申请的，应当说明理由，并提交申请书；退回许可申请的，许可机关以书面形式予以确认，许可自然终止。

**第三十二条** 生产者要求终止食品添加剂生产许可的，应当说明理由，并向原许可机关提交申请书；原许可机关按照有关规定依法办理注销手续。

**第三十三条** 食品添加剂生产许可的撤销、撤回、注销，依照有关规定执行。

**第三十四条** 任何单位和个人不得伪造、变造食品添加剂生产许可证书和编号。

取得生产许可证的食品添加剂生产者不得出租、出借或者以其他方式转让生产许可证书和编号。

## 第三章 生产者质量义务

**第三十五条** 生产者应当对出厂销售的食品添加剂进行出厂检验，检验合格后方可销售。

**第三十六条** 生产食品添加剂，应当使用符合相关质量安全要求的原辅材料、包装材料及生产设备。

**第三十七条** 生产者应当建立原材料采购、生产过程控制、产品出厂检验和销售等质量管理制度，并做好以下生产管理记录：

（一）生产者从业人员的培训和考核记录；

（二）厂房、设施和设备的使用、维护、保养检修和清洗消毒记录；

（三）生产者质量管理制度的运行记录，其中包括原辅材料进货验收记录、生产过程控制记录、产品出厂检验记录、产品销售记录等。

上述记录应当真实、完整，生产者对其真实性和完整性负责。记录的保存期限不得少于二年；产品保质期超过二年的，保存期限应当不短于产品保质期。

**第三十八条** 食品添加剂应当有标签、说明书，并在标签上载明“食品添加剂”字样。

标签、说明书，应当标明下列事项：

（一）食品添加剂产品名称、规格和净含量；

（二）生产者名称、地址和联系方式；

（三）成分或者配料表；

（四）生产日期、保质期限或安全使用期限；

（五）贮存条件；

（六）产品标准代号；

（七）生产许可证编号；

（八）食品安全标准规定的和国务院卫生行政部门公告批准的使用范围、使用量和使用方法；

（九）法律法规或者相关标准规定必须标注的其他事项。

**第三十九条** 食品添加剂标签、说明书不得含有不真实、夸大的内容，不得涉及疾病预防、治疗功能。

食品添加剂的标签、说明书应当清楚、明显，容易辨认识读。

有使用禁忌或安全注意事项的食品添加剂，应当有警示标志或者中文警示说明。

**第四十条** 食品添加剂应当有包装并保证食品添加剂不被污染。

**第四十一条** 受他人委托加工食品添加剂的，受委托生产者应当具有委托生产范围内的食品添加剂生产许可证。

委托加工的食品添加剂，除应当按照产品质量和食品安全法律法规以及本规定的要求进行食品添加剂标识标注外，还应标明受委托生产者的名称、地址和联系方式等内容。

**第四十二条** 生产的食品添加剂存在安全隐患的，生产者应当依法实施召回。

生产者应当将食品添加剂召回和召回产品的处理情况向质量技术监督部门报告。

**第四十三条** 生产者应当建立生产管理情况自查制度，按照有关规定对食品添加剂质量安全控制等生产管理情况进行自查。

## 第四章 监督管理

**第四十四条** 质量技术监督部门应当建立本行政区域内获得生产许可的食品添加剂生产者档案，详细记录生产许可或者监督检查结果、违法行为查处等情况。

**第四十五条** 质量技术监督部门应当根据监督管理工作计划，对本行政区域内食品添加剂生产者进行监督检查，并按照规定做好记录。

**第四十六条** 对生产者实施现场监督检查，应有二名以上工作人员参加。监督检查人员实施监督检查时，应当出示有效证件。

**第四十七条** 对生产者实施监督检查应当重点检查生产者质量管理制度的运行记录，核实生产者自查报告的疑点问题；并依法对生产者实施召回的情况进行监督管理。

被监督检查的生产者应当指定工作人员配合质量技术监督部门的监督检查工作，如实提供有关资料。

**第四十八条** 任何单位和个人可以向各级质量技术监督部门

投诉举报生产许可审查人员、检验机构及其工作人员以及监督检查工作人员的违法违规行为。

各级质量技术监督部门接到投诉举报，应当及时调查处理并向投诉举报者及时反馈处理结果。

## 第五章　法律责任

**第四十九条**　生产者违反本规定第六条第一款、第二十二条、第二十三条、第二十四条、第三十四条、第三十五条、第三十八条、第三十九条、第四十条、第四十一条等规定，构成《中华人民共和国食品安全法》、《中华人民共和国产品质量法》、《中华人民共和国工业产品生产许可证管理条例》等有关法律法规规定的违法行为的，依照有关法律法规的规定予以处罚。

**第五十条**　生产者违反本规定第二条第三款、第三十六条、第三十七条、第四十二条等规定，构成有关法律法规规定的违法行为的，按照有关法律法规的规定处罚；未构成有关法律法规规定的违法行为的，由县级以上地方质量技术监督部门责令限期改正，处三万元以下罚款。

**第五十一条**　县级以上质量技术监督部门有关工作人员违反本规定或者滥用职权、玩忽职守、徇私舞弊的，依法追究相关法律责任。

**第五十二条**　当事人对行政机关依据本规定所给予的行政处罚不服的，可以依法提起行政复议或者行政诉讼。

## 第六章　附　则

**第五十三条**　本规定所规定的实施生产许可的食品添加剂的品种的划分，按照法律法规和国家质检总局有关规定执行。

**第五十四条**　本规定由国家质检总局负责解释。

**第五十五条** 本规定自2010年6月1日起施行。国家质检总局在本规定施行前公布的有关食品添加剂生产监督管理的规章、规范性文件与本规定不一致的，以本规定为准。

# 10. 国家食品安全事故应急预案

## 1. 总　则

### 1.1 编制目的

建立健全应对食品安全事故运行机制，有效预防、积极应对食品安全事故，高效组织应急处置工作，最大限度地减少食品安全事故的危害，保障公众健康与生命安全，维护正常的社会经济秩序。

### 1.2 编制依据

依据《中华人民共和国突发事件应对法》、《中华人民共和国食品安全法》、《中华人民共和国农产品质量安全法》、《中华人民共和国食品安全法实施条例》、《突发公共卫生事件应急条例》和《国家突发公共事件总体应急预案》，制定本预案。

### 1.3 事故分级

食品安全事故，指食物中毒、食源性疾病、食品污染等源于食品，对人体健康有危害或者可能有危害的事故。食品安全事故共分四级，即特别重大食品安全事故、重大食品安全事故、较大食品安全事故和一般食品安全事故。事故等级的评估核定，由卫生行政部门会同有关部门依照有关规定进行。

### 1.4 事故处置原则

（1）以人为本，减少危害。把保障公众健康和生命安全作为应急处置的首要任务，最大限度减少食品安全事故造成的人员伤亡和健康损害。

（2）统一领导，分级负责。按照“统一领导、综合协调、分类管理、分级负责、属地管理为主”的应急管理体制，建立快速反应、协同应对的食品安全事故应急机制。

（3）科学评估，依法处置。有效使用食品安全风险监测、评估和预警等科学手段；充分发挥专业队伍的作用，提高应对食品安全事故的水平和能力。

（4）居安思危，预防为主。坚持预防与应急相结合，常态与非常态相结合，做好应急准备，落实各项防范措施，防患于未然。建立健全日常管理制度，加强食品安全风险监测、评估和预警；加强宣教培训，提高公众自我防范和应对食品安全事故的意识和能力。

## 2. 组织机构及职责

### 2.1 应急机制启动

食品安全事故发生后，卫生行政部门依法组织对事故进行分析评估，核定事故级别。特别重大食品安全事故，由卫生部会同食品安全办向国务院提出启动Ⅰ级响应的建议，经国务院批准后，成立国家特别重大食品安全事故应急处置指挥部（以下简称指挥部），统一领导和指挥事故应急处置工作；重大、较大、一般食品安全事故，分别由事故所在地省、市、县级人民政府组织成立相应应急处置指挥机构，统一组织开展本行政区域事故应急处置工作。

### 2.2 指挥部设置

指挥部成员单位根据事故的性质和应急处置工作的需要确定，主要包括卫生部、农业部、商务部、工商总局、质检总局、食品药品监管局、铁道部、粮食局、中央宣传部、教育部、工业和信息化部、公安部、监察部、民政部、财政部、环境保护部、交通运输部、海关总署、旅游局、新闻办、民航局和食品安全办等部门以及相关行业协会组织。当事故涉及国外、港澳台时，增加外交部、港澳办、台办等部门为成员单位。由卫生部、食品安全办等有关部门人员组成指挥部办公室。

### 2.3 指挥部职责

指挥部负责统一领导事故应急处置工作；研究重大应急决策和部署；组织发布事故的重要信息；审议批准指挥部办公室提交的应急处置工作报告；应急处置的其他工作。

### 2.4 指挥部办公室职责

指挥部办公室承担指挥部的日常工作，主要负责贯彻落实指挥部的各项部署，组织实施事故应急处置工作；检查督促相关地区和部门做好各项应急处置工作，及时有效地控制事故，防止事态蔓延扩大；研究协调解决事故应急处理工作中的具体问题；向国务院、指挥部及其成员单位报告、通报事故应急处置的工作情况；组织信息发布。指挥部办公室建立会商、发文、信息发布和督查等制度，确保快速反应、高效处置。

### 2.5 成员单位职责

各成员单位在指挥部统一领导下开展工作，加强对事故发生地人民政府有关部门工作的督促、指导，积极参与应急救援工作。

## 2.6 工作组设置及职责

根据事故处置需要，指挥部可下设若干工作组，分别开展相关工作。各工作组在指挥部的统一指挥下开展工作，并随时向指挥部办公室报告工作开展情况。

（1）事故调查组

由卫生部牵头，会同公安部、监察部及相关部门负责调查事故发生原因，评估事故影响，尽快查明致病原因，作出调查结论，提出事故防范意见；对涉嫌犯罪的，由公安部负责，督促、指导涉案地公安机关立案侦办，查清事实，依法追究刑事责任；对监管部门及其他机关工作人员的失职、渎职等行为进行调查。根据实际需要，事故调查组可以设置在事故发生地或派出部分人员赴现场开展事故调查（简称前方工作组）。

（2）危害控制组

由事故发生环节的具体监管职能部门牵头，会同相关监管部门监督、指导事故发生地政府职能部门召回、下架、封存有关食品、原料、食品添加剂及食品相关产品，严格控制流通渠道，防止危害蔓延扩大。

（3）医疗救治组

由卫生部负责，结合事故调查组的调查情况，制定最佳救治方案，指导事故发生地人民政府卫生部门对健康受到危害的人员进行医疗救治。

（4）检测评估组

由卫生部牵头，提出检测方案和要求，组织实施相关检测，综合分析各方检测数据，查找事故原因和评估事故发展趋势，预测事故后果，为制定现场抢救方案和采取控制措施提供参考。检测评估结果要及时报告指挥部办公室。

（5）维护稳定组

由公安部牵头，指导事故发生地人民政府公安机关加强治安管理，维护社会稳定。

（6）新闻宣传组

由中央宣传部牵头，会同新闻办、卫生部等部门组织事故处置宣传报道和舆论引导，并配合相关部门做好信息发布工作。

（7）专家组

指挥部成立由有关方面专家组成的专家组，负责对事故进行分析评估，为应急响应的调整和解除以及应急处置工作提供决策建议，必要时参与应急处置。

### 2.7 应急处置专业技术机构

医疗、疾病预防控制以及各有关部门的食品安全相关技术机构作为食品安全事故应急处置专业技术机构，应当在卫生行政部门及有关食品安全监管部门组织领导下开展应急处置相关工作。

## 3. 应急保障

### 3.1 信息保障

卫生部会同国务院有关监管部门建立国家统一的食品安全信息网络体系，包含食品安全监测、事故报告与通报、食品安全事故隐患预警等内容；建立健全医疗救治信息网络，实现信息共享。卫生部负责食品安全信息网络体系的统一管理。

有关部门应当设立信息报告和举报电话，畅通信息报告渠道，确保食品安全事故的及时报告与相关信息的及时收集。

### 3.2 医疗保障

卫生行政部门建立功能完善、反应灵敏、运转协调、持续发展的医疗救治体系，在食品安全事故造成人员伤害时迅速开展医疗救治。

### 3.3 人员及技术保障

应急处置专业技术机构要结合本机构职责开展专业技术人员食品安全事故应急处置能力培训，加强应急处置力量建设，提高快速应对能力和技术水平。健全专家队伍，为事故核实、级别核定、事故隐患预警及应急响应等相关技术工作提供人才保障。国务院有关部门加强食品安全事故监测、预警、预防和应急处置等技术研发，促进国内外交流与合作，为食品安全事故应急处置提供技术保障。

### 3.4 物资与经费保障

食品安全事故应急处置所需设施、设备和物资的储备与调用应当得到保障；使用储备物资后须及时补充；食品安全事故应急处置、产品抽样及检验等所需经费应当列入年度财政预算，保障应急资金。

### 3.5 社会动员保障

根据食品安全事故应急处置的需要，动员和组织社会力量协助参与应急处置，必要时依法调用企业及个人物资。在动用社会力量或企业、个人物资进行应急处置后，应当及时归还或给予补偿。

### 3.6 宣教培训

国务院有关部门应当加强对食品安全专业人员、食品生产经营者及广大消费者的食品安全知识宣传、教育与培训，促进专业人员掌握食品安全相关工作技能，增强食品生产经营者的责任意识，提高消费者的风险意识和防范能力。

## 4. 监测预警、报告与评估

### 4.1 监测预警

卫生部会同国务院有关部门根据国家食品安全风险监测工作需要，在综合利用现有监测机构能力的基础上，制定和实施加强国家食品安全风险监测能力建设规划，建立覆盖全国的食源性疾病、食品污染和食品中有害因素监测体系。卫生部根据食品安全风险监测结果，对食品安全状况进行综合分析，对可能具有较高程度安全风险的食品，提出并公布食品安全风险警示信息。

有关监管部门发现食品安全隐患或问题，应及时通报卫生行政部门和有关方面，依法及时采取有效控制措施。

### 4.2 事故报告

4.2.1 事故信息来源

（1）食品安全事故发生单位与引发食品安全事故食品的生产经营单位报告的信息；

（2）医疗机构报告的信息；

（3）食品安全相关技术机构监测和分析结果；

（4）经核实的公众举报信息；

（5）经核实的媒体披露与报道信息；

（6）世界卫生组织等国际机构、其他国家和地区通报我国信息。

4.2.2 报告主体和时限

（1）食品生产经营者发现其生产经营的食品造成或者可能造成公众健康损害的情况和信息，应当在2小时内向所在地县级卫生行政部门和负责本单位食品安全监管工作的有关部门报告。

（2）发生可能与食品有关的急性群体性健康损害的单位，应当在2小时内向所在地县级卫生行政部门和有关监管部门报告。

(3) 接收食品安全事故病人治疗的单位，应当按照卫生部有关规定及时向所在地县级卫生行政部门和有关监管部门报告。

(4) 食品安全相关技术机构、有关社会团体及个人发现食品安全事故相关情况，应当及时向县级卫生行政部门和有关监管部门报告或举报。

(5) 有关监管部门发现食品安全事故或接到食品安全事故报告或举报，应当立即通报同级卫生行政部门和其他有关部门，经初步核实后，要继续收集相关信息，并及时将有关情况进一步向卫生行政部门和其他有关监管部门通报。

(6) 经初步核实为食品安全事故且需要启动应急响应的，卫生行政部门应当按规定向本级人民政府及上级人民政府卫生行政部门报告；必要时，可直接向卫生部报告。

4.2.3 报告内容

食品生产经营者、医疗、技术机构和社会团体、个人向卫生行政部门和有关监管部门报告疑似食品安全事故信息时，应当包括事故发生时间、地点和人数等基本情况。

有关监管部门报告食品安全事故信息时，应当包括事故发生单位、时间、地点、危害程度、伤亡人数、事故报告单位信息（含报告时间、报告单位联系人员及联系方式）、已采取措施、事故简要经过等内容；并随时通报或者补报工作进展。

### 4.3 事故评估

4.3.1 有关监管部门应当按有关规定及时向卫生行政部门提供相关信息和资料，由卫生行政部门统一组织协调开展食品安全事故评估。

4.3.2 食品安全事故评估是为核定食品安全事故级别和确定应采取的措施而进行的评估。评估内容包括：

（1）污染食品可能导致的健康损害及所涉及的范围，是否已造成健康损害后果及严重程度；

（2）事故的影响范围及严重程度；

（3）事故发展蔓延趋势。

## 5. 应急响应

### 5.1 分级响应

根据食品安全事故分级情况，食品安全事故应急响应分为Ⅰ级、Ⅱ级、Ⅲ级和Ⅳ级响应。核定为特别重大食品安全事故，报经国务院批准并宣布启动Ⅰ级响应后，指挥部立即成立运行，组织开展应急处置。重大、较大、一般食品安全事故分别由事故发生地的省、市、县级人民政府启动相应级别响应，成立食品安全事故应急处置指挥机构进行处置。必要时上级人民政府派出工作组指导、协助事故应急处置工作。

启动食品安全事故Ⅰ级响应期间，指挥部成员单位在指挥部的统一指挥与调度下，按相应职责做好事故应急处置相关工作。事发地省级人民政府按照指挥部的统一部署，组织协调地市级、县级人民政府全力开展应急处置，并及时报告相关工作进展情况。事故发生单位按照相应的处置方案开展先期处置，并配合卫生行政部门及有关部门做好食品安全事故的应急处置。

食源性疾病中涉及传染病疫情的，按照《中华人民共和国传染病防治法》和《国家突发公共卫生事件应急预案》等相关规定开展疫情防控和应急处置。

### 5.2 应急处置措施

事故发生后，根据事故性质、特点和危害程度，立即组织有关部门，依照有关规定采取下列应急处置措施，以最大限度减轻事故危害：

（1）卫生行政部门有效利用医疗资源，组织指导医疗机构开展食品安全事故患者的救治。

（2）卫生行政部门及时组织疾病预防控制机构开展流行病学调查与检测，相关部门及时组织检验机构开展抽样检验，尽快查找食品安全事故发生的原因。对涉嫌犯罪的，公安机关及时介入，开展相关违法犯罪行为侦破工作。

（3）农业行政、质量监督、检验检疫、工商行政管理、食品药品监管、商务等有关部门应当依法强制性就地或异地封存事故相关食品及原料和被污染的食品用工具及用具，待卫生行政部门查明导致食品安全事故的原因后，责令食品生产经营者彻底清洗消毒被污染的食品用工具及用具，消除污染。

（4）对确认受到有毒有害物质污染的相关食品及原料，农业行政、质量监督、工商行政管理、食品药品监管等有关监管部门应当依法责令生产经营者召回、停止经营及进出口并销毁。检验后确认未被污染的应当予以解封。

（5）及时组织研判事故发展态势，并向事故可能蔓延到的地方人民政府通报信息，提醒做好应对准备。事故可能影响到国（境）外时，及时协调有关涉外部门做好相关通报工作。

**5.3 检测分析评估**

应急处置专业技术机构应当对引发食品安全事故的相关危险因素及时进行检测，专家组对检测数据进行综合分析和评估，分析事故发展趋势、预测事故后果，为制定事故调查和现场处置方案提供参考。有关部门对食品安全事故相关危险因素消除或控制，事故中伤病人员救治，现场、受污染食品控制，食品与环境，次生、衍生事故隐患消除等情况进行分析评估。

### 5.4 响应级别调整及终止

在食品安全事故处置过程中，要遵循事故发生发展的客观规律，结合实际情况和防控工作需要，根据评估结果及时调整应急响应级别，直至响应终止。

5.4.1 响应级别调整及终止条件

（1）级别提升

当事故进一步加重，影响和危害扩大，并有蔓延趋势，情况复杂难以控制时，应当及时提升响应级别。

当学校或托幼机构、全国性或区域性重要活动期间发生食品安全事故时，可相应提高响应级别，加大应急处置力度，确保迅速、有效控制食品安全事故，维护社会稳定。

（2）级别降低

事故危害得到有效控制，且经研判认为事故危害降低到原级别评估标准以下或无进一步扩散趋势的，可降低应急响应级别。

（3）响应终止

当食品安全事故得到控制，并达到以下两项要求，经分析评估认为可解除响应的，应当及时终止响应：

——食品安全事故伤病员全部得到救治，原患者病情稳定24小时以上，且无新的急性病症患者出现，食源性感染性疾病在末例患者后经过最长潜伏期无新病例出现；

——现场、受污染食品得以有效控制，食品与环境污染得到有效清理并符合相关标准，次生、衍生事故隐患消除。

5.4.2 响应级别调整及终止程序

指挥部组织对事故进行分析评估论证。评估认为符合级别调整条件的，指挥部提出调整应急响应级别建议，报同级人民政府批准后实施。应急响应级别调整后，事故相关地区人民政府应当结合调整后级别采取相应措施。评估认为符合响应终止条件时，指挥部提出终止响应的建议，报同级人民政府批准后实施。

上级人民政府有关部门应当根据下级人民政府有关部门的请求，及时组织专家为食品安全事故响应级别调整和终止的分析论证提供技术支持与指导。

5.5 信息发布

事故信息发布由指挥部或其办公室统一组织，采取召开新闻发布会、发布新闻通稿等多种形式向社会发布，做好宣传报道和舆论引导。

## 6. 后期处置

### 6.1 善后处置

事发地人民政府及有关部门要积极稳妥、深入细致地做好善后处置工作，消除事故影响，恢复正常秩序。完善相关政策，促进行业健康发展。

食品安全事故发生后，保险机构应当及时开展应急救援人员保险受理和受灾人员保险理赔工作。

造成食品安全事故的责任单位和责任人应当按照有关规定对受害人给予赔偿，承担受害人后续治疗及保障等相关费用。

### 6.2 奖惩

6.2.1 奖励

对在食品安全事故应急管理和处置工作中做出突出贡献的先进集体和个人，应当给予表彰和奖励。

6.2.2 责任追究

对迟报、谎报、瞒报和漏报食品安全事故重要情况或者应急管理工作中有其他失职、渎职行为的，依法追究有关责任单位或责任人的责任；构成犯罪的，依法追究刑事责任。

### 6.3 总结

食品安全事故善后处置工作结束后，卫生行政部门应当组织有关部门及时对食品安全事故和应急处置工作进行总结，分析事故原因和影响因素，评估应急处置工作开展情况和效果，提出对类似事故的防范和处置建议，完成总结报告。

## 7. 附　则

### 7.1 预案管理与更新

与食品安全事故处置有关的法律法规被修订，部门职责或应急资源发生变化，应急预案在实施过程中出现新情况或新问题时，要结合实际及时修订与完善本预案。

国务院有关食品安全监管部门、地方各级人民政府参照本预案，制定本部门和地方食品安全事故应急预案。

### 7.2 演习演练

国务院有关部门要开展食品安全事故应急演练，以检验和强化应急准备和应急响应能力，并通过对演习演练的总结评估，完善应急预案。

### 7.3 预案实施

本预案自发布之日起施行。

# 11. 食品召回管理规定

## 第一章 总 则

**第一条** 为了加强食品安全监管，避免和减少不安全食品的危害，保护消费者的身体健康和生命安全，根据《中华人民共和国产品质量法》、《中华人民共和国食品卫生法》、《国务院关于加强食品等产品安全监督管理的特别规定》等法律法规，制定本规定。

**第二条** 在中华人民共和国境内生产、销售的食品的召回及其监督管理活动，应当遵守本规定。

**第三条** 本规定所称不安全食品，是指有证据证明对人体健康已经或可能造成危害的食品，包括：

（一）已经诱发食品污染、食源性疾病或对人体健康造成危害甚至死亡的食品；

（二）可能引发食品污染、食源性疾病或对人体健康造成危害的食品；

（三）含有对特定人群可能引发健康危害的成分而在食品标签和说明书上未予以标识，或标识不全、不明确的食品；

（四）有关法律、法规规定的其他不安全食品。

**第四条** 本规定所称召回，是指食品生产者按照规定程序，对由其生产原因造成的某一批次或类别的不安全食品，通过换货、退货、补充或修正消费说明等方式，及时消除或减少食品安全危害的活动。

**第五条** 国家质量监督检验检疫总局（以下简称国家质检总局）在职权范围内统一组织、协调全国食品召回的监督管理工作。

省、自治区和直辖市质量技术监督部门（以下简称省级质监部门）在本行政区域内依法组织开展食品召回的监督管理工作。

**第六条** 国家质检总局和省级质监部门组织建立食品召回专家委员会（以下简称“专家委员会”），为食品安全危害调查和食品安全危害评估提供技术支持。

**第七条** 国家质检总局应当加强食品召回管理信息化建设，组织建立食品召回信息管理系统，统一收集、分析与处理有关食品召回信息。

地方各级质监部门对本行政区域内的食品生产者建立质量安全档案，负责收集、分析与处理本行政区域内的有关食品安全危害和食品召回信息并逐级上报。

**第八条** 食品生产者应当建立完善的产品质量安全档案和相关管理制度，应当准确记录并保存生产环节中的原辅料采购、生产加工、储运、销售以及产品标识等信息，保存消费者投诉、食源性疾病事故、食品污染事故记录，以及食品危害纠纷信息等档案。

**第九条** 食品生产者应当向所在地的省级或市级质监部门及时报告所有相关的食品安全危害信息，包括消费者投诉、食品安全危害事件等，不得隐瞒或虚报其生产的食品危害人体健康的事实。

## 第二章 食品安全危害调查和评估

**第十条** 判定食品是否属于不安全食品，应当进行食品安全危害调查和食品安全危害评估。

**第十一条** 食品安全危害调查的主要内容包括：

（一）是否符合食品安全法律、法规或标准的安全要求；

（二）是否含有非食品用原辅料、添加非食品用化学物质或者将非食品当作食品；

（三）食品的主要消费人群的构成及比例；

（四）可能存在安全危害的食品数量、批次或类别及其流通区域和范围。

**第十二条** 食品安全危害评估的主要内容包括：

（一）该食品引发的食品污染、食源性疾病或对人体健康造成的危害，或引发上述危害的可能性；

（二）不安全食品对主要消费人群的危害影响；

（三）危害的严重和紧急程度；

（四）危害发生的短期和长期后果。

**第十三条** 食品生产者获知其生产的食品可能存在安全危害或接到所在地的省级质监部门的食品安全危害调查书面通知，应当立即进行食品安全危害调查和食品安全危害评估。

食品生产者应当及时通过所在地的市级质监部门向省级质监部门提交食品安全危害调查、评估报告，调查、评估报告的内容应当包括本规定第八条、第十一条和第十二条所述的内容。

**第十四条** 食品生产者接到通知后未进行食品安全危害调查和评估，或者经调查和评估确认不属于不安全食品的，所在地的省级质监部门应当组织专家委员会进行食品安全危害调查和食品安全危害评估，并做出认定。

**第十五条** 食品生产者和销售者应当配合省级质监部门组织的食品安全危害调查，不得以食品已通过任何符合性审查为由拒绝。

**第十六条** 食品生产者的食品安全危害调查和食品安全危害评估的结果与其所在地的省级质监部门所组织的专家委员会的结

果不一致时，省级质监部门可以采取听证等方式进行处理，并做出确认结果的决定。

**第十七条** 经食品安全危害调查和评估，确认属于生产原因造成的不安全食品的，应当确定召回级别，实施召回。

**第十八条** 根据食品安全危害的严重程度，食品召回级别分为三级：

（一）一级召回：已经或可能诱发食品污染、食源性疾病等对人体健康造成严重危害甚至死亡的，或者流通范围广、社会影响大的不安全食品的召回；

（二）二级召回：已经或可能引发食品污染、食源性疾病等对人体健康造成危害，危害程度一般或流通范围较小、社会影响较小的不安全食品的召回；

（三）三级召回：已经或可能引发食品污染、食源性疾病等对人体健康造成危害，危害程度轻微的，或者属于本规定第三条第（三）项规定的不安全食品的召回。

## 第三章 食品召回的实施

### 第一节 主动召回

**第十九条** 确认食品属于应当召回的不安全食品的，食品生产者应当立即停止生产和销售不安全食品。

**第二十条** 自确认食品属于应当召回的不安全食品之日起，一级召回应当在1日内，二级召回应当在2日内，三级召回应当在3日内，通知有关销售者停止销售，通知消费者停止消费。

**第二十一条** 食品生产者向社会发布食品召回有关信息，应当按照有关法律法规和国家质检总局有关规定，向省级以上质监部门报告。

**第二十二条** 自确认食品属于应当召回的不安全食品之日起，

一级召回应在3日内，二级召回应在5日内，三级召回应在7日内，食品生产者通过所在地的市级质监部门向省级质监部门提交食品召回计划。

**第二十三条** 食品生产者提交的食品召回计划主要内容包括：

（一）停止生产不安全食品的情况；

（二）通知销售者停止销售不安全食品的情况；

（三）通知消费者停止消费不安全食品的情况；

（四）食品安全危害的种类、产生的原因、可能受影响的人群、严重和紧急程度；

（五）召回措施的内容，包括实施组织、联系方式以及召回的具体措施、范围和时限等；

（六）召回的预期效果；

（七）召回食品后的处理措施。

**第二十四条** 自召回实施之日起，一级召回每3日，二级召回每7日，三级召回每15日，通过所在地的市级质监部门向省级质监部门提交食品召回阶段性进展报告。

食品生产者对召回计划有变更的，应当在食品召回阶段性进展报告中说明。

所在地的市级以上质监部门应当对食品召回阶段性进展报告提出处理意见，通知食品生产者并上报所在地的省级质监部门。

## 第二节 责令召回

**第二十五条** 经确认有下列情况之一的，国家质检总局应当责令食品生产者召回不安全食品，并可以发布有关食品安全信息和消费警示信息，或采取其他避免危害发生的措施：

（一）食品生产者故意隐瞒食品安全危害，或者食品生产者应当主动召回而不采取召回行动的；

（二）由于食品生产者的过错造成食品安全危害扩大或再度发生的；

（三）国家监督抽查中发现食品生产者生产的食品存在安全隐患，可能对人体健康和生命安全造成损害的。

食品生产者在接到责令召回通知书后，应当立即停止生产和销售不安全食品。

**第二十六条**　食品生产者应当在接到责令召回通知书后，按照本规定第二十条规定发出通知。

食品生产者应当同时按照本规定第二十三条规定制定食品召回报告，按照本规定第二十二条规定的时限通过所在地的省级质监部门报国家质检总局核准后，立即实施召回；食品召回报告未通过核准的，食品生产者应当修改报告后，按照要求实施召回。

**第二十七条**　食品生产者应当按照本规定第二十四条规定，提交食品召回阶段性进展报告。

所在地的市级以上质监部门应当按照本规定第二十四条规定对召回阶段性进展报告提出处理意见，并将有关情况逐级上报国家质检总局。

## 第三节　召回评估与监督

**第二十八条**　食品生产者应当保存召回记录，主要内容包括食品召回的批次、数量、比例、原因、结果等。

**第二十九条**　食品生产者应当在食品召回时限期满15日内，向所在地的省级质监部门提交召回总结报告；责令召回的，应当报告国家质检总局。

**第三十条**　食品生产者所在地的省级质监部门应当组织专家委员会对召回总结报告进行审查，对召回效果进行评估，并书面通知食品生产者审查结论；责令召回的，应当上报国家质检总局备案。

食品生产者所在地的省级以上质监部门审查认为召回未达到预期效果的，通知食品生产者继续或再次进行食品召回。

**第三十一条** 食品生产者应当及时对不安全食品进行无害化处理；根据有关规定应当销毁的食品，应当及时予以销毁。

食品生产者对召回食品的后处理应当有详细的记录，并向所在地的市级质监部门报告，接受市级质监部门监督。

**第三十二条** 市级以上质监部门应当在规定的职权范围内对食品生产者召回进展情况和召回食品的后处理过程进行监督。

**第三十三条** 任何单位和个人可以对违反本规定规定的行为或有关召回情况，向各级质量技术监督部门投诉或举报，食品生产者不得以任何手段限制。受理投诉或举报的部门应当及时调查处理并为举报人保密。

## 第四章 法律责任

**第三十四条** 食品生产者在实施食品召回的同时，不免除其依法承担的其他法律责任。

食品生产者主动实施召回的，可依法从轻或减轻处罚。

**第三十五条** 食品生产者违反本规定第十九条或第二十五条第二款规定未停止生产销售不安全食品的，予以警告，责令限期改正；逾期未改正的，处以3万元以下罚款；违反有关法律法规规定的，依照有关法律法规的规定处理。

**第三十六条** 食品生产者有下列情况之一的，予以警告，责令限期改正；逾期未改正的，处以2万元以下罚款。

（一）接到质量技术监督部门食品安全危害调查通知，但未及时进行调查的；

（二）拒绝配合质量技术监督部门进行食品安全危害调查的；

（三）未按本规定要求及时提交食品安全危害调查、评估报告的。

**第三十七条** 食品生产者违反本规定第二十条、第二十一条、第二十二条、第二十三条、第二十四条、第二十六条、第二十七条、第二十九条规定的，予以警告，责令限期改正；逾期未改正的，处以3万元以下罚款；违反有关法律法规规定的，依照有关法律法规的规定处理。

**第三十八条** 食品生产者违反本规定第二十八条规定义务的，予以警告，责令限期改正；逾期未改正的，处以2万元以下罚款。

**第三十九条** 食品生产者违反本规定第三十一条规定义务的，予以警告，责令限期改正；逾期未改正的，处以3万元以下罚款；违反有关法律法规规定的，依照有关法律法规的规定处理。

**第四十条** 从事食品召回管理的公务人员，以及受委托进行食品安全危害调查、食品安全危害评估的专家或工作人员捏造散布虚假信息、违反保密规定、伪造或者提供有关虚假结论或者意见的，依法给予行政处分；造成损失的，依法承担赔偿责任；构成犯罪的，依法追究刑事责任。

**第四十一条** 本规定规定的行政处罚，由县级以上质量技术监督部门在职权范围内依法实施。法律、行政法规对行政处罚机关另有规定的，依照有关法律、行政法规的规定执行。

## 第五章 附 则

**第四十二条** 进出口食品的召回管理，由出入境检验检疫机构按照国家质检总局有关规定执行。

**第四十三条** 本规定所涉及的信息发布、文书格式等具体要求由国家质检总局另行制定。

**第四十四条** 本规定由国家质检总局负责解释。

**第四十五条** 本规定自公布之日起施行。

# 12. 食物中毒事故处理办法

## 第一章 总 则

**第一条** 为了及时处理和控制食物中毒事故，保障人民身体健康，根据《中华人民共和国食品卫生法》（以下称《食品卫生法》）的规定，制定本办法。

**第二条** 本办法所指的食物中毒，是指食用了被生物性、化学性有毒有害物质污染的食品或者食用了含有毒有害物质的食品后出现的急性、亚急性食源性疾患。

上款规定的食源性疾患已列入《中华人民共和国传染病防治法》管理的，按照该法执行。

**第三条** 县级以上地方人民政府卫生行政部门主管管辖范围内 食物中毒事故的监督管理工作。

跨辖区的食物中毒事故由食物中毒发生地的人民政府卫生行政部门进行调查处理，由食物中毒肇事者所在地的人民政府卫生行政部门协助调查处理。对管辖有争议的，由共同上级人民政府卫生行政部门管辖或者指定管辖。

**第四条** 凡在中华人民共和国领域内从事食品生产经营活动的，以及涉及食物中毒事故调查与处理的单位和个人均应遵守本办法。

## 第二章 报 告

**第五条** 发生食物中毒或者疑似食物中毒事故的单位和接收食物中毒或者疑似食物中毒病人进行治疗的单位应当及时向所在地人民政府卫生行政部门报告发生食物中毒事故的单位、地址、时间、中毒人数、可疑食物等有关内容。

**第六条** 县级以上地方人民政府卫生行政部门接到食物中毒或者疑似食物中毒事故的报告，应当及时填写《食物中毒报告登记表》，并报告同级人民政府和上级卫生行政部门。

**第七条** 县级以上地方人民政府卫生行政部门对发生在管辖范围内的下列食物中毒或者疑似食物中毒事故，实施紧急报告制度：

（一）中毒人数超过 30 人的，当于 6 小时内报告同级人民政府和上级人民政府卫生行政部门；

（二）中毒人数超过 100 人或者死亡 1 人以上的，应当于 6 小时内上报卫生部，并同时报告同级人民政府和上级人民政府卫生行政部门；

（三）中毒事故发生在学校、地区性或者全国性重要活动期间的应当于 6 小时内上报卫生部，并同时报告同级人民政府和上级人民政府卫生行政部门；

（四）其他需要实施紧急报告制度的食物中毒事故。

任何单位和个人不得干涉食物中毒或者疑似食物中毒事故的报 告。

**第八条** 县级以上地方各级人民政府卫生行政部门接到跨辖区的食物中毒事故报告，应当通知有关辖区的卫生行政部门，并同时向共同的上级人民政府卫生行政部门报告。

**第九条** 县级以上地方人民政府卫生行政部门应当在每季度

末，汇总和分析本地区食物中毒事故发生情况和处理结果，并及时向社会公布。

省级人民政府卫生行政部门负责汇总分析本地区全年度食物中毒事故发生情况，并于每年11月10日前上报卫生部及其指定的机构。

**第十条** 地方各级人民政府卫生行政部门应当定期向有关部门通报食物中毒事故发生的情况。

## 第三章 调查与控制

**第十一条** 县级以上地方人民政府卫生行政部门在接到食物中毒或者疑似食物中毒事故报告后，应当采取下列措施：

（一）组织卫生机构对中毒人员进行救治；

（二）对可疑中毒食物及其有关工具、设备和现场采取临时控制措施；

（三）组织调查小组进行现场卫生学和流行病学调查，填写《食物中毒个案调查登记表》和《食物中毒调查报告表》，撰写调查报告，并按规定报告有关部门。

**第十二条** 县级以上地方人民政府卫生行政部门对造成食物中毒事故的食品或者有证据证明可能导致食物中毒事故的食品可以采取下列临时控制措施：

（一）封存造成食物中毒或者可能导致食物中毒的食品及其原料；

（二）封存被污染的食品用工具及用具，并责令进行清洗消毒。

为控制食物中毒事故扩散，责令食品生产经营者收回已售出的造成食物中毒的食品或者有证据证明可能导致食物中毒的食品。

经检验，属于被污染的食品，予以销毁或监督销毁；未被污染的食品，予以解封。

**第十三条**　造成食物中毒或者有证据证明可能导致食物中毒的食品生产经营单位、发生食物中毒或者疑似食物中毒事故的单位应当采取下列相应措施：

（一）立即停止其生产经营活动，并向所在地人民政府卫生行政部门报告；

（二）协助卫生机构救治病人；

（三）保留造成食物中毒或者可能导致食物中毒的食品及其原料、工具、设备和现场；

（四）配合卫生行政部门进行调查，按卫生行政部门的要求如实提供有关材料和样品；

（五）落实卫生行政部门要求采取的其他措施。

**第十四条**　县级以上地方人民政府卫生行政部门应当按照《食品卫生监督程序》的有关规定对食物中毒事故进行调查处理。调查工作应当由卫生行政部门2名以上卫生监督员依法进行。

**第十五条**　食物中毒确认的内容、程序及有关技术要求，应当执行《食物中毒诊断标准及技术处理总则》（GB14938）的规定。

## 第四章　罚　则

**第十六条**　对食物中毒或者疑似食物中毒事故隐瞒、谎报、拖延、阻挠报告的单位和个人，由县级以上人民政府卫生行政部门责令改正，并可以通报批评。对直接负责的主管人员和其他直接责任人员由卫生行政部门和其他有关部门依法给予行政处分。

**第十七条**　对造成食物中毒事故的单位和个人，由县级以上地方人民政府卫生行政部门按照《食品卫生法》和《食品卫生行政处罚办法》的有关规定，予以行政处罚。

**第十八条** 县级以上地方人民政府卫生行政部门在调查处理食物中毒事故时，对造成严重食物中毒事故构成犯罪的或者有投毒等犯罪嫌疑的，移送司法机关处理。

## 第五章 附 则

**第十九条** 《食物中毒事故报告登记表》、《食物中毒事故个案调查登记表》和《食物中毒事故调查报告表》由卫生部另行制定。

**第二十条** 铁道、交通行政主管部门设立的食品卫生监督机构，在其管辖范围内对食物中毒事故的监督管理，依照本办法执行。

**第二十一条** 本办法由卫生部解释。

**第二十二条** 本办法自 2000 年 1 月 1 日起施行。1981 年 12 月 1 日发布的《食物中毒调查报告办法》同时废止。以往卫生部其他有关规定与本办法不一致的，以本办法为准。

# 13. 乳品质量安全监督管理条例

## 第一章　总　则

**第一条**　为了加强乳品质量安全监督管理，保证乳品质量安全，保障公众身体健康和生命安全，促进奶业健康发展，制定本条例。

**第二条**　本条例所称乳品，是指生鲜乳和乳制品。

乳品质量安全监督管理适用本条例；法律对乳品质量安全监督管理另有规定的，从其规定。

**第三条**　奶畜养殖者、生鲜乳收购者、乳制品生产企业和销售者对其生产、收购、运输、销售的乳品质量安全负责，是乳品质量安全的第一责任者。

**第四条**　县级以上地方人民政府对本行政区域内的乳品质量安全监督管理负总责。

县级以上人民政府畜牧兽医主管部门负责奶畜饲养以及生鲜乳生产环节、收购环节的监督管理。县级以上质量监督检验检疫部门负责乳制品生产环节和乳品进出口环节的监督管理。县级以上工商行政管理部门负责乳制品销售环节的监督管理。县级以上食品药品监督部门负责乳制品餐饮服务环节的监督管理。县级以上人民政府卫生主管部门依照职权负责乳品质量安全监督管理的综合协调、组织查处食品安全重大事故。县级以上人民政府其他有关部门在各自职责范围内负责乳品质量安全监督管理的其他工作。

**第五条** 发生乳品质量安全事故，应当依照有关法律、行政法规的规定及时报告、处理；造成严重后果或者恶劣影响的，对有关人民政府、有关部门负有领导责任的负责人依法追究责任。

**第六条** 生鲜乳和乳制品应当符合乳品质量安全国家标准。乳品质量安全国家标准由国务院卫生主管部门组织制定，并根据风险监测和风险评估的结果及时组织修订。

乳品质量安全国家标准应当包括乳品中的致病性微生物、农药残留、兽药残留、重金属以及其他危害人体健康物质的限量规定，乳品生产经营过程的卫生要求，通用的乳品检验方法与规程，与乳品安全有关的质量要求，以及其他需要制定为乳品质量安全国家标准的内容。

制定婴幼儿奶粉的质量安全国家标准应当充分考虑婴幼儿身体特点和生长发育需要，保证婴幼儿生长发育所需的营养成分。

国务院卫生主管部门应当根据疾病信息和监督管理部门的监督管理信息等，对发现添加或者可能添加到乳品中的非食品用化学物质和其他可能危害人体健康的物质，立即组织进行风险评估，采取相应的监测、检测和监督措施。

**第七条** 禁止在生鲜乳生产、收购、贮存、运输、销售过程中添加任何物质。

禁止在乳制品生产过程中添加非食品用化学物质或者其他可能危害人体健康的物质。

**第八条** 国务院畜牧兽医主管部门会同国务院发展改革部门、工业和信息化部门、商务部门，制定全国奶业发展规划，加强奶源基地建设，完善服务体系，促进奶业健康发展。

县级以上地方人民政府应当根据全国奶业发展规划，合理确定本行政区域内奶畜养殖规模，科学安排生鲜乳的生产、收购布局。

**第九条**　有关行业协会应当加强行业自律，推动行业诚信建设，引导、规范奶畜养殖者、生鲜乳收购者、乳制品生产企业和销售者依法生产经营。

## 第二章　奶畜养殖

**第十条**　国家采取有效措施，鼓励、引导、扶持奶畜养殖者提高生鲜乳质量安全水平。省级以上人民政府应当在本级财政预算内安排支持奶业发展资金，并鼓励对奶畜养殖者、奶农专业生产合作社等给予信贷支持。

国家建立奶畜政策性保险制度，对参保奶畜养殖者给予保费补助。

**第十一条**　畜牧兽医技术推广机构应当向奶畜养殖者提供养殖技术培训、良种推广、疫病防治等服务。

国家鼓励乳制品生产企业和其他相关生产经营者为奶畜养殖者提供所需的服务。

**第十二条**　设立奶畜养殖场、养殖小区应当具备下列条件：

（一）符合所在地人民政府确定的本行政区域奶畜养殖规模；

（二）有与其养殖规模相适应的场所和配套设施；

（三）有为其服务的畜牧兽医技术人员；

（四）具备法律、行政法规和国务院畜牧兽医主管部门规定的防疫条件；

（五）有对奶畜粪便、废水和其他固体废物进行综合利用的沼气池等设施或者其他无害化处理设施；

（六）有生鲜乳生产、销售、运输管理制度；

（七）法律、行政法规规定的其他条件。

奶畜养殖场、养殖小区开办者应当将养殖场、养殖小区的名称、养殖地址、奶畜品种和养殖规模向养殖场、养殖小区所在地县级人民政府畜牧兽医主管部门备案。

**第十三条** 奶畜养殖场应当建立养殖档案，载明以下内容：

（一）奶畜的品种、数量、繁殖记录、标识情况、来源和进出场日期；

（二）饲料、饲料添加剂、兽药等投入品的来源、名称、使用对象、时间和用量；

（三）检疫、免疫、消毒情况；

（四）奶畜发病、死亡和无害化处理情况；

（五）生鲜乳生产、检测、销售情况；

（六）国务院畜牧兽医主管部门规定的其他内容。

奶畜养殖小区开办者应当逐步建立养殖档案。

**第十四条** 从事奶畜养殖，不得使用国家禁用的饲料、饲料添加剂、兽药以及其他对动物和人体具有直接或者潜在危害的物质。

禁止销售在规定用药期和休药期内的奶畜产的生鲜乳。

**第十五条** 奶畜养殖者应当确保奶畜符合国务院畜牧兽医主管部门规定的健康标准，并确保奶畜接受强制免疫。

动物疫病预防控制机构应当对奶畜的健康情况进行定期检测；经检测不符合健康标准的，应当立即隔离、治疗或者做无害化处理。

**第十六条** 奶畜养殖者应当做好奶畜和养殖场所的动物防疫工作，发现奶畜染疫或者疑似染疫的，应当立即报告，停止生鲜乳生产，并采取隔离等控制措施，防止疫病扩散。

奶畜养殖者对奶畜养殖过程中的排泄物、废弃物应当及时清运、处理。

**第十七条** 奶畜养殖者应当遵守国务院畜牧兽医主管部门制定的生鲜乳生产技术规程。直接从事挤奶工作的人员应当持有有效的健康证明。

奶畜养殖者对挤奶设施、生鲜乳贮存设施等应当及时清洗、消毒，避免对生鲜乳造成污染。

**第十八条**　生鲜乳应当冷藏。超过2小时未冷藏的生鲜乳，不得销售。

## 第三章　生鲜乳收购

**第十九条**　省、自治区、直辖市人民政府畜牧兽医主管部门应当根据当地奶源分布情况，按照方便奶畜养殖者、促进规模化养殖的原则，对生鲜乳收购站的建设进行科学规划和合理布局。必要时，可以实行生鲜乳集中定点收购。

国家鼓励乳制品生产企业按照规划布局，自行建设生鲜乳收购站或者收购原有生鲜乳收购站。

**第二十条**　生鲜乳收购站应当由取得工商登记的乳制品生产企业、奶畜养殖场、奶农专业生产合作社开办，并具备下列条件，取得所在地县级人民政府畜牧兽医主管部门颁发的生鲜乳收购许可证：

（一）符合生鲜乳收购站建设规划布局；

（二）有符合环保和卫生要求的收购场所；

（三）有与收奶量相适应的冷却、冷藏、保鲜设施和低温运输设备；

（四）有与检测项目相适应的化验、计量、检测仪器设备；

（五）有经培训合格并持有有效健康证明的从业人员；

（六）有卫生管理和质量安全保障制度。

生鲜乳收购许可证有效期2年；生鲜乳收购站不再办理工商登记。

禁止其他单位或者个人开办生鲜乳收购站。禁止其他单位或者个人收购生鲜乳。

国家对生鲜乳收购站给予扶持和补贴，提高其机械化挤奶和生鲜乳冷藏运输能力。

**第二十一条** 生鲜乳收购站应当及时对挤奶设施、生鲜乳贮存运输设施等进行清洗、消毒，避免对生鲜乳造成污染。

生鲜乳收购站应当按照乳品质量安全国家标准对收购的生鲜乳进行常规检测。检测费用不得向奶畜养殖者收取。

生鲜乳收购站应当保持生鲜乳的质量。

**第二十二条** 生鲜乳收购站应当建立生鲜乳收购、销售和检测记录。生鲜乳收购、销售和检测记录应当包括畜主姓名、单次收购量、生鲜乳检测结果、销售去向等内容，并保存2年。

**第二十三条** 县级以上地方人民政府价格主管部门应当加强对生鲜乳价格的监控和通报，及时发布市场供求信息和价格信息。必要时，县级以上地方人民政府建立由价格、畜牧兽医等部门以及行业协会、乳制品生产企业、生鲜乳收购者、奶畜养殖者代表组成的生鲜乳价格协调委员会，确定生鲜乳交易参考价格，供购销双方签订合同时参考。

生鲜乳购销双方应当签订书面合同。生鲜乳购销合同示范文本由国务院畜牧兽医主管部门会同国务院工商行政管理部门制定并公布。

**第二十四条** 禁止收购下列生鲜乳：

（一）经检测不符合健康标准或者未经检疫合格的奶畜产的；

（二）奶畜产犊7日内的初乳，但以初乳为原料从事乳制品生产的除外；

（三）在规定用药期和休药期内的奶畜产的；

（四）其他不符合乳品质量安全国家标准的。

对前款规定的生鲜乳，经检测无误后，应当予以销毁或者采取其他无害化处理措施。

**第二十五条** 贮存生鲜乳的容器，应当符合国家有关卫生标准，在挤奶后2小时内应当降温至0～4℃。

生鲜乳运输车辆应当取得所在地县级人民政府畜牧兽医主管部门核发的生鲜乳准运证明，并随车携带生鲜乳交接单。交接单应当载明生鲜乳收购站的名称、生鲜乳数量、交接时间，并由生鲜乳收购站经手人、押运员、司机、收奶员签字。

生鲜乳交接单一式两份，分别由生鲜乳收购站和乳品生产者保存，保存时间2年。准运证明和交接单式样由省、自治区、直辖市人民政府畜牧兽医主管部门制定。

**第二十六条**　县级以上人民政府应当加强生鲜乳质量安全监测体系建设，配备相应的人员和设备，确保监测能力与监测任务相适应。

**第二十七条**　县级以上人民政府畜牧兽医主管部门应当加强生鲜乳质量安全监测工作，制定并组织实施生鲜乳质量安全监测计划，对生鲜乳进行监督抽查，并按照法定权限及时公布监督抽查结果。

监测抽查不得向被抽查人收取任何费用，所需费用由同级财政列支。

## 第四章　乳制品生产

**第二十八条**　从事乳制品生产活动，应当具备下列条件，取得所在地质量监督部门颁发的食品生产许可证：

（一）符合国家奶业产业政策；

（二）厂房的选址和设计符合国家有关规定；

（三）有与所生产的乳制品品种和数量相适应的生产、包装和检测设备；

（四）有相应的专业技术人员和质量检验人员；

（五）有符合环保要求的废水、废气、垃圾等污染物的处理设施；

（六）有经培训合格并持有有效健康证明的从业人员；

（七）法律、行政法规规定的其他条件。

质量监督部门对乳制品生产企业颁发食品生产许可证，应当征求所在地工业行业管理部门的意见。

未取得食品生产许可证的任何单位和个人，不得从事乳制品生产。

**第二十九条** 乳制品生产企业应当建立质量管理制度，采取质量安全管理措施，对乳制品生产实施从原料进厂到成品出厂的全过程质量控制，保证产品质量安全。

**第三十条** 乳制品生产企业应当符合良好生产规范要求。国家鼓励乳制品生产企业实施危害分析与关键控制点体系，提高乳制品安全管理水平。生产婴幼儿奶粉的企业应当实施危害分析与关键控制点体系。

对通过良好生产规范、危害分析与关键控制点体系认证的乳制品生产企业，认证机构应当依法实施跟踪调查；对不再符合认证要求的企业，应当依法撤销认证，并及时向有关主管部门报告。

**第三十一条** 乳制品生产企业应当建立生鲜乳进货查验制度，逐批检测收购的生鲜乳，如实记录质量检测情况、供货者的名称以及联系方式、进货日期等内容，并查验运输车辆生鲜乳交接单。查验记录和生鲜乳交接单应当保存2年。乳制品生产企业不得向未取得生鲜乳收购许可证的单位和个人购进生鲜乳。

乳制品生产企业不得购进兽药等化学物质残留超标，或者含有重金属等有毒有害物质、致病性的寄生虫和微生物、生物毒素以及其他不符合乳品质量安全国家标准的生鲜乳。

**第三十二条** 生产乳制品使用的生鲜乳、辅料、添加剂等，应当符合法律、行政法规的规定和乳品质量安全国家标准。

生产的乳制品应当经过巴氏杀菌、高温杀菌、超高温杀菌或者其他有效方式杀菌。

生产发酵乳制品的菌种应当纯良、无害，定期鉴定，防止杂菌污染。

生产婴幼儿奶粉应当保证婴幼儿生长发育所需的营养成分，不得添加任何可能危害婴幼儿身体健康和生长发育的物质。

**第三十三条**　乳制品的包装应当有标签。标签应当如实标明产品名称、规格、净含量、生产日期，成分或者配料表，生产企业的名称、地址、联系方式，保质期，产品标准代号，贮存条件，所使用的食品添加剂的化学通用名称，食品生产许可证编号，法律、行政法规或者乳品质量安全国家标准规定必须标明的其他事项。

使用奶粉、黄油、乳清粉等原料加工的液态奶，应当在包装上注明；使用复原乳作为原料生产液态奶的，应当标明“复原乳”字样，并在产品配料中如实标明复原乳所含原料及比例。

婴幼儿奶粉标签还应当标明主要营养成分及其含量，详细说明使用方法和注意事项。

**第三十四条**　出厂的乳制品应当符合乳品质量安全国家标准。

乳制品生产企业应当对出厂的乳制品逐批检验，并保存检验报告，留取样品。检验内容应当包括乳制品的感官指标、理化指标、卫生指标和乳制品中使用的添加剂、稳定剂以及酸奶中使用的菌种等；婴幼儿奶粉在出厂前还应当检测营养成分。对检验合格的乳制品应当标识检验合格证号；检验不合格的不得出厂。检验报告应当保存 2 年。

**第三十五条**　乳制品生产企业应当如实记录销售的乳制品名称、数量、生产日期、生产批号、检验合格证号、购货者名称及其联系方式、销售日期等。

**第三十六条**　乳制品生产企业发现其生产的乳制品不符合乳品质量安全国家标准、存在危害人体健康和生命安全危险或者可能危害婴幼儿身体健康或者生长发育的，应当立即停止生产，报告有关主管部门，告知销售者、消费者，召回已经出厂、上市销售的乳制品，并记录召回情况。

乳制品生产企业对召回的乳制品应当采取销毁、无害化处理等措施，防止其再次流入市场。

## 第五章 乳制品销售

**第三十七条** 从事乳制品销售应当按照食品安全监督管理的有关规定，依法向工商行政管理部门申请领取有关证照。

**第三十八条** 乳制品销售者应当建立并执行进货查验制度，审验供货商的经营资格，验明乳制品合格证明和产品标识，并建立乳制品进货台账，如实记录乳制品的名称、规格、数量、供货商及其联系方式、进货时间等内容。从事乳制品批发业务的销售企业应当建立乳制品销售台账，如实记录批发的乳制品的品种、规格、数量、流向等内容。进货台账和销售台账保存期限不得少于2年。

**第三十九条** 乳制品销售者应当采取措施，保持所销售乳制品的质量。

销售需要低温保存的乳制品的，应当配备冷藏设备或者采取冷藏措施。

**第四十条** 禁止购进、销售无质量合格证明、无标签或者标签残缺不清的乳制品。

禁止购进、销售过期、变质或者不符合乳品质量安全国家标准的乳制品。

**第四十一条** 乳制品销售者不得伪造产地，不得伪造或者冒用他人的厂名、厂址，不得伪造或者冒用认证标志等质量标志。

**第四十二条** 对不符合乳品质量安全国家标准、存在危害人体健康和生命安全或者可能危害婴幼儿身体健康和生长发育的乳制品，销售者应当立即停止销售，追回已经售出的乳制品，并记录追回情况。

乳制品销售者自行发现其销售的乳制品有前款规定情况的，还应当立即报告所在地工商行政管理等有关部门，通知乳制品生产企业。

**第四十三条** 乳制品销售者应当向消费者提供购货凭证，履行不合格乳制品的更换、退货等义务。

乳制品销售者依照前款规定履行更换、退货等义务后，属于乳制品生产企业或者供货商的责任的，销售者可以向乳制品生产企业或者供货商追偿。

**第四十四条** 进口的乳品应当按照乳品质量安全国家标准进行检验；尚未制定乳品质量安全国家标准的，可以参照国家有关部门指定的国外有关标准进行检验。

**第四十五条** 出口乳品的生产者、销售者应当保证其出口乳品符合乳品质量安全国家标准的同时还符合进口国家（地区）的标准或者合同要求。

## 第六章 监督检查

**第四十六条** 县级以上人民政府畜牧兽医主管部门应当加强对奶畜饲养以及生鲜乳生产环节、收购环节的监督检查。县级以上质量监督检验检疫部门应当加强对乳制品生产环节和乳品进出口环节的监督检查。县级以上工商行政管理部门应当加强对乳制品销售环节的监督检查。县级以上食品药品监督部门应当加强对乳制品餐饮服务环节的监督管理。监督检查部门之间，监督检查部门与其他有关部门之间，应当及时通报乳品质量安全监督管理信息。

畜牧兽医、质量监督、工商行政管理等部门应当定期开展监督抽查，并记录监督抽查的情况和处理结果。需要对乳品进行抽样检查的，不得收取任何费用，所需费用由同级财政列支。

**第四十七条** 畜牧兽医、质量监督、工商行政管理等部门在依据各自职责进行监督检查时，行使下列职权：

（一）实施现场检查；

（二）向有关人员调查、了解有关情况；

（三）查阅、复制有关合同、票据、账簿、检验报告等资料；

（四）查封、扣押有证据证明不符合乳品质量安全国家标准的乳品以及违法使用的生鲜乳、辅料、添加剂；

（五）查封涉嫌违法从事乳品生产经营活动的场所，扣押用于违法生产经营的工具、设备；

（六）法律、行政法规规定的其他职权。

**第四十八条** 县级以上质量监督部门、工商行政管理部门在监督检查中，对不符合乳品质量安全国家标准、存在危害人体健康和生命安全危险或者可能危害婴幼儿身体健康和生长发育的乳制品，责令并监督生产企业召回、销售者停止销售。

**第四十九条** 县级以上人民政府价格主管部门应当加强对生鲜乳购销过程中压级压价、价格欺诈、价格串通等不正当价格行为的监督检查。

**第五十条** 畜牧兽医主管部门、质量监督部门、工商行政管理部门应当建立乳品生产经营者违法行为记录，及时提供给中国人民银行，由中国人民银行纳入企业信用信息基础数据库。

**第五十一条** 省级以上人民政府畜牧兽医主管部门、质量监督部门、工商行政管理部门依据各自职责，公布乳品质量安全监督管理信息。有关监督管理部门应当及时向同级卫生主管部门通报乳品质量安全事故信息；乳品质量安全重大事故信息由省级以上人民政府卫生主管部门公布。

**第五十二条**　有关监督管理部门发现奶畜养殖者、生鲜乳收购者、乳制品生产企业和销售者涉嫌犯罪的，应当及时移送公安机关立案侦查。

**第五十三条**　任何单位和个人有权向畜牧兽医、卫生、质量监督、工商行政管理、食品药品监督等部门举报乳品生产经营中的违法行为。畜牧兽医、卫生、质量监督、工商行政管理、食品药品监督等部门应当公布本单位的电子邮件地址和举报电话；对接到的举报，应当完整地记录、保存。

接到举报的部门对属于本部门职责范围内的事项，应当及时依法处理，对于实名举报，应当及时答复；对不属于本部门职责范围内的事项，应当及时移交有权处理的部门，有权处理的部门应当立即处理，不得推诿。

## 第七章　法律责任

**第五十四条**　生鲜乳收购者、乳制品生产企业在生鲜乳收购、乳制品生产过程中，加入非食品用化学物质或者其他可能危害人体健康的物质，依照刑法第一百四十四条的规定，构成犯罪的，依法追究刑事责任，并由发证机关吊销许可证照；尚不构成犯罪的，由畜牧兽医主管部门、质量监督部门依据各自职责没收违法所得和违法生产的乳品，以及相关的工具、设备等物品，并处违法乳品货值金额15倍以上30倍以下罚款，由发证机关吊销许可证照。

**第五十五条**　生产、销售不符合乳品质量安全国家标准的乳品，依照刑法第一百四十三条的规定，构成犯罪的，依法追究刑事责任，并由发证机关吊销许可证照；尚不构成犯罪的，由畜牧兽医主管部门、质量监督部门、工商行政管理部门依据各自职责没收违法所得、违法乳品和相关的工具、设备等物品，并处违法乳品货值金额10倍以上20倍以下罚款，由发证机关吊销许可证照。

**第五十六条** 乳制品生产企业违反本条例第三十六条的规定，对不符合乳品质量安全国家标准、存在危害人体健康和生命安全或者可能危害婴幼儿身体健康和生长发育的乳制品，不停止生产、不召回的，由质量监督部门责令停止生产、召回；拒不停止生产、拒不召回的，没收其违法所得、违法乳制品和相关的工具、设备等物品，并处违法乳制品货值金额15倍以上30倍以下罚款，由发证机关吊销许可证照。

**第五十七条** 乳制品销售者违反本条例第四十二条的规定，对不符合乳品质量安全国家标准、存在危害人体健康和生命安全或者可能危害婴幼儿身体健康和生长发育的乳制品，不停止销售、不追回的，由工商行政管理部门责令停止销售、追回；拒不停止销售、拒不追回的，没收其违法所得、违法乳制品和相关的工具、设备等物品，并处违法乳制品货值金额15倍以上30倍以下罚款，由发证机关吊销许可证照。

**第五十八条** 违反本条例规定，在婴幼儿奶粉生产过程中，加入非食品用化学物质或其他可能危害人体健康的物质的，或者生产、销售的婴幼儿奶粉营养成分不足、不符合乳品质量安全国家标准的，依照本条例规定，从重处罚。

**第五十九条** 奶畜养殖者、生鲜乳收购者、乳制品生产企业和销售者在发生乳品质量安全事故后未报告、处置的，由畜牧兽医、质量监督、工商行政管理、食品药品监督等部门依据各自职责，责令改正，给予警告；毁灭有关证据的，责令停产停业，并处10万元以上20万元以下罚款；造成严重后果的，由发证机关吊销许可证照；构成犯罪的，依法追究刑事责任。

**第六十条** 有下列情形之一的，由县级以上地方人民政府畜牧兽医主管部门没收违法所得、违法收购的生鲜乳和相关的设备、设施等物品，并处违法乳品货值金额5倍以上10倍以下罚款；有许可证照的，由发证机关吊销许可证照：

（一）未取得生鲜乳收购许可证收购生鲜乳的；

（二）生鲜乳收购站取得生鲜乳收购许可证后，不再符合许可条件继续从事生鲜乳收购的；

（三）生鲜乳收购站收购本条例第二十四条规定禁止收购的生鲜乳的。

**第六十一条**　乳制品生产企业和销售者未取得许可证，或者取得许可证后不按照法定条件、法定要求从事生产销售活动的，由县级以上地方质量监督部门、工商行政管理部门依照《国务院关于加强食品等产品安全监督管理的特别规定》等法律、行政法规的规定处罚。

**第六十二条**　畜牧兽医、卫生、质量监督、工商行政管理等部门，不履行本条例规定职责、造成后果的，或者滥用职权、有其他渎职行为的，由监察机关或者任免机关对其主要负责人、直接负责的主管人员和其他直接责任人员给予记大过或者降级的处分；造成严重后果的，给予撤职或者开除的处分；构成犯罪的，依法追究刑事责任。

## 第八章　附　则

**第六十三条**　草原牧区放牧饲养的奶畜所产的生鲜乳收购办法，由所在省、自治区、直辖市人民政府参照本条例另行制定。

**第六十四条**　本条例自公布之日起施行。

# 14. 餐饮服务食品安全监督管理办法

## 第一章 总 则

**第一条** 为加强餐饮服务监督管理，保障餐饮服务环节食品安全，根据《中华人民共和国食品安全法》（以下简称《食品安全法》）、《中华人民共和国食品安全法实施条例》（以下简称《食品安全法实施条例》），制定本办法。

**第二条** 在中华人民共和国境内从事餐饮服务的单位和个人（以下简称餐饮服务提供者）应当遵守本办法。

**第三条** 国家食品药品监督管理局主管全国餐饮服务监督管理工作，地方各级食品药品监督管理部门负责本行政区域内的餐饮服务监督管理工作。

**第四条** 餐饮服务提供者应当依照法律、法规、食品安全标准及有关要求从事餐饮服务活动，对社会和公众负责，保证食品安全，接受社会监督，承担餐饮服务食品安全责任。

**第五条** 鼓励社会团体、基层群众性自治组织开展餐饮服务食品安全知识和相关法律、法规的普及工作，增强餐饮服务提供者食品安全意识，提高消费者自我保护能力；鼓励开展技术服务工作，促进餐饮服务提供者提高食品安全管理水平。

餐饮服务相关行业协会应当加强行业自律，引导餐饮服务提供者依法经营，推动行业诚信建设，宣传、普及餐饮服务食品安全知识。

**第六条**　鼓励和支持餐饮服务提供者为提高食品安全水平而采用先进技术和先进的管理规范，实施危害分析与关键控制点体系，配备先进的食品安全检测设备，对食品进行自行检查或者向具有法定资质的机构送检。

**第七条**　任何组织和个人均有权对餐饮服务食品安全进行社会监督，举报餐饮服务提供者违反本办法的行为，了解有关餐饮服务食品安全信息，对餐饮服务食品安全工作提出意见和建议。

## 第二章　餐饮服务基本要求

**第八条**　餐饮服务提供者必须依法取得《餐饮服务许可证》，按照许可范围依法经营，并在就餐场所醒目位置悬挂或者摆放《餐饮服务许可证》。

**第九条**　餐饮服务提供者应当建立健全食品安全管理制度，配备专职或者兼职食品安全管理人员。

被吊销《餐饮服务许可证》的单位，根据《食品安全法》第九十二条的规定，其直接负责的主管人员自处罚决定作出之日起5年内不得从事餐饮服务管理工作。

餐饮服务提供者不得聘用本条前款规定的禁止从业人员从事管理工作。

**第十条**　餐饮服务提供者应当按照《食品安全法》第三十四条的规定，建立并执行从业人员健康管理制度，建立从业人员健康档案。餐饮服务从业人员应当依照《食品安全法》第三十四条第二款的规定每年进行健康检查，取得健康合格证明后方可参加工作。

从事直接入口食品工作的人员患有《食品安全法实施条例》第二十三条规定的有碍食品安全疾病的，应当将其调整到其他不影响食品安全的工作岗位。

**第十一条** 餐饮服务提供者应当依照《食品安全法》第三十二条的规定组织从业人员参加食品安全培训，学习食品安全法律、法规、标准和食品安全知识，明确食品安全责任，并建立培训档案；应当加强专（兼）职食品安全管理人员食品安全法律法规和相关食品安全管理知识的培训。

**第十二条** 餐饮服务提供者应当建立食品、食品原料、食品添加剂和食品相关产品的采购查验和索证索票制度。

餐饮服务提供者从食品生产单位、批发市场等采购的，应当查验、索取并留存供货者的相关许可证和产品合格证明等文件；从固定供货商或者供货基地采购的，应当查验、索取并留存供货商或者供货基地的资质证明、每笔供货清单等；从超市、农贸市场、个体经营商户等采购的，应当索取并留存采购清单。

餐饮服务企业应当建立食品、食品原料、食品添加剂和食品相关产品的采购记录制度。采购记录应当如实记录产品名称、规格、数量、生产批号、保质期、供货者名称及联系方式、进货日期等内容，或者保留载有上述信息的进货票据。

餐饮服务提供者应当按照产品品种、进货时间先后次序有序整理采购记录及相关资料，妥善保存备查。记录、票据的保存期限不得少于2年。

**第十三条** 实行统一配送经营方式的餐饮服务提供者，可以由企业总部统一查验供货者的许可证和产品合格的证明文件等，建立食品进货查验记录。

实行统一配送经营方式的，企业各门店应当建立总部统一配送单据台账。门店自行采购的产品，应当遵照本办法第十二条的规定。

**第十四条** 餐饮服务提供者禁止采购、使用和经营下列食品：

（一）《食品安全法》第二十八条规定禁止生产经营的食品；

（二）违反《食品安全法》第四十八条规定的食品；

（三）违反《食品安全法》第五十条规定的食品；

（四）违反《食品安全法》第六十六条规定的进口预包装食品。

**第十五条**　餐饮服务提供者应当按照国家有关规定和食品安全标准采购、保存和使用食品添加剂。应当将食品添加剂存放于专用橱柜等设施中，标示“食品添加剂”字样，妥善保管，并建立使用台账。

**第十六条**　餐饮服务提供者应当严格遵守国家食品药品监督管理部门制定的餐饮服务食品安全操作规范。餐饮服务应当符合下列要求：

（一）在制作加工过程中应当检查待加工的食品及食品原料，发现有腐败变质或者其他感官性状异常的，不得加工或者使用；

（二）贮存食品原料的场所、设备应当保持清洁，禁止存放有毒、有害物品及个人生活物品，应当分类、分架、隔墙、离地存放食品原料，并定期检查、处理变质或者超过保质期限的食品；

（三）应当保持食品加工经营场所的内外环境整洁，消除老鼠、蟑螂、苍蝇和其他有害昆虫及其滋生条件；

（四）应当定期维护食品加工、贮存、陈列、消毒、保洁、保温、冷藏、冷冻等设备与设施，校验计量器具，及时清理清洗，确保正常运转和使用；

（五）操作人员应当保持良好的个人卫生；

（六）需要熟制加工的食品，应当烧熟煮透；需要冷藏的熟制品，应当在冷却后及时冷藏；应当将直接入口食品与食品原料或者半成品分开存放，半成品应当与食品原料分开存放；

（七）制作凉菜应当达到专人负责、专室制作、工具专用、消毒专用和冷藏专用的要求；

（八）用于餐饮加工操作的工具、设备必须无毒无害，标志或者区分明显，并做到分开使用，定位存放，用后洗净，保持清洁；

接触直接入口食品的工具、设备应当在使用前进行消毒；

（九）应当按照要求对餐具、饮具进行清洗、消毒，并在专用保洁设施内备用，不得使用未经清洗和消毒的餐具、饮具；购置、使用集中消毒企业供应的餐具、饮具，应当查验其经营资质，索取消毒合格凭证；

（十）应当保持运输食品原料的工具与设备设施的清洁，必要时应当消毒。运输保温、冷藏（冻）食品应当有必要的且与提供的食品品种、数量相适应的保温、冷藏（冻）设备设施。

**第十七条** 食品药品监督管理部门依法开展抽样检验时，被抽样检验的餐饮服务提供者应当配合抽样检验工作，如实提供被抽检样品的货源、数量、存货地点、存货量、销售量、相关票证等信息。

## 第三章 食品安全事故处理

**第十八条** 各级食品药品监督管理部门应当根据本级人民政府食品安全事故应急预案制定本部门的预案实施细则，按照职能做好餐饮服务食品安全事故的应急处置工作。

**第十九条** 食品药品监督管理部门在日常监督管理中发现食品安全事故，或者接到有关食品安全事故的举报，应当立即核实情况，经初步核实为食品安全事故的，应当立即向同级卫生行政、农业行政、工商行政管理、质量监督等相关部门通报。

发生食品安全事故时，事发地食品药品监督管理部门应当在本级人民政府领导下，及时做出反应，采取措施控制事态发展，依法处置，并及时按照有关规定向上级食品药品监督管理部门报告。

**第二十条** 县级以上食品药品监督管理部门按照有关规定开展餐饮服务食品安全事故调查，有权向有关餐饮服务提供者了解与食品安全事故有关的情况，要求餐饮服务提供者提供相关资料和样品，并采取以下措施：

（一）封存造成食品安全事故或者可能导致食品安全事故的食品及其原料，并立即进行检验；

（二）封存被污染的食品工具及用具，并责令进行清洗消毒；

（三）经检验，属于被污染的食品，予以监督销毁；未被污染的食品，予以解封；

（四）依法对食品安全事故及其处理情况进行发布，并对可能产生的危害加以解释、说明。

**第二十一条**　餐饮服务提供者应当制定食品安全事故处置方案，定期检查各项食品安全防范措施的落实情况，及时消除食品安全事故隐患。

**第二十二条**　餐饮服务提供者发生食品安全事故，应当立即封存导致或者可能导致食品安全事故的食品及其原料、工具及用具、设备设施和现场，在2小时之内向所在地县级人民政府卫生部门和食品药品监督管理部门报告，并按照相关监管部门的要求采取控制措施。

餐饮服务提供者应当配合食品安全监督管理部门进行食品安全事故调查处理，按照要求提供相关资料和样品，不得拒绝。

## 第四章　监督管理

**第二十三条**　食品药品监督管理部门可以根据餐饮服务经营规模，建立并实施餐饮服务食品安全监督管理量化分级、分类管理制度。

食品药品监督管理部门可以聘请社会监督员，协助开展餐饮服务食品安全监督。

**第二十四条**　县级以上食品药品监督管理部门履行食品安全

监督职责时，发现不属于本辖区管辖的，应当及时移送有管辖权的食品药品监督管理部门。接受移送的食品药品监督管理部门应当将被移送案件的处理情况及时反馈给移送案件的食品药品监督管理部门。

**第二十五条** 县级以上食品药品监督管理部门接到咨询、投诉、举报，对属于本部门管辖的，应当受理，并及时进行核实、处理、答复；对不属于本部门管辖的，应当书面通知并移交有管辖权的部门处理。

发现餐饮服务提供者使用不符合食品安全标准及有关要求的食品原料或者食用农产品、食品添加剂、食品相关产品，其成因属于其他环节食品生产经营者或者食用农产品生产者的，应当及时向本级卫生行政、农业行政、工商行政管理、质量监督等部门通报。

**第二十六条** 食品药品监督管理部门在履行职责时，有权采取《食品安全法》第七十七条规定的措施。

**第二十七条** 食品安全监督检查人员对餐饮服务提供者进行监督检查时，应当对下列内容进行重点检查：

（一）餐饮服务许可情况；

（二）从业人员健康证明、食品安全知识培训和建立档案情况；

（三）环境卫生、个人卫生、食品用工具及设备、食品容器及包装材料、卫生设施、工艺流程情况；

（四）餐饮加工制作、销售、服务过程的食品安全情况；

（五）食品、食品添加剂、食品相关产品进货查验和索票索证制度及执行情况、制定食品安全事故应急处置制度及执行情况；

（六）食品原料、半成品、成品、食品添加剂等的感官性状、产品标签、说明书及储存条件；

（七）餐具、饮具、食品用工具及盛放直接入口食品的容器的清洗、消毒和保洁情况；

（八）用水的卫生情况；

（九）其他需要重点检查的情况。

**第二十八条** 食品安全监督检查人员进行监督检查时，应当有2名以上人员共同参加，依法制作现场检查笔录，笔录经双方核实并签字。被监督检查者拒绝签字的，应当注明事由和相关情况，同时记录在场人员的姓名、职务等。

**第二十九条** 县级以上食品药品监督管理部门负责组织实施本辖区餐饮服务环节的抽样检验工作，所需经费由地方财政列支。

**第三十条** 食品安全监督检查人员可以使用经认定的食品安全快速检测技术进行快速检测，及时发现和筛查不符合食品安全标准及有关要求的食品、食品添加剂及食品相关产品。使用现场快速检测技术发现和筛查的结果不得直接作为执法依据。对初步筛查结果表明可能不符合食品安全标准及有关要求的食品，应当依照《食品安全法》的有关规定进行检验。

快速检测结果表明可能不符合食品安全标准及有关要求的，餐饮服务提供者应当根据实际情况采取食品安全保障措施。

**第三十一条** 食品安全监督检查人员抽样时必须按照抽样计划和抽样程序进行，并填写抽样记录。抽样检验应当购买产品样品，不得收取检验费和其他任何费用。

食品安全监督检查人员应当及时将样品送达有资质的检验机构。

**第三十二条** 食品检验机构应当根据检验目的和送检要求，按照食品安全相关标准和规定的检验方法进行检验，按时出具合法的检验报告。

**第三十三条** 对检验结论有异议的，异议人有权自收到检验结果告知书之日起10日内，向组织实施抽样检验的食品药品监督管理部门提出书面复检申请，逾期未提出申请的，视为放弃该项权利。

复检工作应当选择有关部门共同公布的承担复检工作的食品检验机构完成。

复检机构由复检申请人自行选择；复检机构与初检机构不得为同一机构。复检机构出具的复检结论为最终检验结论。

复检费用的承担依《食品安全法实施条例》第三十五条的规定。

**第三十四条** 食品药品监督管理部门应当建立辖区内餐饮服务提供者食品安全信用档案，记录许可颁发及变更情况、日常监督检查结果、违法行为查处等情况。食品药品监督管理部门应当根据餐饮服务食品安全信用档案，对有不良信用记录的餐饮服务提供者实施重点监管。

食品安全信用档案的形式和内容由省级食品药品监督管理部门根据本地实际情况作出具体规定。

**第三十五条** 食品药品监督管理部门应当将吊销《餐饮服务许可证》的情况在7日内通报同级工商行政管理部门。

**第三十六条** 县级以上食品药品监督管理部门依法公布下列日常监督管理信息：

（一）餐饮服务行政许可情况；

（二）餐饮服务食品安全监督检查和抽检的结果；

（三）查处餐饮服务提供者违法行为的情况；

（四）餐饮服务专项检查工作情况；

（五）其他餐饮服务食品安全监督管理信息。

## 第五章 法律责任

**第三十七条** 未经许可从事餐饮服务的，由食品药品监督管理部门根据《食品安全法》第八十四条的规定予以处罚。有下列情形之一的，按未取得《餐饮服务许可证》查处：

（一）擅自改变餐饮服务经营地址、许可类别、备注项目的；

（二）《餐饮服务许可证》超过有效期限仍从事餐饮服务的；

（三）使用经转让、涂改、出借、倒卖、出租的《餐饮服务许可证》，或者使用以其他形式非法取得的《餐饮服务许可证》从事餐饮服务的。

**第三十八条**　餐饮服务提供者有下列情形之一的，由食品药品监督管理部门根据《食品安全法》第八十五条的规定予以处罚：

（一）用非食品原料制作加工食品或者添加食品添加剂以外的化学物质和其他可能危害人体健康的物质，或者用回收食品作为原料制作加工食品；

（二）经营致病性微生物、农药残留、兽药残留、重金属、污染物质以及其他危害人体健康的物质含量超过食品安全标准限量的食品；

（三）经营营养成分不符合食品安全标准的专供婴幼儿和其他特定人群的主辅食品；

（四）经营腐败变质、油脂酸败、霉变生虫、污秽不洁、混有异物、掺假掺杂或者感官性状异常的食品；

（五）经营病死、毒死或者死因不明的禽、畜、兽、水产动物肉类及其制品；

（六）经营未经动物卫生监督机构检疫或者检疫不合格的肉类，或者未经检验或者检验不合格的肉类制品；

（七）经营超过保质期的食品；

（八）经营国家为防病等特殊需要明令禁止经营的食品；

（九）有关部门责令召回或者停止经营不符合食品安全标准的食品后，仍拒不召回或者停止经营的；

（十）餐饮服务提供者违法改变经营条件造成严重后果的。

**第三十九条**　餐饮服务提供者有下列情形之一的，由食品药品监督管理部门根据《食品安全法》第八十六条的规定予以处罚：

（一）经营或者使用被包装材料、容器、运输工具等污染的食品；

（二）经营或者使用无标签及其他不符合《食品安全法》、《食品安全法实施条例》有关标签、说明书规定的预包装食品、食品添加剂；

（三）经营添加药品的食品。

**第四十条** 违反本办法第十条第一款、第十二条、第十三条第二款、第十六条第（二）、（三）、（四）、（八）、（九）项的有关规定，按照《食品安全法》第八十七条的规定予以处罚。

**第四十一条** 违反本办法第二十二条第一款的规定，由食品药品监督管理部门根据《食品安全法》第八十八条的规定予以处罚。

**第四十二条** 违反本办法第十六条第十项的规定，由食品药品监督管理部门根据《食品安全法》第九十一条的规定予以处罚。

**第四十三条** 餐饮服务提供者违反本办法第九条第三款规定，由食品药品监督管理部门依据《食品安全法》第九十二条第二款进行处罚。

**第四十四条** 本办法所称违法所得，指违反《食品安全法》、《食品安全法实施条例》等食品安全法律法规和规章的规定，从事餐饮服务活动所取得的相关营业性收入。

**第四十五条** 本办法所称货值金额，指餐饮服务提供者经营的食品的市场价格总金额。其中原料及食品添加剂按进价计算，半成品按原料计算，成品按销售价格计算。

**第四十六条** 餐饮服务食品安全监督管理执法中，涉及《食品安全法》第八十五条、第八十六条、第八十七条适用时，“情节严重”包括但不限于下列情形：

（一）连续12个月内已受到2次以上较大数额罚款处罚或者

连续12个月内已受到一次责令停业行政处罚的；

（二）造成重大社会影响或者有死亡病例等严重后果的。

**第四十七条** 餐饮服务提供者主动消除或者减轻违法行为危害后果，或者有其他法定情形的，应当依法从轻或者减轻处罚。

**第四十八条** 在同一违反《食品安全法》、《食品安全法实施条例》等食品安全法律法规的案件中，有两种以上应当给予行政处罚的违法行为时，食品药品监督管理部门应当分别裁量，合并处罚。

**第四十九条** 食品药品监督管理部门作出责令停业、吊销《餐饮服务许可证》、较大数额罚款等行政处罚决定之前，应当告知当事人有要求举行听证的权利。

当事人要求听证的，食品药品监督管理部门应当组织听证。

当事人对处罚决定不服的，可以申请行政复议或者提起行政诉讼。

**第五十条** 食品药品监督管理部门不履行有关法律法规规定的职责或者其工作人员有滥用职权、玩忽职守、徇私舞弊行为的，食品药品监督管理部门应当依法对相关负责人员或者直接责任人员给予记大过或者降级的处分；造成严重后果的，给予撤职或者开除的处分；其主要负责人应当引咎辞职。

## 第六章 附 则

**第五十一条** 省、自治区、直辖市食品药品监督管理部门可以结合本地实际情况，根据本办法的规定制定实施细则。

**第五十二条** 国境口岸范围内的餐饮服务活动的监督管理由出入境检验检疫机构依照《食品安全法》和《中华人民共和国国境卫生检疫法》以及相关行政法规的规定实施。

水上运营的餐饮服务提供者的食品安全管理，其始发地、经停地或者到达地的食品药品监督管理部门均有权进行检查监督。

铁路运营中餐饮服务监督管理参照本办法。

**第五十三条** 本办法自2010年5月1日起施行，卫生部2000年1月16日发布的《餐饮业食品卫生管理办法》同时废止。

# 15. 中华人民共和国产品质量法

## 第一章 总 则

**第一条** 为了加强对产品质量的监督管理，提高产品质量水平，明确产品质量责任，保护消费者的合法权益，维护社会经济秩序，制定本法。

**第二条** 中华人民共和国境内从事产品生产、销售活动，必须遵守本法。

本法所称产品是指经过加工、制作，用于销售的产品。

建设工程不适用本法规定；但是，建设工程使用的建筑材料、建筑构配件和设备，属于前款规定的产品范围的，适用本法规定。

**第三条** 生产者、销售者应当建立健全内部产品质量管理制度，严格实施岗位质量规范、质量责任以及相应的考核办法。

**第四条** 生产者、销售者依照本法规定承担产品质量责任。

**第五条** 禁止伪造或者冒用认证标志等质量标志；禁止伪造产品的产地，伪造或者冒用他人的厂名、厂址；禁止在生产、销售的产品中掺杂、掺假，以假充真，以次充好。

**第六条** 国家鼓励推行科学的质量管理方法，采用先进的科学技术，鼓励企业产品质量达到并且超过行业标准、国家标准和国际标准。

对产品质量管理先进和产品质量达到国际先进水平、成绩显著的单位和个人，给予奖励。

**第七条** 各级人民政府应当把提高产品质量纳入国民经济和社会发展规划，加强对产品质量工作的统筹规划和组织领导，引导、督促生产者、销售者加强产品质量管理，提高产品质量，组织各有关部门依法采取措施，制止产品生产、销售中违反本法规定的行为，保障本法的施行。

**第八条** 国务院产品质量监督部门主管全国产品质量监督工作。国务院有关部门在各自的职责范围内负责产品质量监督工作。

县级以上地方产品质量监督部门主管本行政区域内的产品质量监督工作。县级以上地方人民政府有关部门在各自的职责范围内负责产品质量监督工作。

法律对产品质量的监督部门另有规定的，依照有关法律的规定执行。

**第九条** 各级人民政府工作人员和其他国家机关工作人员不得滥用职权、玩忽职守或者徇私舞弊，包庇、放纵本地区、本系统发生的产品生产、销售中违反本法规定的行为，或者阻挠、干预依法对产品生产、销售中违反本法规定的行为进行查处。

各级地方人民政府和其他国家机关有包庇、放纵产品生产、销售中违反本法规定的行为的，依法追究其主要负责人的法律责任。

**第十条** 任何单位和个人有权对违反本法规定的行为，向产品质量监督部门或者其他有关部门检举。

产品质量监督部门和有关部门应当为检举人保密，并按照省、自治区、直辖市人民政府的规定给予奖励。

**第十一条** 任何单位和个人不得排斥非本地区或者非本系统企业生产的质量合格产品进入本地区、本系统。

## 第二章 产品质量的监督

**第十二条** 产品质量应当检验合格，不得以不合格产品冒充合格产品。

**第十三条**　可能危及人体健康和人身、财产安全的工业产品，必须符合保障人体健康和人身、财产安全的国家标准、行业标准；未制定国家标准、行业标准的，必须符合保障人体健康和人身、财产 安全的要求。

禁止生产、销售不符合保障人体健康和人身、财产安全的标准和要求的工业产品。具体管理办法由国务院规定。

**第十四条**　国家根据国际通用的质量管理标准，推行企业质量体系认证制度。企业根据自愿原则可以向国务院产品质量监督部门认可的或者国务院产品质量监督部门授权的部门认可的认证机构申请企业质量体系认证。经认证合格的，由认证机构颁发企业质量体系认证证书。

国家参照国际先进的产品标准和技术要求，推行产品质量认证制度。企业根据自愿原则可以向国务院产品质量监督部门认可的或者国务院产品质量监督部门授权的部门认可的认证机构申请产品质量认证。经认证合格的，由认证机构颁发产品质量认证证书，准许企业在产品或者其包装上使用产品 质量认证标志。

**第十五条**　国家对产品质量实行以抽查为主要方式的监督检查制度，对可能危及人体健康和人身、财产安全的产品，影响国计民生的重要工业产品以及消费者、有关组织反映有质量问题的产品进行抽查。抽查的样品应当在市场上或者企业成品仓库内的待销产品中随机抽取。监督抽查工作由国务院产品质量监督部门规划和组织。县级以上地方产品质量监督部门在本行政区域内也可以组织监督抽查。法律对产品质量的监督检查另有规定的，依照有关法律的规定执行。

国家监督抽查的产品，地方不得另行重复抽查；上级监督抽查的产品，下级不得另行重复抽查。

根据监督抽查的需要，可以对产品进行检验。检验抽取样品的数量不得超过检验的合理需要，并不得向被检查人收取检验费用。监督抽查所需检验费用按照国务院规定列支。

生产者、销售者对抽查检验的结果有异议的，可以自收到检验结果之日起十五日内向实施监督抽查的产品质量监督部门或者其上级产品质量监督部门申请复检，由受理复检的产品质量监督部门作出复检结论。

**第十六条** 对依法进行的产品质量监督检查，生产者、销售者不得拒绝。

**第十七条** 依照本法规定进行监督抽查的产品质量不合格的，由实施监督抽查的产品质量监督部门责令其生产者、销售者限期改正。逾期不改正的，由省级以上人民政府产品质量监督部门予以公告；公告后经复查仍不合格的，责令停业，限期整顿；整顿期满后经复查产品质量仍不合格的，吊销营业执照。

监督抽查的产品有严重质量问题的，依照本法第五章的有关规定处罚。

**第十八条** 县级以上产品质量监督部门根据已经取得的违法嫌疑证据或者举报，对涉嫌违反本法规定的行为进行查处时，可以行使下列职权：

（一）对当事人涉嫌从事违反本法的生产、销售活动的场所实施现场检查；

（二）向当事人的法定代表人、主要负责人和其他有关人员调查、了解与涉嫌从事违反本法的生产、销售活动有关的情况；

（三）查阅、复制当事人有关的合同、发票、账簿以及其他有关资料；

（四）对有根据认为不符合保障人体健康和人身、财产安全的国家标准、行业标准的产品或者有其他严重质量问题的产品，以及直接用于生产、销售该项产品的原辅材料、包装物、生产工具，予以查封或者扣押。

县级以上工商行政管理部门按照国务院规定的职责范围，对涉嫌违反本法规定的行为进行查处时，可以行使前款规定的职权。

**第十九条** 产品质量检验机构必须具备相应的检测条件和能力，经省级以上人民政府产品质量监督部门或者其授权的部门考核合格后，方可承担产品质量检验工作。法律、行政法规对产品质量检验机构另有规定的，依照有关法律、行政法规的规定执行。

**第二十条** 从事产品质量检验、认证的社会中介机构必须依法设立，不得与行政机关和其他国家机关存在隶属关系或者其他利益关系。

**第二十一条** 产品质量检验机构、认证机构必须依法按照有关标准，客观、公正地出具检验结果或者认证证明。

产品质量认证机构应当依照国家规定对准许使用认证标志的产品进行认证后的跟踪检查；对不符合认证标准而使用认证标志的，要求其改正；情节严重的，取消其使用认证标志的资格。

**第二十二条** 消费者有权就产品质量问题，向产品的生产者、销售者查询；向产品质量监督部门、工商行政管理部门及有关部门申诉，接受申诉的部门应当负责处理。

**第二十三条** 保护消费者权益的社会组织可以就消费者反映的产品质量问题建议有关部门负责处理，支持消费者对因产品质量造成的损害向人民法院起诉。

**第二十四条** 国务院和省、自治区、直辖市人民政府的产品质量监督部门应当定期发布其监督抽查的产品的质量状况公告。

**第二十五条** 产品质量监督部门或者其他国家机关以及产品质量检验机构不得向社会推荐生产者的产品；不得以对产品进行监制、监销等方式参与产品经营活动。

## 第三章　生产者、销售者的产品质量责任和义务

### 第一节　生产者的产品质量责任和义务

**第二十六条**　生产者应当对其生产的产品质量负责。

产品质量应当符合下列要求：

（一）不存在危及人身、财产安全的不合理的危险，有保障人体健康和人身、财产安全的国家标准、行业标准的，应当符合该标准；

（二）具备产品应当具备的使用性能，但是，对产品存在使用性能的瑕疵作出说明的除外；

（三）符合在产品或者其包装上注明采用的产品标准，符合以产品说明、实物样品等方式表明的质量状况。

**第二十七条**　产品或者其包装上的标识必须真实，并符合下列要求：

（一）有产品质量检验合格证明；

（二）有中文标明的产品名称、生产厂厂名和厂址；

（三）根据产品的特点和使用要求，需要标明产品规格、等级、所含主要成分的名称和含量的，用中文相应予以标明；需要事先让消费者知晓的，应当在外包装上标明，或者预先向消费者提供有关资料；

（四）限期使用的产品，应当在显著位置清晰地标明生产日期和安全使用期或者失效日期；

（五）使用不当，容易造成产品本身损坏或者可能危及人身、财产安全的产品，应当有警示标志或者中文警示说明。

裸装的食品和其他根据产品的特点难以附加标识的裸装产品，可以不附加产品标识。

**第二十八条**　易碎、易燃、易爆、有毒、有腐蚀性、有放射

性等危险物品以及储运中不能倒置和其他有特殊要求的产品，其包装质量必须符合相应要求，依照国家有关规定作出警示标志或者中文警示说明，标明储运注意事项。

**第二十九条**　生产者不得生产国家明令淘汰的产品。

**第三十条**　生产者不得伪造产地，不得伪造或者冒用他人的厂名、厂址。

**第三十一条**　生产者不得伪造或者冒用认证标志等质量标志。

**第三十二条**　生产者生产产品，不得掺杂、掺假，不得以假充真、以次充好，不得以不合格产品冒充合格产品。

### 第二节　销售者的产品质量责任和义务

**第三十三条**　销售者应当建立并执行进货检查验收制度，验明产品合格证明和其他标识。

**第三十四条**　销售者应当采取措施，保持销售产品的质量。

**第三十五条**　销售者不得销售国家明令淘汰并停止销售的产品和失效、变质的产品。

**第三十六条**　销售者销售的产品的标识应当符合本法第二十七条的规定。

**第三十七条**　销售者不得伪造产地，不得伪造或者冒用他人的厂名、厂址。

**第三十八条**　销售者不得伪造或者冒用认证标志等质量标志。

**第三十九条**　销售者销售产品，不得掺杂、掺假，不得以假充真、以次充好，不得以不合格产品冒充合格产品。

## 第四章　损害赔偿

**第四十条**　售出的产品有下列情形之一的，销售者应当负责修理、更换、退货；给购买产品的消费者造成损失的，销售者应当赔偿损失：

（一）不具备产品应当具备的使用性能而事先未作说明的；

（二）不符合在产品或者其包装上注明采用的产品标准的；

（三）不符合以产品说明、实物样品等方式表明的质量状况的。

销售者依照前款规定负责修理、更换、退货、赔偿损失后，属于生产者的责任或者属于向销售者提供产品的其他销售者（以下简称供货者）的责任的，销售者有权向生产者、供货者追偿。

销售者未按照第一款规定给予修理、更换、退货或者赔偿损失的，由产品质量监督部门或者工商行政管理部门责令改正。

生产者之间，销售者之间，生产者与销售者之间订立的买卖合同、承揽合同有不同约定的，合同当事人按照合同约定执行。

**第四十一条** 因产品存在缺陷造成人身、缺陷产品以外的其他财产（以下简称他人财产）损害的，生产者应当承担赔偿责任。

生产者能够证明有下列情形之一的，不承担赔偿责任：

（一）未将产品投入流通的；

（二）产品投入流通时，引起损害的缺陷尚不存在的；

（三）将产品投入流通时的科学技术水平尚不能发现缺陷的存在的。

**第四十二条** 由于销售者的过错使产品存在缺陷，造成人身、他人财产损害的，销售者应当承担赔偿责任。

销售者不能指明缺陷产品的生产者也不能指明缺陷产品的供货者的，销售者应当承担赔偿责任。

**第四十三条** 因产品存在缺陷造成人身、他人财产损害的，受害人可以向产品的生产者要求赔偿，也可以向产品的销售者要求赔偿。属于产品的生产者的责任，产品的销售者赔偿的，产品的销售者有权向产品的生产者追偿。属于产品的销售者的责任，产品的生产者赔偿的，产品的生产者有权向产品的销售者追偿。

**第四十四条** 因产品存在缺陷造成受害人人身伤害的，侵害人应当赔偿医疗费、治疗期间的护理费、因误工减少的收入等费用；造成残疾的，还应当支付残疾者生活自助具费、生活补助费、残疾赔偿金以及由其扶养的人所必需的生活费等费用；造成受害人死亡的，并应当支付丧葬费、死亡赔偿金以及由死者生前扶养的人所必需的生活费等费用。

因产品存在缺陷造成受害人财产损失的，侵害人应当恢复原状或者折价赔偿。受害人因此遭受其他重大损失的，侵害人应当赔偿损失。

**第四十五条** 因产品存在缺陷造成损害要求赔偿的诉讼时效期间为二年，自当事人知道或者应当知道其权益受到损害时起计算。

因产品存在缺陷造成损害要求赔偿的请求权，在造成损害的缺陷产品交付最初消费者满十年丧失；但是，尚未超过明示的安全使用期的除外。

**第四十六条** 本法所称缺陷，是指产品存在危及人身、他人财产安全的不合理的危险；产品有保障人体健康和人身、财产安全的国家标准、行业标准的，是指不符合该标准。

**第四十七条** 因产品质量发生民事纠纷时，当事人可以通过协商或者调解解决。当事人不愿通过协商、调解解决或者协商、调解不成的，可以根据当事人各方的协议向仲裁机构申请仲裁；当事人各方没有达成仲裁协议或者仲裁协议无效的，可以直接向人民法院起诉。

**第四十八条** 仲裁机构或者人民法院可以委托本法第十九条规定的产品质量检验机构，对有关产品质量进行检验。

## 第五章 罚 则

**第四十九条** 生产、销售不符合保障人体健康和人身、财产安全的国家标准、行业标准的产品的，责令停止生产、销售，没收违法生产、销售的产品，并处违法生产、销售产品（包括已售出和未售出的产品，下同）货值金额等值以上三倍以下的罚款；有违法所得的，并处没收违法所得；情节严重的，吊销营业执照；构成犯罪的，依法追究刑事责任。

**第五十条** 在产品中掺杂、掺假，以假充真，以次充好，或者以不合格产品冒充合格产品的，责令停止生产、销售，没收违法生产、销售的产品，并处违法生产、销售产品货值金额百分之五十以上三倍以下的罚款；有违法所得的，并处没收违法所得；情节严重的，吊销营业执照；构成犯罪的，依法追究刑事责任。

**第五十一条** 生产国家明令淘汰的产品的，销售国家明令淘汰并停止销售的产品的，责令停止生产、销售，没收违法生产、销售的产品，并处违法生产、销售产品货值金额等值以下的罚款；有违法所得的，并处没收违法所得；情节严重的，吊销营业执照。

**第五十二条** 销售失效、变质的产品的，责令停止销售，没收违法销售的产品，并处违法销售产品货值金额两倍以下的罚款；有违法所得的，并处没收违法所得；情节严重的，吊销营业执照；构成犯罪的，依法追究刑事责任。

**第五十三条** 伪造产品产地的，伪造或者冒用他人厂名、厂址的，伪造或者冒用认证标志等质量标志的，责令改正，没收违法生产、销售的产品，并处违法生产、销售产品货值金额等值以下的罚款；有违法所得的，并处没收违法所得；情节严重的，吊销营业执照。

**第五十四条** 产品标识不符合本法第二十七条规定的，责令改正；有包装的产品标识不符合本法第二十七条第（四）项、第（五）项规定，情节严重的，责令停止生产、销售，并处违法生产、销售产品货值金额百分之三十以下的罚款；有违法所得的，并处没收违法所得。

**第五十五条** 销售者销售本法第四十九条至第五十三条规定禁止销售的产品，有充分证据证明其不知道该产品为禁止销售的产品并如实说明其进货来源的，可以从轻或者减轻处罚。

**第五十六条** 拒绝接受依法进行的产品质量监督检查的，给予警告，责令改正；拒不改正的，责令停业整顿；情节特别严重的，吊销营业执照。

**第五十七条** 产品质量检验机构、认证机构伪造检验结果或者出具虚假证明的，责令改正，对单位处五万元以上十万元以下的罚款，对直接负责的主管人员和其他直接责任人员处一万元以上五万元以下的罚款；有违法所得的，并处没收违法所得；情节严重的，取消其检验资格、认证资格；构成犯罪的，依法追究刑事责任。

产品质量检验机构、认证机构出具的检验结果或者证明不实，造成损失的，应当承担相应的赔偿责任；造成重大损失的，撤销其检验资格、认证资格。

产品质量认证机构违反本法第二十一条第二款的规定，对不符合认证标准而使用认证标志的产品，未依法要求其改正或者取消其使用认证标志资格的，对因产品不符合认证标准给消费者造成的损失，与产品的生产者、销售者承担连带责任；情节严重的，撤销其认证资格。

**第五十八条** 社会团体、社会中介机构对产品质量作出承诺、保证，而该产品又不符合其承诺、保证的质量要求，给消费者造成损失的，与产品的生产者、销售者承担连带责任。

**第五十九条** 在广告中对产品质量作虚假宣传，欺骗和误导消费者的，依照《中华人民共和国广告法》的规定追究法律责任。

**第六十条** 对生产者专门用于生产本法第四十九条、第五十一条所列的产品或者以假充真的产品的原辅材料、包装物、生产工具，应当予以没收。

**第六十一条** 知道或者应当知道属于本法规定禁止生产、销售的产品而为其提供运输、保管、仓储等便利条件的，或者为以假充真的产品提供制假生产技术的，没收全部运输、保管、仓储或者提供制假生产技术的收入，并处违法收入百分之五十以上三倍以下的罚款；构成犯罪的，依法追究刑事责任。

**第六十二条** 服务业的经营者将本法第四十九条至第五十二条规定禁止销售的产品用于经营性服务的，责令停止使用；对知道或者应当知道所使用的产品属于本法规定禁止销售的产品的，按照违法使用的产品（包括已使用和尚未使用的产品）的货值金额，依照本法对销售者的处罚规定处罚。

**第六十三条** 隐匿、转移、变卖、损毁被产品质量监督部门或者工商行政管理部门查封、扣押的物品的，处被隐匿、转移、变卖、损毁物品货值金额等值以上三倍以下的罚款；有违法所得的，并处没收违法所得。

**第六十四条** 违反本法规定，应当承担民事赔偿责任和缴纳罚款、罚金，其财产不足以同时支付时，先承担民事赔偿责任。

**第六十五条** 各级人民政府工作人员和其他国家机关工作人员有下列情形之一的，依法给予行政处分；构成犯罪的，依法追究刑事责任：

（一）包庇、放纵产品生产、销售中违反本法规定行为的；

（二）向从事违反本法规定的生产、销售活动的当事人通风报信，帮助其逃避查处的；

（三）阻挠、干预产品质量监督部门或者工商行政管理部门依法对产品生产、销售中违反本法规定的行为进行查处，造成严重后果的。

**第六十六条** 产品质量监督部门在产品质量监督抽查中超过规定的数量索取样品或者向被检查人收取检验费用的，由上级产品质量监督部门或者监察机关责令退还；情节严重的，对直接负责的主管人员和其他直接责任人员依法给予行政处分。

**第六十七条** 产品质量监督部门或者其他国家机关违反本法第二十五条的规定，向社会推荐生产者的产品或者以监制、监销等方式参与产品经营活动的，由其上级机关或者监察机关责令改正，消除影响，有违法收入的予以没收；情节严重的，对直接负责的主管人员和其他直接责任人员依法给予行政处分。

产品质量检验机构有前款所列违法行为的，由产品质量监督部门责令改正，消除影响，有违法收入的予以没收，可以并处违法收入一倍以下的罚款；情节严重的，撤销其质量检验资格。

**第六十八条** 产品质量监督部门或者工商行政管理部门的工作人员滥用职权、玩忽职守、徇私舞弊，构成犯罪的，依法追究刑事责任；尚不构成犯罪的，依法给予行政处分。

**第六十九条** 以暴力、威胁方法阻碍产品质量监督部门或者工商行政管理部门的工作人员依法执行职务的，依法追究刑事责任；拒绝、阻碍未使用暴力、威胁方法的，由公安机关依照治安管理处罚条例的规定处罚。

**第七十条** 本法规定的吊销营业执照的行政处罚由工商行政管理部门决定，本法第四十九条至第五十七条、第六十条至第六十三条规定的行政处罚由产品质量监督部门或者工商行政管理部门按照国务院规定的职权范围决定。法律、行政法规对行使行政处罚权的机关另有规定的，依照有关法律、行政法规的规定执行。

**第七十一条** 对依照本法规定没收的产品，依照国家有关规定进行销毁或者采取其他方式处理。

**第七十二条** 本法第四十九条至第五十四条、第六十二条、第六十三条所规定的货值金额以违法生产、销售产品的标价计算；没有标价的，按照同类产品的市场价格计算。

## 第六章　附　则

**第七十三条**　军工产品质量监督管理办法，由国务院、中央军事委员会另行制定。

因核设施、核产品造成损害的赔偿责任，法律、行政法规另有规定的，依照其规定。

**第七十四条**　本法自1993年9月1日起施行。

# 16. 中华人民共和国消费者权益保护法

## 第一章 总 则

**第一条** 为保护消费者的合法权益，维护社会经济秩序，促进社会主义市场经济健康发展，制定本法。

**第二条** 消费者为生活消费需要购买、使用商品或者接受服务，其权益受本法保护；本法未作规定的，受其他有关法律、法规保护。

**第三条** 经营者为消费者提供其生产、销售的商品或者提供服务，应当遵守本法；本法未作规定的，应当遵守其他有关法律、法规。

**第四条** 经营者与消费者进行交易，应当遵循自愿、平等、公平、诚实信用的原则。

**第五条** 国家保护消费者的合法权益不受侵害。

国家采取措施，保障消费者依法行使权利，维护消费者的合法权益。

国家倡导文明、健康、节约资源和保护环境的消费方式，反对浪费。

**第六条** 保护消费者的合法权益是全社会的共同责任。

国家鼓励、支持一切组织和个人对损害消费者合法权益的行为进行社会监督。

大众传播媒介应当做好维护消费者合法权益的宣传，对损害消费者合法权益的行为进行舆论监督。

## 第二章 消费者的权利

**第七条** 消费者在购买、使用商品和接受服务时享有人身、财产安全不受损害的权利。

消费者有权要求经营者提供的商品和服务，符合保障人身、财产安全的要求。

**第八条** 消费者享有知悉其购买、使用的商品或者接受的服务的真实情况的权利。

消费者有权根据商品或者服务的不同情况，要求经营者提供商品的价格、产地、生产者、用途、性能、规格、等级、主要成分、生产日期、有效期限、检验合格证明、使用方法说明书、售后服务，或者服务的内容、规格、费用等有关情况。

**第九条** 消费者享有自主选择商品或者服务的权利。

消费者有权自主选择提供商品或者服务的经营者，自主选择商品品种或者服务方式，自主决定购买或者不购买任何一种商品、接受或者不接受任何一项服务。

消费者在自主选择商品或者服务时，有权进行比较、鉴别和挑选。

**第十条** 消费者享有公平交易的权利。

消费者在购买商品或者接受服务时，有权获得质量保障、价格合理、计量正确等公平交易条件，有权拒绝经营者的强制交易行为。

**第十一条** 消费者因购买、使用商品或者接受服务受到人身、财产损害的，享有依法获得赔偿的权利。

**第十二条** 消费者享有依法成立维护自身合法权益的社会组织的权利。

**第十三条**　消费者享有获得有关消费和消费者权益保护方面的知识的权利。

消费者应当努力掌握所需商品或者服务的知识和使用技能，正确使用商品，提高自我保护意识。

**第十四条**　消费者在购买、使用商品和接受服务时，享有人格尊严、民族风俗习惯得到尊重的权利，享有个人信息依法得到保护的权利。

**第十五条**　消费者享有对商品和服务以及保护消费者权益工作进行监督的权利。

消费者有权检举、控告侵害消费者权益的行为和国家机关及其工作人员在保护消费者权益工作中的违法失职行为，有权对保护消费者权益工作提出批评、建议。

## 第三章　经营者的义务

**第十六条**　经营者向消费者提供商品或者服务，应当依照本法和其他有关法律、法规的规定履行义务。

经营者和消费者有约定的，应当按照约定履行义务，但双方的约定不得违背法律、法规的规定。

经营者向消费者提供商品或者服务，应当恪守社会公德，诚信经营，保障消费者的合法权益；不得设定不公平、不合理的交易条件，不得强制交易。

**第十七条**　经营者应当听取消费者对其提供的商品或者服务的意见，接受消费者的监督。

**第十八条**　经营者应当保证其提供的商品或者服务符合保障人身、财产安全的要求。对可能危及人身、财产安全的商品和服务，应当向消费者作出真实的说明和明确的警示，并说明和标明正确使用商品或者接受服务的方法以及防止危害发生的方法。

宾馆、商场、餐馆、银行、机场、车站、港口、影剧院等经营场所的经营者，应当对消费者尽到安全保障义务。

**第十九条** 经营者发现其提供的商品或者服务存在缺陷，有危及人身、财产安全危险的，应当立即向有关行政部门报告和告知消费者，并采取停止销售、警示、召回、无害化处理、销毁、停止生产或者服务等措施。采取召回措施的，经营者应当承担消费者因商品被召回支出的必要费用。

**第二十条** 经营者向消费者提供有关商品或者服务的质量、性能、用途、有效期限等信息，应当真实、全面，不得作虚假或者引人误解的宣传。

经营者对消费者就其提供的商品或者服务的质量和使用方法等问题提出的询问，应当作出真实、明确的答复。

经营者提供商品或者服务应当明码标价。

**第二十一条** 经营者应当标明其真实名称和标记。

租赁他人柜台或者场地的经营者，应当标明其真实名称和标记。

**第二十二条** 经营者提供商品或者服务，应当按照国家有关规定或者商业惯例向消费者出具发票等购货凭证或者服务单据；消费者索要发票等购货凭证或者服务单据的，经营者必须出具。

**第二十三条** 经营者应当保证在正常使用商品或者接受服务的情况下其提供的商品或者服务应当具有的质量、性能、用途和有效期限；但消费者在购买该商品或者接受该服务前已经知道其存在瑕疵，且存在该瑕疵不违反法律强制性规定的除外。

经营者以广告、产品说明、实物样品或者其他方式表明商品或者服务的质量状况的，应当保证其提供的商品或者服务的实际质量与表明的质量状况相符。

经营者提供的机动车、计算机、电视机、电冰箱、空调器、洗衣机等耐用商品或者装饰装修等服务，消费者自接受商品或者服务之日起六个月内发现瑕疵，发生争议的，由经营者承担有关瑕疵的举证责任。

**第二十四条**　经营者提供的商品或者服务不符合质量要求的，消费者可以依照国家规定、当事人约定退货，或者要求经营者履行更换、修理等义务。没有国家规定和当事人约定的，消费者可以自收到商品之日起七日内退货；七日后符合法定解除合同条件的，消费者可以及时退货，不符合法定解除合同条件的，可以要求经营者履行更换、修理等义务。

依照前款规定进行退货、更换、修理的，经营者应当承担运输等必要费用。

**第二十五条**　经营者采用网络、电视、电话、邮购等方式销售商品，消费者有权自收到商品之日起七日内退货，且无须说明理由，但下列商品除外：

（一）消费者定作的；

（二）鲜活易腐的；

（三）在线下载或者消费者拆封的音像制品、计算机软件等数字化商品；

（四）交付的报纸、期刊。

除前款所列商品外，其他根据商品性质并经消费者在购买时确认不宜退货的商品，不适用无理由退货。

消费者退货的商品应当完好。经营者应当自收到退回商品之日起七日内返还消费者支付的商品价款。退回商品的运费由消费者承担；经营者和消费者另有约定的，按照约定。

**第二十六条**　经营者在经营活动中使用格式条款的，应当以显著方式提请消费者注意商品或者服务的数量和质量、价款或者费用、履行期限和方式、安全注意事项和风险警示、售后服务、民事责任等与消费者有重大利害关系的内容，并按照消费者的要求予以说明。

经营者不得以格式条款、通知、声明、店堂告示等方式，作出排除或者限制消费者权利、减轻或者免除经营者责任、加重消费者责任等对消费者不公平、不合理的规定，不得利用格式条款并借助技术手段强制交易。

格式条款、通知、声明、店堂告示等含有前款所列内容的，其内容无效。

**第二十七条** 经营者不得对消费者进行侮辱、诽谤，不得搜查消费者的身体及其携带的物品，不得侵犯消费者的人身自由。

**第二十八条** 采用网络、电视、电话、邮购等方式提供商品或者服务的经营者，以及提供证券、保险、银行等金融服务的经营者，应当向消费者提供经营地址、联系方式、商品或者服务的数量和质量、价款或者费用、履行期限和方式、安全注意事项和风险警示、售后服务、民事责任等信息。

**第二十九条** 经营者收集、使用消费者个人信息，应当遵循合法、正当、必要的原则，明示收集、使用信息的目的、方式和范围，并经消费者同意。经营者收集、使用消费者个人信息，应当公开其收集、使用规则，不得违反法律、法规的规定和双方的约定收集、使用信息。

经营者及其工作人员对收集的消费者个人信息必须严格保密，不得泄露、出售或者非法向他人提供。经营者应当采取技术措施和其他必要措施，确保信息安全，防止消费者个人信息泄露、丢失。在发生或者可能发生信息泄露、丢失的情况时，应当立即采取补救措施。

经营者未经消费者同意或者请求，或者消费者明确表示拒绝的，不得向其发送商业性信息。

## 第四章 国家对消费者合法权益的保护

**第三十条** 国家制定有关消费者权益的法律、法规、规章和强制性标准，应当听取消费者和消费者协会等组织的意见。

**第三十一条**　各级人民政府应当加强领导，组织、协调、督促有关行政部门做好保护消费者合法权益的工作，落实保护消费者合法权益的职责。

各级人民政府应当加强监督，预防危害消费者人身、财产安全行为的发生，及时制止危害消费者人身、财产安全的行为。

**第三十二条**　各级人民政府工商行政管理部门和其他有关行政部门应当依照法律、法规的规定，在各自的职责范围内，采取措施，保护消费者的合法权益。

有关行政部门应当听取消费者和消费者协会等组织对经营者交易行为、商品和服务质量问题的意见，及时调查处理。

**第三十三条**　有关行政部门在各自的职责范围内，应当定期或者不定期对经营者提供的商品和服务进行抽查检验，并及时向社会公布抽查检验结果。

有关行政部门发现并认定经营者提供的商品或者服务存在缺陷，有危及人身、财产安全危险的，应当立即责令经营者采取停止销售、警示、召回、无害化处理、销毁、停止生产或者服务等措施。

**第三十四条**　有关国家机关应当依照法律、法规的规定，惩处经营者在提供商品和服务中侵害消费者合法权益的违法犯罪行为。

**第三十五条**　人民法院应当采取措施，方便消费者提起诉讼。对符合《中华人民共和国民事诉讼法》起诉条件的消费者权益争议，必须受理，及时审理。

## 第五章　消费者组织

**第三十六条**　消费者协会和其他消费者组织是依法成立的对

商品和服务进行社会监督的保护消费者合法权益的社会组织。

**第三十七条** 消费者协会履行下列公益性职责：

（一）向消费者提供消费信息和咨询服务，提高消费者维护自身合法权益的能力，引导文明、健康、节约资源和保护环境的消费方式；

（二）参与制定有关消费者权益的法律、法规、规章和强制性标准；

（三）参与有关行政部门对商品和服务的监督、检查；

（四）就有关消费者合法权益的问题，向有关部门反映、查询，提出建议；

（五）受理消费者的投诉，并对投诉事项进行调查、调解；

（六）投诉事项涉及商品和服务质量问题的，可以委托具备资格的鉴定人鉴定，鉴定人应当告知鉴定意见；

（七）就损害消费者合法权益的行为，支持受损害的消费者提起诉讼或者依照本法提起诉讼；

（八）对损害消费者合法权益的行为，通过大众传播媒介予以揭露、批评。

各级人民政府对消费者协会履行职责应当予以必要的经费等支持。

消费者协会应当认真履行保护消费者合法权益的职责，听取消费者的意见和建议，接受社会监督。

依法成立的其他消费者组织依照法律、法规及其章程的规定，开展保护消费者合法权益的活动。

**第三十八条** 消费者组织不得从事商品经营和营利性服务，不得以收取费用或者其他牟取利益的方式向消费者推荐商品和服务。

## 第六章　争议的解决

**第三十九条**　消费者和经营者发生消费者权益争议的，可以通过下列途径解决：

（一）与经营者协商和解；

（二）请求消费者协会或者依法成立的其他调解组织调解；

（三）向有关行政部门投诉；

（四）根据与经营者达成的仲裁协议提请仲裁机构仲裁；

（五）向人民法院提起诉讼。

**第四十条**　消费者在购买、使用商品时，其合法权益受到损害的，可以向销售者要求赔偿。销售者赔偿后，属于生产者的责任或者属于向销售者提供商品的其他销售者的责任的，销售者有权向生产者或者其他销售者追偿。

消费者或者其他受害人因商品缺陷造成人身、财产损害的，可以向销售者要求赔偿，也可以向生产者要求赔偿。属于生产者责任的，销售者赔偿后，有权向生产者追偿。属于销售者责任的，生产者赔偿后，有权向销售者追偿。

消费者在接受服务时，其合法权益受到损害的，可以向服务者要求赔偿。

**第四十一条**　消费者在购买、使用商品或者接受服务时，其合法权益受到损害，因原企业分立、合并的，可以向变更后承受其权利义务的企业要求赔偿。

**第四十二条**　使用他人营业执照的违法经营者提供商品或者服务，损害消费者合法权益的，消费者可以向其要求赔偿，也可以向营业执照的持有人要求赔偿。

**第四十三条**　消费者在展销会、租赁柜台购买商品或者接受服务，其合法权益受到损害的，可以向销售者或者服务者要求赔偿。展销会结束或者柜台租赁期满后，也可以向展销会的举办者、柜台的出租者要求赔偿。展销会的举办者、柜台的出租者赔偿后，有权向销售者或者服务者追偿。

**第四十四条** 消费者通过网络交易平台购买商品或者接受服务，其合法权益受到损害的，可以向销售者或者服务者要求赔偿。网络交易平台提供者不能提供销售者或者服务者的真实名称、地址和有效联系方式的，消费者也可以向网络交易平台提供者要求赔偿；网络交易平台提供者作出更有利于消费者的承诺的，应当履行承诺。网络交易平台提供者赔偿后，有权向销售者或者服务者追偿。

网络交易平台提供者明知或者应知销售者或者服务者利用其平台侵害消费者合法权益，未采取必要措施的，依法与该销售者或者服务者承担连带责任。

**第四十五条** 消费者因经营者利用虚假广告或者其他虚假宣传方式提供商品或者服务，其合法权益受到损害的，可以向经营者要求赔偿。广告经营者、发布者发布虚假广告的，消费者可以请求行政主管部门予以惩处。广告经营者、发布者不能提供经营者的真实名称、地址和有效联系方式的，应当承担赔偿责任。

广告经营者、发布者设计、制作、发布关系消费者生命健康商品或者服务的虚假广告，造成消费者损害的，应当与提供该商品或者服务的经营者承担连带责任。

社会团体或者其他组织、个人在关系消费者生命健康商品或者服务的虚假广告或者其他虚假宣传中向消费者推荐商品或者服务，造成消费者损害的，应当与提供该商品或者服务的经营者承担连带责任。

**第四十六条** 消费者向有关行政部门投诉的，该部门应当自收到投诉之日起七个工作日内，予以处理并告知消费者。

**第四十七条** 对侵害众多消费者合法权益的行为，中国消费者协会以及在省、自治区、直辖市设立的消费者协会，可以向人民法院提起诉讼。

## 第七章　法律责任

**第四十八条**　经营者提供商品或者服务有下列情形之一的，除本法另有规定外，应当依照其他有关法律、法规的规定，承担民事责任：

（一）商品或者服务存在缺陷的；

（二）不具备商品应当具备的使用性能而出售时未作说明的；

（三）不符合在商品或者其包装上注明采用的商品标准的；

（四）不符合商品说明、实物样品等方式表明的质量状况的；

（五）生产国家明令淘汰的商品或者销售失效、变质的商品的；

（六）销售的商品数量不足的；

（七）服务的内容和费用违反约定的；

（八）对消费者提出的修理、重作、更换、退货、补足商品数量、退还货款和服务费用或者赔偿损失的要求，故意拖延或者无理拒绝的；

（九）法律、法规规定的其他损害消费者权益的情形。

经营者对消费者未尽到安全保障义务，造成消费者损害的，应当承担侵权责任。

**第四十九条**　经营者提供商品或者服务，造成消费者或者其他受害人人身伤害的，应当赔偿医疗费、护理费、交通费等为治疗和康复支出的合理费用，以及因误工减少的收入。造成残疾的，还应当赔偿残疾生活辅助具费和残疾赔偿金。造成死亡的，还应当赔偿丧葬费和死亡赔偿金。

**第五十条**　经营者侵害消费者的人格尊严、侵犯消费者人身自由或者侵害消费者个人信息依法得到保护的权利的，应当停止侵害、恢复名誉、消除影响、赔礼道歉，并赔偿损失。

**第五十一条** 经营者有侮辱诽谤、搜查身体、侵犯人身自由等侵害消费者或者其他受害人人身权益的行为，造成严重精神损害的，受害人可以要求精神损害赔偿。

**第五十二条** 经营者提供商品或者服务，造成消费者财产损害的，应当依照法律规定或者当事人约定承担修理、重作、更换、退货、补足商品数量、退还货款和服务费用或者赔偿损失等民事责任。

**第五十三条** 经营者以预收款方式提供商品或者服务的，应当按照约定提供。未按照约定提供的，应当按照消费者的要求履行约定或者退回预付款；并应当承担预付款的利息、消费者必须支付的合理费用。

**第五十四条** 依法经有关行政部门认定为不合格的商品，消费者要求退货的，经营者应当负责退货。

**第五十五条** 经营者提供商品或者服务有欺诈行为的，应当按照消费者的要求增加赔偿其受到的损失，增加赔偿的金额为消费者购买商品的价款或者接受服务的费用的三倍；增加赔偿的金额不足五百元的，为五百元。法律另有规定的，依照其规定。

经营者明知商品或者服务存在缺陷，仍然向消费者提供，造成消费者或者其他受害人死亡或者健康严重损害的，受害人有权要求经营者依照本法第四十九条、第五十一条等法律规定赔偿损失，并有权要求所受损失二倍以下的惩罚性赔偿。

**第五十六条** 经营者有下列情形之一，除承担相应的民事责任外，其他有关法律、法规对处罚机关和处罚方式有规定的，依照法律、法规的规定执行；法律、法规未作规定的，由工商行政管理部门或者其他有关行政部门责令改正，可以根据情节单处或者并处警告、没收违法所得、处以违法所得一倍以上十倍以下的罚款，没有违法所得的，处以五十万元以下的罚款；情节严重的，责令停业整顿、吊销营业执照：

（一）提供的商品或者服务不符合保障人身、财产安全要求的；

（二）在商品中掺杂、掺假，以假充真，以次充好，或者以不合格商品冒充合格商品的；

（三）生产国家明令淘汰的商品或者销售失效、变质的商品的；

（四）伪造商品的产地，伪造或者冒用他人的厂名、厂址，篡改生产日期，伪造或者冒用认证标志等质量标志的；

（五）销售的商品应当检验、检疫而未检验、检疫或者伪造检验、检疫结果的；

（六）对商品或者服务作虚假或者引人误解的宣传的；

（七）拒绝或者拖延有关行政部门责令对缺陷商品或者服务采取停止销售、警示、召回、无害化处理、销毁、停止生产或者服务等措施的；

（八）对消费者提出的修理、重作、更换、退货、补足商品数量、退还货款和服务费用或者赔偿损失的要求，故意拖延或者无理拒绝的；

（九）侵害消费者人格尊严、侵犯消费者人身自由或者侵害消费者个人信息依法得到保护的权利的；

（十）法律、法规规定的对损害消费者权益应当予以处罚的其他情形。

经营者有前款规定情形的，除依照法律、法规规定予以处罚外，处罚机关应当记入信用档案，向社会公布。

**第五十七条** 经营者违反本法规定提供商品或者服务，侵害消费者合法权益，构成犯罪的，依法追究刑事责任。

**第五十八条** 经营者违反本法规定，应当承担民事赔偿责任和缴纳罚款、罚金，其财产不足以同时支付的，先承担民事赔偿责任。

**第五十九条** 经营者对行政处罚决定不服的，可以依法申请行政复议或者提起行政诉讼。

**第六十条** 以暴力、威胁等方法阻碍有关行政部门工作人员依法执行职务的，依法追究刑事责任；拒绝、阻碍有关行政部门工作人员依法执行职务，未使用暴力、威胁方法的，由公安机关依照《中华人民共和国治安管理处罚法》的规定处罚。

**第六十一条** 国家机关工作人员玩忽职守或者包庇经营者侵害消费者合法权益的行为的，由其所在单位或者上级机关给予行政处分；情节严重，构成犯罪的，依法追究刑事责任。

## 第八章 附 则

**第六十二条** 农民购买、使用直接用于农业生产的生产资料，参照本法执行。

**第六十三条** 本法自 1994 年 1 月 1 日起施行。